U0113064

守望者
The Catcher

阅读　你的生活

哲学的方法

蒂莫西·威廉姆森北大讲演录

PHILOSOPHICAL
METHODS

LECTURES BY TIMOTHY WILLIAMSON AT PEKING UNIVERSITY

[英]蒂莫西·威廉姆森（Timothy Williamson） 著

徐召清 刘靖贤 王洪光 赵 震 彭杉杉 编译

陈 波 审校

中国人民大学出版社
·北京·

其他贡献者名录

除了主讲人外，整个系列讲演的策划和主持人、与谈人和提问人也对本书中的讨论部分做出了实质性的贡献，他们分别是（按书中的出场顺序排列）：

陈　波　北京大学哲学系教授、国际哲学学院院士
Sebastian Sunday Grève（工小塞）　北京大学哲学系助理研究员
费多益　中国政法大学哲学教授、教育部青年长江学者
展翼文　北京大学博古睿研究中心博士后研究员
胡星铭　南京大学哲学系副教授
徐召清　四川大学哲学系副教授

代海强　北京师范大学助理研究员

李麒麟　北京大学哲学系助理教授

王洪光　北京大学哲学系博士后研究员

Arthur Schipper（亚瑟·席珀）　北京大学哲学系助理教授

徐　竹　华东师范大学哲学系副教授

张留华　华东师范大学哲学系教授

徐　敏　华中科技大学哲学学院教授

南　星　北京大学哲学系助理教授

刘小涛　上海大学哲学系教授

叶　峰　首都师范大学哲学系教授

梅剑华　山西大学哲学学院教授

王彦晶　北京大学哲学系长聘副教授、国家"万人计划"青年
　　　　拔尖人才

郑伟平　厦门大学哲学系教授

江　怡　山西大学哲学学院教授、教育部长江学者特聘教授

李忠伟　浙江大学哲学系教授

序一

蒂莫西·威廉姆森

    这本书完整记录了我在 2020 年 9 月至 10 月为中国听众所做的关于哲学方法的十次讲演，以及每一次讲演之后的讨论。最初，我的朋友陈波教授在 2019 年邀请我到北京大学做讲演，我已经去过那里好几次了。然而，在短短几个月内，新型冠状病毒肺炎疫情肆虐全球，所以我不得不在牛津的家中远程开讲。一个令人高兴的结果是，这些讲演的实时听众比一个普通大学礼堂能容纳的人数多得多。由于每次讲演都有一千多人听，听众最多时有四千多人，所以普通的问答环节是不可行的。相反，在每次讲演后，都有两位来自中国的哲学家——资深或青年哲学家——作为与谈人和提问人，他们可以提前看到讲演所依据的幻灯片。然后我回答他们的评论和问题。我希望读者能对这些讨论的来龙去脉有所了解。我非常感谢陈波组织这些讲演,给我机会参与这些对话。我也非常感谢我的对话者们所做的大量工作,使这些讲演富有成效、生动活泼且颇多建设性。对我来说,这是一扇通向中国哲学之未来的窗户。

我之所以讲哲学的方法,是因为我想讲一些中国哲学家普遍觉得有趣和有用的话题。在我的《做哲学:从普通的好奇心到逻辑推理》(牛津大学出版社,2018)一书中,我也采用了类似的主题列表,但与前书相比,目前的讲演探讨的话题更加深入,有时是从不同的角度来展开;部分原因在于那本书的预期就是更初级的水平,部分原因在于在写完那本书后的三年里,我的思想有了进一步的发展。

自然,就像哲学中的大多数话题一样,它的正确方法也不是没有争议的。这些讲演的目的不仅仅是描述哲学家碰巧使用的方法。相反,有一个更规范的方面:在我看来,这些方法是哲学家**应该**使用的。但我并不是在谈论理想哲学家在一个难以想象的完美世界中所使用的方法。我指的是哲学家**现在**就在使用的方法。它们都是许多哲学家曾经使用的方法,但在人类目前的理解状态下,它们可以而且应该被使用得更多,甚至更好。在我看来,它们构成了当代哲学的**最佳实践**。

我对哲学最佳实践的观念说明了我将哲学理解为一门**科学**,与其他科学并没有本质上的区别。但是,当我谈到其他科学时,我并不只是指植根于观察、测量和实验的**自然**科学,例如物理、化学和生物学。数学也是一门科学,但不是自然科学。虽然哲学与自然科学有着深刻的联系，但它与数学也有着同样深刻的联系。哲学也是一门科学，但不是自然科学。它是对非常抽象和普遍的问题进行严格的、系统的和批判性的理论探究。

当然，如果哲学是一门科学，并不意味着它缺乏实际应用，例如伦理学。医学是一门理论科学，但在生死问题上有实际应用。对于哲学和医学来说，实际应用的价值取决于一个客观的理论研究在多大程度上接近真理。当哲学家提出建议时，我们必须问一问，有什么证据可以证明他们的建议是**好的**。真假问题依然存在，它们的现实意义更使我们有理由格外小心地去正确回答它们。

我的对话者们的评论和问题突出了讲演中有争议的方面。但是，尽管这是一位英国哲学家和多位中国哲学家之间的对话，读者会发现，它并没有以东西方哲学对立的形式出现。相反，我们都在合作地参与一项联合事业，即使在我们对该事业应如何界定或追求存在分歧时也是如此。事实上，我们的分歧是共同事业的**一部分**，我们可以相互学习。和其他科学一样，哲学也有能力超越边界。

哲学作为一门科学，也有取得**进步**的责任。每一代人都必须努力比前辈做得更好。这并不容易，因为我们总的来说并不比他们更聪明。我们必须以他们的成果为基础，或者修缮它，或者用更好的成果来替代它。要做到这一点，最安全的方法就是逐步改进哲学的**方法**。在这方面，就像在其他方面一样，我们可以向其他科学学习。例如，随着实验认知心理学对人类思维活动的发现越来越多，我们可以将其教益应用到哲学当中，以便按照人类知识如何获得的更现实的图景来工作。另一个例子是越来越多的数学方法在哲学中的应用；它们给了我们一些相较于前几代人的优势，因为他们享受不到这些方法的好处。

我希望这本书能对科学的哲学在中国的激动人心的发展有所贡献。

序二

陈波

2020 年 9 月 14 日至 10 月 29 日，受北京大学国际合作部"海外名家讲学计划"资助，应我的邀请和安排，牛津大学讲席教授蒂莫西·威廉姆森在北京大学做了题为"哲学的方法"十次系列网络公开讲演。

之所以邀请威廉姆森教授做这样的讲演，出于两个考虑：第一，近三十年来，威廉姆森已经成为当代顶尖的分析哲学家之一，他的许多论著，他在形而上学、认识论、语言哲学和逻辑哲学等方面的许多工作，已经引起广泛关注和讨论。如我在开幕词中所说，在当代分析哲学圈内，他是制造话题、引领风向、左右舆论的人物，有很多的对话者、批评者和追随者，有很大影响力。第二，近些年来，他关注元哲学和哲学方法论，先后出版了《哲学的哲学》（2007）和《做哲学：从普通的好奇心到逻辑推理》（2018）等论著，反思先前分析哲学的遗产，重新思考哲学的本性以及正确地做哲学的方法，大大扩展了哲学方法论研究的视野，提出了很多新的洞见，亦引起了广泛关注和讨论，形成了新的研究热点。我认为，中国哲学界也应该反思先前的哲学研究状况，思考其中的长处和短处、优势和弊端，寻找重新出发的方向、路径和方法。正是基于这两个考虑，我邀请他在北京大学做有关哲学方法论的系列讲演。

我想在该系列讲演中纳入中国哲学家与威廉姆森的对话环节，于是在每次讲演末尾，分别安排一位与谈人和一位提问人，前者评论兼提问，后者只提问不评论，然后威廉姆森选择性回答。我不仅从北京大学而且从全国范围内选择了 20 位对话者，他们大都很好地完成了各自的任务，有些人还表现得很出色。

该系列讲演通过"学术志"网站面向公众直播，全程使用英语，没有中文翻译，居然也受到了很多人的关注并积极参与。十次讲演中，直播参与者达四千多人，最少也有近千人。还有少数国外参与者。威廉姆森亦把讲演录像放置在他的推特账号上，亦吸引了一批关注者。在这里，谨向所有相关方面和人士致谢：资助方北京大学国际合作部，直播平台学术志，讲演人威廉姆森教授，20 位与谈人和提问人，以及所有讲演的参与者。我们共同促成了一次有重要意义的哲学事件。

本书是该次系列讲演和对话的记录、整理、翻译稿。感谢徐召清、刘靖贤、王洪光、赵震、彭杉杉诸位艰苦的整理和翻译工作。

也感谢中国人民大学出版社愿意出版此书，以及责任编辑在编辑此书时所付出的辛劳。

我想再次强调我在闭幕词中提到的两点：大学的双重使命，学哲学和做哲学的区别。大学作为教育机构，它要面对过去做回溯性反思，传承文明和培养人才，使人类文明薪火相传；大学作为研究机构，它要面向未来做前瞻性思考，生产知识和创造思想，不断把人类文明向前推进。哲学是文明之根。大学生最好都学点哲学，特别是哲学系的学生必须学哲学，以后想做哲学的人更必须好好学哲学，其中的关键词是：经典、阅读、理解、诠释、哲学史、哲学教科书。做哲学与学哲学有很大不同：学哲学重在理解，做哲学重在创造。做哲学所涉及的关键词是：问题、思考、观点或理论、说理、论证、分歧、对话、质疑和论战，等等。

中国哲学家要面向学术问题和现实问题，做独立思考，提出观点或理论，开启对话模式，参与到哲学的当代建构中去，参与到国际哲学共同体中去。

目　录

开幕词

时间：2020 年 9 月 14 日

陈波：我们很高兴也很感谢蒂莫西·威廉姆森教授将为我们做十次关于哲学方法的在线讲演。

威廉姆森写了很多有影响力的书籍，其中大部分已经或将要译成中文并在中国出版。这里是一份到目前为止的大体完整的列表：《同一与分辨》（1990，2013）；在《模糊性》（1994）中，他发展了一种称为认知主义的模糊性理论；在《知识及其限度》（2000）中，他发展了一种知识优先的认识论；在《哲学的哲学》（2007）中，他研究了元哲学和哲学方法论；在《作为形而上学的模态逻辑》（2013）中，他发展了他的必然主义；《对与错的真相：四人对话录》（2015）、《做哲学：从普通的好奇心到逻辑推理》（2018）、《哲学方法》（2020）；《假设与告诉：条件句的语义学和启发式》（2020）；
《关于先验性的争辩》［与保罗·博格西安（Paul Boghossian）合著，
2020］。还有两部关于他的哲学的书：《威廉姆森论知识》（2009）、
《威廉姆森论模态》（2017）。

威廉姆森在他的作品中总是能说出一些新的、不同的、原创
的、有启发性的东西。他吸引了许多哲学同行的兴趣，并刺激他们
去探索、研究、思考，同意或不同意他的观点，跟随他或与他战
斗，与他辩论或彼此辩论。这样，他成为当代分析哲学的顶级哲学
家之一。他创造了问题和话题，引领了分析哲学的风向和趋势，强
烈地影响了当今的分析哲学家群体。总之，他是一位哲学大师。

以下是对他的简短介绍：蒂莫西·威廉姆森，自 2000 年以来
一直担任牛津大学威克汉姆逻辑学讲席教授。他的研究兴趣包括：
逻辑学、认识论、形而上学、语言哲学、元哲学和哲学方法论。他
获得过许多头衔、荣誉和认可：英国科学院院士（1997 年当选），
爱丁堡皇家学会院士（1997 年当选），挪威科学与人文学院外籍院
士（2004 年当选），美国文理科学院外籍荣誉院士（2007 年当选），
英国皇家学会会员（2011 年当选），欧洲科学院院士（2013 年当
选），爱尔兰皇家科学院荣誉院士（2014 年当选），国际哲学学院
院士（2017 年当选）。

威廉姆森的话值得倾听和思考。他将做十次关于哲学方法的讲
演，内容如下：第一讲，哲学与常识；第二讲，哲学与分歧；第三
讲，哲学与澄清；第四讲，哲学与思想实验；第五讲，哲学与理论
比较；第六讲，哲学与逻辑；第七讲，哲学与哲学史；第八讲，哲

学与其相邻学科；第九讲，哲学与模型建构；第十讲，哲学及其未来。

让我就每次讲演的程序说几句：首先，威廉姆森讲演 90 分钟，没有中断。然后，一位与谈人在 10 分钟内对威廉姆森的讲演发表评论和提问。之后，一位提问人只提问题不做评论，时间为 5 分钟。最后，威廉姆森在 15 分钟内给出答复。讲演结束。

作为整个系列讲演的主持人，我没有留时间给听众提问，因为听众数量可能比较庞大，提问的过程很难控制和管理，而且时间也有限。对此我很抱歉，但我没有更好的选择。请你们谅解。我想让这个活动成为威廉姆森与中国年轻一代哲学家之间的对话。所以，我从中国年轻一代哲学家中选择与谈人和提问人。届时我将用简短的话语逐一介绍他们。

顺便说一下，所有的讲演、评论、问题和回答都将译成中文，并由中国人民大学出版社出版，书名为《哲学的方法：蒂莫西·威廉姆森北大讲演录》。每一位与谈人和提问人，在完成你的任务后，请立即写下你真正说了些什么，并尽快通过电子邮件发给我。

现在，我把时间交给蒂莫西·威廉姆森教授。欢迎他为我们做讲演！

第一讲 哲学与常识

时间：2020 年 9 月 14 日

威廉姆森：好的，谢谢你们。谢谢陈波教授这么好的介绍，也谢谢你组织这些讲演，这对我来说是一个很好的机会。我在这十次讲演中将要谈谈哲学方法的话题。哲学的方法，也就是哲学实现目标的方法。所以，我要回答的问题至少部分是，哲学如何实现其目标？很明显，这个问题有一个预设。它的预设是，哲学可以实现其目标；这又引出了"哲学是什么"以及"它的目标是什么"的问题。如此，我们就可以理解这些问题是如何相互关联的。

关于这两个问题，我会很简单地说一下。首先要说的是，"哲学"这个词有很多用法。这很常见。例如，足球运动员谈论他们的足球哲学或厨师谈论他们的烹饪哲学，等等。而哲学可以远远超过他们的这些一般态度。我认为"哲学"一词的应用一直受制于各种历史的偶然因素，而且我不认为为哲学下一种抽象定义会特别有用。因为这个定义很可能在某种程度上是不正确的,可能也和"哲学"这个术语本身一样需要解释。

我们有一定的能力认识到什么样的东西是哲学,什么样的东西不是哲学,这就足够开始我们的话题了。随着我们的讨论不断深入,你们会看到,我将更清晰地说明我如何理解"哲学是什么"这一问题。但我并不打算给你们一个哲学的确切定义,也不认为存在一个很好的确切定义。为了给这个系列讲演定位,我会给你们一些我理解它的方式。我把哲学理解为一门科学,但不是一门像物理学和生物学那样的自然科学。随着这些讲演的进行,你们会更清楚地明白我的意思。这是有争议的。在我看来,作为一门科学,哲学的目标是知识,因为科学的目标是知识。当然这也是有争议的。同样,随着这些讲演的进行,我对这一点的理解将被阐述得更加清晰。在得到了这些局部的澄清之后,我之前提出的关于哲学如何实现其目标,或者哲学的目标能否被理解为获取知识,以及哲学能否获取知识等问题的回答也会由讲演本身给出。

我简单地说一下这一系列讲演的主题是什么。我会逐个展开。每一讲都是关于哲学与某件事情的联系。今天这一讲的主题是"哲学与常识",后面是"哲学与分歧"、"哲学与澄清"、"哲学与思想实验"、"哲学与理论比较"、"哲学与逻辑"、"哲学与哲学史"(即哲学的过去)、"哲学与其相邻学科"(哲学和其他许多不同的学科有重叠),然后还有"哲学与模型建构"以及"哲学及其未来"(即哲学的未来)。

在这次讲演中,我从"哲学的起点在哪里"这个问题开始。这个问题可以被理解为两个不同的问题：一个是对于一个特定的个体来说，哲学从哪里开始；另一个是对于整个文化来说，哲学从哪里开始。

如果我们谈论的是一个人，他可能会通过别人的介绍而意识到什么是哲学，例如，通过老师或朋友的介绍而意识到哲学是某种传统下的哲学，他可以以某种方式参与或者至少发现哲学。但在某种意义上，这一起点似乎有点晚了，因为一个很自然的情况是，许多儿童已经在某种程度上自发地提出过具有哲学意味的问题。当然，在英语中，这些问题的形式通常是 "Why this?"（"为什么这样？"）或 "Why that?"（"为什么那样？"）。我指的是一个孩子们几乎对所有事情都会问"为什么"的阶段。我曾经听到一个孩子在公交车上问他的父母公交车去哪里。父母告诉小孩他们要去克拉珀姆（Clapham，英格兰南部的一个地名），孩子问为什么。当然，这不是一个特别哲学的问题。但很多孩子问的这些"为什么"确实有某种哲学的特征。

事实上，有人会说，所有正常人都会经历一个问"为什么"的阶段。大多数人都会从这个阶段中成长起来，但有些人永远不会，而这些没有成长起来的人就是哲学家。所以，哲学是我们可以很自然地获取到的东西。而且至少在某种形式上，我们不需要与哲学传统接触就可以获取哲学。

我在第一讲中要讲的部分内容，就是需要什么样的认知基础哲学才能开始，我们需要有什么样的认知装备才能做哲学。我的意思是，我们的答案要超越仅仅是问这些"为什么"或者"是什么"之类的问题。

我觉得这个问题的一个很自然的答案可能是，哲学是从常识开始的，是从广泛共享的东西开始的，而不是从个人的一些独特的、不寻常的特殊认识开始的。所以，当我把某件事情描述为常识时，这并不意味着它对所有人（或者说正常人）都是通用的。我很赞同常识是随着不同的社会群体和历史时期而变化的这个观点，所以在一个群体中的常识在另一个群体中未必是常识，而在一个时代中的常识在另一个时代不一定是常识。

什么是常识呢？首先，我们有常识性知识。我所说的"常识性知识"，具体是指在相关群体中广泛共享的知识。我可以举一些有关常识性知识的例子："大米很有用，可以吃""猫不是狗""中国有山"。"大米很有用，可以吃""猫不是狗""中国有山"，这些知识在很多群体中都是非常普及的。但是这些知识对于人类来说并不普及，因为有些人类群体没有见过大米，所以他们没有这种知识。有些人从来没有碰到过猫或狗，也有些人从来没有听说过中国。即使现在没有那么多的人从来没有听说过这些东西，但是在过去有很多这样的群体。另外，关于常用词的意思的知识，我所说的是具体知识，是对具体的词的意思的了解。这要看你们碰巧说的是什么语言，或者说理解的是什么语言，这在不同的族群中有很大的差异。我的意思是，对于人类来说，不可能没有他们自己的语言是什么意思的知识。这几乎是人类的普遍特性，至少所有正常人都是这样。但构成语言的具体知识却因语言的不同而不同。

我不想把"常识"局限在一种常识上。除了常识性知识，我想还有一个常识的种类，即常识性信念。我所说的常识性信念，是指相关社会中广泛认同的信念。在古代，"地球是平的"是一种常识性信念，因为它被广泛认同。如果你们处于一个宗教社会，或者处于某个宗教占主导的社会，那么与该宗教相关的信念就算作该宗教社会中的常识性信念。

而且我还想用同样的方式把常识的概念扩展到认知方法上。一种认知方法在相关的共同体中被广泛认同，那么它就是一种常识性的认知方法。我打算从一个相当普遍的层面来说明这一点。比如，我们可以认为我们的感官知觉是一种获取知识或信念的常识性方法，记忆是一种保存知识或信念的常识性认知方法，证言是一种向别人传达知识或信念的常识性认知方法。

顺便说一下，请注意，虽然感官知觉是一种常识性方法，我们通过感官知觉得到的特定知识或信念往往不会按照我给出的定义被算作常识。比如说，当我环顾四周的时候，我通过感官知觉得到了关于我桌上的物体在哪里的知识，但是由于我并没有和别人分享这些知识，所以这些知识本身并不是一种常识，而只是通过常识手段获得的知识。

我这样定义常识是为了避免在这里做出有争议的假设。常识性信念可以为假。常识性认知方法也是可错的。但常识性知识不可能是假的，因为真是知识本性的一部分，凡是已知的都是真的。常识性知识为真的保证来自它是知识，而不是来自它是常识。我们可以举出一些古代共同体具有错误的常识性信念的例子，比如，地球是平的。即使它是错误的，它也是常识性的，因为它被那个共同体广泛认同。但它不是一种常识性知识，因为它根本就不是知识。古代社会的人可能认为，地球是平的是常识性知识，但他们弄错了。我的意思是，如果他们真的这么认为，那么他们关于"地球是平的"的信念的认识论地位又有一个错误的常识性信念。

但我应该说，人们有时会挑战"知识必须是真的"这种假设。但我认为，人们有时用来反对这种假设的那种例子，是基于对我们使用一种语言的相当普遍的方式的误解。所以你们可能会听到有人说，"在古代，人们知道地球是平的"。但我认为，他们说这句话的时候是在以一种投射性（projective）的用法使用"知道"这个词，就好像古代的人们会如何用这个词那样。这种投射的用法是非常普遍的，因为古代社会的人真的认为他们知道地球是平的。所以我们就用"知道"这个词来投射性地描述他们的观点。但这差不多是你用任何词都可以做到的事情。例如，如果我在吃饭，我看见了一杯水，并喝了一口。然后我突然意识到这不是水。所以"水"这个词就可以投射地用来指代威士忌，因为当时我以为它是水，即便它不是。威士忌并不具备"水"这个词的某种其他含义，只是我们可以投射地使用"水"这个词。而我们有时也会投射地使用"知识"这个词。而这可以给人造成某种表象，如果缺少足够了解，这样的东西看起来就是假知识。但正如我所说，这只是对语言的投射性用法的误解。

现在，我已经给出了我对常识的大致理解。接下来，我想讨论一下它与哲学的关系。哪怕在某种相对宽松和非正式的意义上，我也并不是说每个有很多常识性知识和信念的人都是一个哲学家。人只要对自己所处的自然世界和社会世界有很多正常认识，无须对它们做任何反思，就可以有很多常识、知识和信念。我们还需要一些其他东西才能开启哲学。

我认为，我们还需要好奇心。我所说的好奇心是指，对知识的渴求。所以，我应该快速地说一下，为什么我使用一个略显特别的术语"渴求"（appetite），而不是仅仅称它为一种欲望或想要。原因是把它描述为欲望，意味着对知识有欲望的人能够思考知识。如果他们在想："我想要一些知识"，我觉得这是把好奇心的内容过度窄化了。好奇心是很小的孩子在他们还没有掌握任何语言的时候就具有的一个特点，非人类的动物也有好奇心。那些非人类的动物可能没有任何知识的概念，但它们仍然有"渴求"。它们仍然愿意去做一些事情，去获取知识，就像它们对食物和水的渴求一样，但不一定像我们那样将其描述为食物或饮料。所以，在描述求知欲的时候，我并没有暗示什么，尤其没有暗示好奇者具有理智上的反思能力。

人类通常通过提问来表达好奇心。比如说，"我面前的这个是什么？"就像我刚才强调的那样，用语言表达自己的好奇心的能力并不是好奇心本身所必需的。所以，很小的孩子和很多种类的非人类动物都可以有好奇心。比如说，我觉得猫和狗明显就是好奇心很强的动物——只要看它们到处嗅，就知道它们的好奇心有多强。

而且我不认为这是奇怪的，也不认为是哲学家把哲学兴趣投射到这些动物身上。而从普通进化论的角度来看，这一点都不奇怪。而问题是，什么样的知识会有用事先往往是不清楚的。所以，那些对环境有较多了解的动物更有进化优势，比如说，它们有一种当地环境的地图，知道什么东西在哪里，如何从一个地方到另一个地方，等等。也许它们对自己所属群体的其他成员也有可靠的了解。它们可以利用这些知识对危险和机会做出迅速而恰当的反应。因此，这些动物能够知道所属群体的其他成员在哪里，其他物种的成员在哪里，也许它们可能会被另一个物种的成员吃掉，或者可能会吃掉它们。对它们来说，一旦知识已经够用，就不会再去寻找，这对它们来说是进化优势。但如果你掌握这些知识，那就更好、更快、更有效率，甚至可以救命。而这与人们可能认为的拥有思想的进化优势有非常密切的关系。用非常粗略的术语来说，拥有思想的优势在于，在某种复杂和不可预测的世界里，它使人能够调整自己的行为，适应新的环境。所以，拥有知识的意义就是一个人根据它来行动。如何行动呢？以适当的方式。在事情变得紧急或者急迫之前，提前获得这些知识，对生存有明显的价值。这就是为什么好奇心作为对知识的渴求在动物界广泛存在的原因，包括很多没有语言的动物也有好奇心是完全不奇怪的。但是对于有语言的生物来说，语言使我们能够构建更抽象的问题，并且提出这些问题。所以，它使我们能够对更抽象的事物产生好奇心。如果没有语言，我们就无法真正在精神上参与其中。所幸我们有语言。

所有这些我们可以提出的抽象问题都具有某种原始科学的（proto-scientific）性质。换句话说，它们似乎是在朝着对世界的科学兴趣的方向迈出了一步。我随便举一些身边的例子，就可以提出这样一些问题："什么是水？""什么是土？""什么是气？""什么是

火?""什么是光?""这些东西是什么做的?""是什么让一些东西好
吃或好喝,而另一些东西却不好?""是什么让东西往下落,而不是
往上升?"这些问题,一旦人类有某种好奇心,用语言来问它们,
就很容易问出来。而这些问题,很可能会是一个爱提问的孩子问出
来的。一个孩子可能会对父母提出这样的问题。但这些问题也是原
始哲学的问题,以至于问这些问题似乎是向哲学迈出了一步。比如
说,你们可能会问其他我们看不到的东西,甚至是比较抽象的东
西。看不到的东西可能只是一个关于太小的东西的问题,但它也可
以引出一些思考,比如:"数是否可以被看到?"你们也可以问其他
一些问题,比如:"什么是空间?""什么是时间?""什么是生命?"
"什么是死亡?""醒和睡的区别是什么?""是什么让看到和想象有
区别?""是什么让知道和思考有区别?""是什么让一些事情变得好
而另一些事情变得坏?""什么是公平?"而这些有可能是孩子提出
的问题。按我的预计,有些孩子已经提出了这些问题。它们似乎都
是至少在通往哲学的道路上的问题。而这些问题已经具有某种类哲
学的特征。

虽然我把这些问题分成了两个清单,一个是原始科学的问题,
一个是原始哲学的问题,但我不认为一个人只是天真地问这些问
题,就有可能意识到这两类问题之间有任何系统的不同之处。我不
信他们会认为这些问题是不同的,而是认为他们会觉得它们好像都
是同一类比较宽泛的思想。事实上,有很多问题很容易出现在两个
清单上。比如说,"什么是时间?"这个问题,是哲学里面突然提出
来的一个问题。但这也是一个物理学家会合法地感兴趣的问题。我

不认为，至少在早期阶段，在这种探索中，这些问题有不同的含义。因此，无论是在哲学背景下还是在科学（自然科学）背景下，这些问题是大致相同的。

在后面的一些讲演中会提到，有人有这样的想法，即哲学问题是某种概念性的，而科学问题是经验性的。但试图把这些问题进行如此分类是不自然的。我举的例子中有一些是最具经验性的问题，而其他的问题则是概念性的。比如说，"什么是时间？"这个问题，可能会以这种天真的方式提出来，也可能是一个关于时间概念的问题或者关于"时间"这个词的问题，但我认为这种说法是完全不自然的。无论我们把它当作一个原始哲学的问题还是原始科学的问题，都会自然而然地将它理解为一个关于时间本身的问题，既不是关于时间的概念，也不是关于时间的经验，而是关于时间本身的问题。所以，至少当我们以这种常识性、好奇心来看待哲学和科学的起源时，就没有区分经验性的原始科学的问题和概念性的原始哲学的问题之依据。这种区分对于这类问题是完全不合适的。

我想提出的另一点是，如果我们想象石器时代的人试图回答这些问题，或者，年幼的孩子试图回答这些问题，他们会有什么依据呢。除了常识性知识或信念，也许还有常识性方法外，其实也没有太多东西了。但在常识性方法下的常识性知识或信念也不可能让他们在回答这些问题时走得很远。而好奇心的一个特点是，即使我们不知道如何去回答这些问题，它也能驱使我们提出问题。例如，我认为人们在很久之前就在问这些问题（比如，"什么是时间？"），即使他们还没有真正知道回答这些问题的合适方法可能是什么。他们之所以问这些问题，是因为他们有问问题的习惯，而且他们所拥有的语言使他们能够表述这些问题。我认为这很重要。因为你们有时会看到形而上学和更具形而上学性的或理论性的哲学方法受到批评，理由是人们在提出问题时却不知道如何回答这些问题。而我认为我们不应该把这种好奇心看成一件坏事。归根结底，如果我们认为自然科学是有价值的东西，并且我认为自然科学是由好奇心驱动的问题，那么，当那些问题刚被提出来时，人们也不知道如何回答。但是这些问题的提出赋予了一种动力，促使人们去寻找一些回答问题的方法。从长远来看，这让他们找到了很多问题的答案。这些问题在某种程度上，是人类曾经问过的最好的一些问题。所以，不知道如何回答这些问题并不是不问问题的理由，而是一个寻找有助于我们回答这些问题的方法的理由。

这些都是关于常识与哲学如何开始的关系的看法。但显然，哲学从常识开始是我们对问题的回答，但这并不意味着哲学也要以常识为终点。一直以来的比较对象都是科学本身。我认为科学和哲学一样，也是以常识和好奇心驱动的问题开始的。但科学的发展远远超出了我们的常识，它最后得出的结论看起来往往是违反常识的，比如，量子力学和狭义相对论。所以，我现在想谈的问题是常识在哲学中的作用，因为当常识在哲学中具有持续的作用时，它的发展就会超越它的起点。

有一个思路是，常识具有非常重要的作用。即使哲学已经开始了，常识的作用也不应该停止。而这似乎是阻止哲学走向疯狂的一个好办法。我举一个例子来说明那种违反常识的哲学理论是什么样子。比如说，有一种哲学理论认为，除了基础物理学之外的一切东西都是一种错觉。不少把自己描述为自然主义者的哲学家都持有这种相当强硬的观点。而事实上，常识为这样的理论敲响了警钟。它可能在提醒我们，这样的理论真的是有问题的。说到底，幻觉这个概念本身并不是某个基础物理理论的一部分。它们不谈论幻觉，不是因为幻觉与事物的外表无关，乃是因为幻觉的概念需要某种心灵，而这种心灵是幻觉的受害者。所以他们可能到最后只是得到一些自欺欺人的极端理论或类似的东西，这就是常识对我们的提醒。

在一定程度上，常识可能也在自然科学中扮演着类似的角色。比如，某个物理学理论意味着没有观察者，那么这样的理论是有问题的，其危险在于，这样的物理学理论因明显的不一致而是自我削弱的，因为它关于观察证据的结论本身是建立在观察证据的基础之上的。当然，在某种层次上说，观察证据本身是最终依赖于感官知觉的。所以，很自然的想法是，我们永远不会彻底摆脱常识。因为我们需要它作为一种制衡，以免我们的理论与现实失去一切联系。

但同时，这种观点也带来一些非常明显的担忧。这又回到了我刚才所说的，有些常识性信念是错误的。只需稍微反思一下就会发现，我们依靠常识不是绝对安全的，因为它可能会让我们陷入错误。而且我们可能会有这样的担心：常识，一般说来，只是由过时的偏见组成。罗素曾把它描述为"野蛮人的形而上学"。如果我们用常识作为对哲学或科学理论的检验标准，使我们拒绝那些与常识不一致的理论，那么危险的是，我们永远无法摆脱这些偏见，因为常识的方法论作用将意味着它排除了拒绝常识的理论。

这种担心也会让人想到，也许常识性信念是有用的，因为它们在某种程度上帮助我们生活。但它们有用的事实并不意味着它们为真。当然，一个信念有用但不为真，这是一种真正的可能性。或许可以举这样一个例子，人们稍微高估自己一些是有用的，比如相信自己比实际上更聪明、更受欢迎等。因为那种对自己过于乐观的信念是有激励作用的，而且能让人保持快乐；如果你足够自信，你就更有可能成功，那么你就更有可能摆脱一些事情。有一些有用的信念并不为真，这是可能的。对常识的这种担心也并非不自然，因为常识更普遍来说都会遇到这种情况。

我们会想到的一个问题是，如果不能依靠常识，那么还可以用什么证据来支持我们的科学和哲学理论呢？如果证据的来源不是常识，那是什么呢？我认为有一个很流行的、很广泛的答案：你的证据只是由你得到的表象组成。比如说，假设你做了一些实验，其中一根金属棒膨胀了。那么按这种观点，你的证据只是由表象组成。你的证据并不包括这根金属棒膨胀了的事实。你的证据只包括在你看来它是膨胀了的这一事实。所以不管它有没有真的膨胀，至少在你看来它是膨胀了的。这就是为什么你所拥有的证据只是涉及表象。

如果我们把这个观点稍微发展一下，它所表明的是，理论只要保存表象就可以了，或者换句话说，最好是解释事情为什么会出现这种表象。比如，为什么金属棒会出现膨胀的现象，或者哪怕不解释这些现象，我们的理论至少也要与这种现象的出现相一致。据说理论也不必在解释事物为什么真是那样的意义上证明表象正确。比如，不需要解释为什么金属棒确实膨胀了，因为它们也许没有真的膨胀。也许只是出现了膨胀的表象。这种观点并没有要求理论与事物的真实状况一致，它们可以简单地否认事物的真实状况与其表象一样。

这种观点的根本动机是，我们对于事物的真实状况的看法是易错的，但对于它们是否以某种表象的方式出现在我们面前的看法是不易错的。这些表象应该具有的优势是，我们对它们的表象的真实性不存在易错性。如果这种保留是对的，那么所要求的就是我们的证据来源无懈可击。因为证据是关于表象的事实，即使表象本身是虚幻的，也有这些表象存在仍然会是真实的。接下来我想做的，就是简单说明一下这种证据观的问题。

它的主要问题是，这种观点的动机是失败的，因为我们对表象的看法也是易错的。这种易错性至少表现在三个方面（也许还更多）。

第一种表象的易错性是这样的：很明显，我对你的表象是易错的；而你对我的表象也是易错的。我们可以称之为"沟通问题"。这是非常明显的，因为当我依赖于你的表象时，我通常要借助于你的证言。你告诉我，事情在你看来是怎样的。当然，你有可能在撒谎。而问题在于，如果每个研究者只是依靠对他们自己来说的表象，而忽略了对别人来说的表象，那么这对科学或哲学的任何事情来说都是不够的，因为科学或哲学是具有主体间性的学科。我们希望自己得到的结果对别人也是可用的。所以，单是你拥有理论的证据是不够的。它还得是可以为别人所用的证据。事实上，你可以想想科学假说的证据，例如，科学期刊上的文章。它并不是报告在某个人眼中事物看起来是怎样的，而是报告实验的结果是什么。

第二种表象的易错性是，我们对过去的表象是易错的。这就是"记忆问题"。我对昨天的事情表象肯定是易错的，因为我可能记错了，这不是绝对不可错的地方。所以，如果我们试图把证据限制在表象事实上是无懈可击的地方，我们只能把自己限制在当前的表象上。但对于科学或哲学来说，那表象实在是太少了，因为它们不允许以我们需要的方式来积累证据，以便进行任何形式的系统性探究。如果我们有一个当前的表象，只要过几秒钟，我们就会失去它们。这是我们对表象的错误性的两个很明显的方面。正如我们已经提出的，我们将不得不把自己限制在自己当前的表象中，这对证据来说是一种非同寻常的限制。

但是，以表象作为证据还有更进一步的问题，那就是甚至我们自己的当前表象有时也是不可靠的。我们可以给它起个名字，把它叫作"内省问题"。这就是第三种表象的易错性。因为如果我们要使用表象作为证据，我们可以用它来反驳一些理论，我们必须要用语言来描述它们，因为理论与证据的评估通常是在语言中进行的。但如果我们能用语言正确地描述它们，我们也可以错误地描述它们。所以，一旦表象用语言的方式表达出来，它们就不再是无懈可击了，因为科学或哲学被语言化了。我想，事实上，不可错性可能比这更多。但这三种非常明确的方式表明了表象并不构成不可错的证据来源。

我认为，在这里要得出的自然教训不仅仅是表象不是这种独特的证据，而是根本就没有不可错的证据来源，因为任何潜在的证据来源也能产生虚假的东西。所以，我们不应该抱着某种希望去寻找不可错的证据来源。因为表象是获得这种证据的最好机会，但我们已经看到，它们也不是无懈可击的。我们与其无望地寻找无懈可击的证据来源（我们永远也找不到），不如专注于培养自己识别错误的能力，尤其是，我们错误地把某些东西当作证据的一部分的时候。我们要接受有时犯错误是难免的，但要做好事后纠正错误的准备。这就是方法论需要发挥作用的地方，与其说是排除原始证据组合中出现错误的可能性，不如说是在我们犯错误的时候能够纠正错误；我们得接受我们总是会犯一些错误。

现在，如果我们要谨慎地认识到我们的易错性和具备接受错误的意愿，这意味着什么？它并不意味着只要有人挑战我们一直当作证据的东西，我们就停止把它用作证据。并不是每当你把一个东西当作证据，然后有人问，"你确定吗？"，或者"你接受这个东西的理由是什么？"等问题时，我们就必须马上停止把这个东西当作证据。因为如果我们采取了这样的策略，那么一个怀疑论者只需挑战我们所有的证据，就会很容易把科学带入一个黑洞之中。如果某样东西受到挑战，我们就不得不停止依赖它，那么只要我们所有的证据都受到挑战，我们就没有什么可依赖的了。所以，一种适当的认识和纠正我们错误的准备，与我们在面对具体而严重的怀疑时可以如何反应有关。那不能仅仅是"你如何知道"之类的通用怀疑，而是对我们所依赖的东西提出了具体的反对意见。而这些怀疑本身会基于某种证据，它们不能只是排除我们的所有证据。

接下来我要做的，就是非常迅速地勾勒出我在《知识及其限度》一书中所捍卫的证据观。因为我认为，这其实和我们在哲学中的证据有关。我所捍卫的观点可以概括为一个等式：E＝K，其中E代表证据，K代表知识。所以，这个等式可以理解为，你的证据总和就是你的知识总和。也就是说，你的证据就是你的知识。这其中的一个后果，我之前在表述的时候一直有暗示，但还没有明确地说出来，那就是既然知识永远是真的，那么证据也永远是真的。所以，你可以认为这里的证据是由事实组成的。严格说来，按这种观点，不存在假证据。你可能会想，若是这样，怎么还会有可错性呢？在我看来，可错性是我们以为的证据的一部分。我们有时会认为我们知道某些东西，但事实上，我们是不知道的。根据 E＝K 这个等式，我们实际上所做的只是错误地认为这些东西是我们证据的一部分，而事实上它们不是。因此，在这些情况下，我们不知道某些东西，但我们不知道自己不知道它。在这些情况下，有些东西并不是我们证据的一部分，但我们不知道它不是我们证据的一部分；也有一些可以说是我们证据的一部分，但我们不知道它是。这些对应于我们知道一些东西，但我们不知道自己知道的情况。但这是一个更微妙的问题。而在那些不属于我们证据的情况下，也许是因为它是假的。这些是最容易思考的问题。

所以，给定这个等式 E＝K，我们所知道的一切都可以作为哲学中的证据来使用。这既包括常识性知识，也包括科学知识。所以，从证据的角度来说，并不是说常识性知识有什么特权。只是因为它是知识，所以，它是证据的来源。但是我们也可以把我们所拥有的任何一种科学知识作为证据。所以，按这种观点，哲学不是科学研究的先导。它可以向科学研究学习，但同时还是哲学。

因为这次讲演特别关注的是常识的作用，我想再说一些关于常识证据的东西。常识性知识最初是被拒绝作为证据来源的，因为它是一个易变的来源，因为它有时候会给我们带来假象。但现在我们已经看到，那是因为对证据来源施加了一个不合理的标准。所以，我们可以回到把常识当作证据来源的轨道上了。而这一点是由证据与我们所知道的东西的等同来保证的。因为常识是知识的来源。至少，让我们暂时假定这一点。所以，常识性知识包括由记忆保存的知觉知识，以及由证言传达的知识。我们所拥有的任何一种知识，原则上都是我们可以在哲学中使用的，尽管是以我所描述的那种批判的方式。还有其他种类的常识性知识是由我们的常识性推理获得的。但目前，我们还不需要考虑这个问题。那是我在第四讲时会讨论的问题。

我认为我们还是需要解决一些关于常识的疑问，因为你可能会认为我对常识作为知识的来源这一点过于乐观了，因为我们偏向于人类自己。如果你注意到，我说过，常识是易错的这一点并不排除它作为证据的来源。而按我们现在的证据观，常识可以提供证据，前提是它为我们提供了知识。但我记得之前我们考虑的是对常识的更多怀疑的观点，它可能只是一堆偏见，或者它可能以某种方式从根本上误解了这个世界。如果它提供给我们的都是假的，那么它就不是知识。所以说到底，如果常识不是知识的来源，它仍然不会成为证据的来源。

所以，我认为，对这种怀疑论的关注，至少有一部分是出于对我们自己的偏见的恐惧。假设常识为我们提供了很多知识，这是一种过于乐观的观点。它可能是有用的，但却没有成为真实的。记得前面我说过，有一个例子是，过于乐观是一种有用而不真实的信念。有人说，能准确估计别人对自己的看法的只有那些临床抑郁症患者，而我们其他没有临床抑郁症的人则高估了别人对我们的喜欢和尊重等。所以，可能对常识的高估本身就是那种过于乐观的有用但不真实的信念的一部分。

我想，处理这个问题的自然方法是思考动物常识，这又是指在动物群体中普遍存在的那种知识或信念。当然，我所说的一些常识并不适用于没有语言的动物。比如说，从一种动物到另一种动物之间交流的证言知识。如果你没有语言，就不会有太多这样的知识。也许这在动物之间有一点体现，因为它们有警示信号等。蜜蜂通过跳舞来沟通信息，与我们发现的人类之间非常广泛地通过语言的知识交流相比，这是一种稀少得多的现象。但是，通过感官知觉获得知识然后通过记忆保存下来，这在动物中似乎还是相当普遍的。考虑动物的情况的好处是，我们对动物没有什么对它们特别有利的偏见。这不像在评估人类的认知，这是在评估非人类的认知。我们可以说些什么呢？我想比较自然的看法是，对于很多动物来说，它们对自己身处的环境至少有较低程度的知识。比如说，猎食者和猎物——猫和老鼠，或者老虎和鹿之类，对身处的地理环境中对方行踪的知识，是生死攸关的事情。如果你是老鼠，你需要知道周围是否有猫。如果有的话，猫在哪里，等等。而你也要知道哪里有洞，可以让你躲避猫的追捕，等等。而猫也要有这样的知识。它需要知道老鼠在哪里，也需要知道老鼠可能跑到哪里去，等等。当然，如果是家猫，它们的生存并不取决于它们是否善于抓老鼠。但如果是野外的大型猫科动物，比如豹子、狮子、老虎等，它们的生存取决于它们是否能成功捕猎。其他各种捕食者和猎物的情况与此类似。如果它们对周围的环境足够了解，也就是说它们知道周围的情况，那么这对猎食者和猎物发挥各自捕猎或逃跑的能力都是至关重要的。而这类知识是我们为了解释它们的行为而假设它们所拥有的。当我们说到猫为什么如此小心翼翼地爬行，我们可以这样解释：这只猫知道前面有一只老鼠，它不想惊动老鼠。如果说老鼠为什么要逃跑，可能是因为它知道有一只猫在追它。所以这种解释在特定的情况下，可以更详细、更具体地解释它们为什么会朝一个方向而不是另一个方向移动，等等。而如果有人提出，我们应该假设猫和老鼠具有有用但错误的信念，这似乎不是一个更好的解释。事实上，我们根本不清楚这些有用但错误的信念怎么能解释它们的行为。我们也不清楚，把那样的信念归于猫和老鼠会有什么意义。所以，自然的假说是将知识而非单纯的信念归于捕食者和猎物。在许多特殊情况下，猫和老鼠都有错误的信念。它们有可能会被欺骗。如果老鼠躲起来了，猫可能会有错误的信念，认为周围没有老鼠。如果猫躲起来了，老鼠可能会误以为周围没有猫。但这些错误的信念都是具体的错误。而事实上，在我所举的例子中，这些错误实际上是其他动物用特定的欺骗性策略或战术来诱使对方犯错误的结果，因此，一般情况下可靠的认知能力在特定情形下也会出错。所以，如果我们将错误的信念归给它们，那也是因为它们所处的具体环境。一般情况下，我们会归给它们知识，只不过这种具体的情况与一般情况有所偏离。

有些人拒绝将知识归给非人类动物，我认为他们似乎是误解了认定心理状态的正确方法，因为在很多情况下，对非人类动物行为的最佳解释都需要我们归给它们某种心理状态。事实上，我们认为很多动物都具有相当复杂的心理状态，至少高等的非人动物是如此。不过它们并不会像我们所描述的那样感性甚至"人性"。在此基础上，我们可以说某些动物也拥有知识。这在进化上是可信的，原因我在前面已经解释过了：在进化的基础上，我们可以认为有心灵的生物能够获得大量的知识，因为这就是拥有心灵的目的。我的意思是说，如果不能获得那些很容易得到的知识，那么进化出心灵也是毫无意义的。将适当的知识归给动物，这是我们现有的解释动物行为的最佳方式。从某种程度上说，如果认为动物没有知识将会导致我们不得不依赖一些更差的说法来解释动物的行为，那么认为它们没有知识就是不科学的。所以，在我看来，一种很具有说服力的观点是，非人类动物有很多知识，或者至少说它们有关于具体环境的某种知识。而它们通常得到的是常识性知识，或者至少是"动物的常识"。

如果非人类动物都拥有对自身所处环境的重要知识，那么说人类没有这种知识是很不可思议的。当然，我们可能不恰当地认为自己拥有更强的认知能力，但是我们的能力绝不可能比刚刚提到的那些动物更弱。应该说，整体上，我们的能力不会比那些动物更差，尽管在某些特定情形下，那些动物拥有更强的认知能力。我们已经提到过基于进化论的那些理由。和动物比较而言，对人类来说最合理的假设是，假定我们对自己周遭环境的知识至少和那些动物一样多，因为这种知识也是一种常识。人类拥有很多常识——这在科学上是极具说服力的。不过，因为证据和知识相等，常识是可错的证据。这是我们在哲学中和在其他领域都可以使用的证据。

当然，这并不是一种先验论证，说常识必定是知识的来源，这里没有任何超经验的推理或类似的东西。如果你愿意的话，你可以说这是一种后验的论证，因为它基于自然科学的研究来考虑我们面对的进化压力。不过无论如何，这个说法与我现在描述的哲学图景是一致的，亦即我们在哲学上所能使用的证据是我们所知道的一切，而不仅仅是通过了某种先验测试，因而才能用作证据的东西。我还必须强调的是，进化论并不是人们拥有常识的必要条件。在进化论诞生之前，人们就拥有大量的常识了。所以，常识性知识并不是从进化论中获得的，而是仅仅通过我们的感官和记忆就可以获得的。不过，在我们对常识进行反思，考虑这些常识是否出错的时候，这些常识本身并不足以使我们获得严格的、无错的知识。所以，我认为，说人类具有很多常识性知识，这有很好的科学依据。

这是对常识性知识作为可错的证据来源的一种辩护。在做哲学考虑时，我们也可以使用这些常识性知识。而只要我们做哲学，常识性知识就仍然是证据的来源。因为我们始终拥有这种常识性知识，它作为知识的一种，是我们证据的一部分。在此我想稍微提及下一讲要讲的内容：我们的常识和约定俗成的观念之间有一种天然的联系。因为既然常识是在特定的群体中普遍存在的，它也往往是约定俗成的，但是在标准的哲学方法论中，似乎分歧和争论也扮演着非常核心的角色。所以在下一次讲演中，我会讲到分歧在哲学中的作用。谢谢各位！

陈波：谢谢你，蒂姆！谢谢你非常有信息量且清楚明白的讲演。现在，我对与谈人和提问人做一个非常简短的介绍。Sebastian Sunday Grève（王小塞）博士，是北京大学哲学系的助理研究员，也是北京大学博古睿研究中心的研究员。他的研究领域是认识论、分析哲学史和心灵哲学。费多益博士，中国政法大学的哲学教授，长江学者（这是中国教育部授予的一个杰出荣誉头衔）。她的研究领域是科学哲学与心灵哲学。王小塞博士有 10 分钟的评论时间，费多益有 5 分钟的提问时间。好，现在轮到你们讲了。

王小塞：好的，谢谢陈波教授。谢谢你的介绍和邀请，以及组织此次系列讲演。谢谢威廉姆森教授的精彩讲演。我在很大程度上同意蒂莫西·威廉姆森在第一讲"哲学与常识"中谈到的内容，无论是关于他所提出的这类说明的概要，还是关于他选择在一次讲演的有限时间内所涉及的具体细节。因此，我很高兴让我的评论保持简短。而且，我不会批评威廉姆森的言论，而是试图对威廉姆森讲演中提出的一些问题进行反思，这些问题他可能没有时间详细阐述。

我将围绕四个主要问题组织我的思考。第一，"什么是哲学？"（注意引号）第二，什么是常识？第三，比较原始科学和原始哲学会得出什么结论？第四，需要培养的常识和好奇心的良好结合是什么？

在谈到第一个问题之前，我想做一点一般性的评论。威廉姆森的第一次演讲的一个重要成就是展示了一个关于哲学自然性的引人注目的故事，也就是说，从事哲学是多么的自然。这是一个很重要的故事，因为对许多人来说，哲学似乎是不自然的，以至于他们给哲学一个很低的评价。这个故事引人注目，部分原因是威廉姆森以身作则地实践自己所宣扬的东西。当发展他对哲学自然性的描述时，威廉姆森当然就是在做哲学，他设法用他认为可能的方式来做哲学。威廉姆森认为，一个人在合适的环境下做哲学，所需要的只是常识和好奇心；在试图展示这一点时，他确实似乎只依赖于这两个基本要素。因此，他的叙述似乎得到了双重的证明，他提出一般要求的方式，同时又构成了这些一般要求的实例。

可以肯定的是，除了自己的常识和好奇心之外，威廉姆森在表述这一观点时表面上什么也不依赖，这必须被视为一项相当了不起的成就，即使威廉姆森是对的，哲学通常只需要这些。对一个人做哲学所需要的认知基础提出一种说明，这并不是一个刚开始接触哲学的人就能做的事情。相反，这是一个更高级的步骤；就像威廉姆森所做的那样，对事物进行合理的解释，并以一种清晰而精确的方式呈现出来，即使对最有经验的哲学家来说，这也不是一件容易的任务。

第一，"什么是哲学？"当然，这是整个系列讲演背后的大问题。我是在引用这个问题而不是在提问，因为与提问相比，我更想谈论这个问题。

威廉姆森说，当涉及哲学或"哲学"这个词时，"抽象的定义［……］不是特别有用"。我同意。但我想威廉姆森也会同意我的观点，一些抽象的定义可能仍然有些用处。所以我想给他一点压力，看看在他眼中，哲学或"哲学"的定义是有用还是没用。

作为哲学家，如果我们对这方面的定义感兴趣的话，我们真正感兴趣的，不是对"哲学"这个词的定义，而是对这个词所代表的事物，也就是哲学（没有引号）的定义。然而，一个语言学上的定义有时对那些想知道所谓"哲学"到底是什么东西的人是有用的。例如，假设有人问你"什么是哲学"，而你首先告诉他们，["哲学"的] 英文词"philosophy"和它的欧洲表亲"filosofía""philosoph-ie"等一样，都源自古希腊语，而且经常被翻译成"对智慧的爱"。这很可能对他们是有用的，尽管它本身不太可能**特别**有用。

现在让我们来考虑一下对哲学这个东西的定义，而不是对"哲学"这个词的定义。在这方面，威廉姆森说："我把哲学理解为一门科学，但不是一门自然科学。"这是一个抽象的定义，虽然不是一个精确的定义，因为它肯定也适用于数学，那是非自然科学的范例。此外，我个人认为，这个定义，尽管是尝试性的，但也是有用的。事实上，很明显，威廉姆森提出这个尝试性的定义，是因为它在这个论证中是有用的。它留下了很多有待解释之处，但哲学与科学的关系是一个十分重要且有争议的问题；将哲学定义为一门非自然的科学显然构成了实质性的主张，而且如果一个人要沿着这样的思路来解释哲学是什么，这在某种程度上也是一件有用的事情。

威廉姆森所想的似乎是一种寻求提供充分必要条件的定义。但那并不是唯一的定义方式。退一步说，即便那是唯一的定义方式，难道该定义就会没有重要的用途？特别是，如果有人遵循威廉姆森在别处建议的模型建构策略①把它作为模型来使用，哪怕它在许多方面是错误的，该定义可能仍然是有用的。

更一般地说，威廉姆森在讨论哲学是什么的著作中并没有提出一种简洁的说明。这有点奇怪，因为那是他在其他著作中的典型做法。比如，他为模糊性是一种无知的观点辩护时，称其为"认知主义"（epistemicism）；他为所有事物都必然存在的本体论观点辩护时称其为"必然主义"（necessitism）。他这样选择的原因尚不清楚，但他在捍卫一种可以被准确描述为关于哲学的科学主义（scientism）的观点，这一点似乎已经足够清楚了。当然，这个标签会带来一些不必要的包袱，但这并不会使它不那么适用；而且威廉姆森并没有回避去复兴其他类型的观点，即使许多人认为那些观点是站不住脚的。

第二，什么是常识？威廉姆森以哲学的自然性开始他的故事，他告诉我们，对于哲学从哪里开始，更准确地说，对于哲学需要什么认知基础开始这个问题，一个自然的答案是常识。然后，他对"常识"的定义给出了各种解释，这显然是恰当的，因为"common sense"（常识）这个词在今天的日常英语中和在哲学史上都有各种各样的用法。威廉姆森的解释可以概括为以下三个陈述。

> 常识性知识：广泛共享的知识
> 常识性信念：广泛共享的信念

---

① 见本书第九讲"哲学与模型建构"。也见 Timothy Williamson, "Model-building in Philosophy", in Russell Blackford and Damien Broderick eds., *Philosophy's Future: The Problem of Philosophical Progress*, Oxford: Wiley-Blackwell, 2017, pp. 159 – 173。

常识性的认知方法：广泛共享的认知方法

但看着这三个陈述，我不禁想知道，为什么还要用常识这个概念。在这个语境下，"广泛共享"（widely shared）似乎和"常"（common）的意思一样。因此，简单地说公共知识、公共信念，而不是说常识性知识、常识性信念之类可能会更好。也许威廉姆森把他偏爱"常识"的部分原因隐藏起来了？

当我试图弄明白这一点时，我发现"常识"（common sense）在德语中通常被翻译成"gesunder Menschenverstand"，其字面意思是"健康的人类理性"。然而，威廉姆森并不想将常识局限于人类。事实上，他认为常识和好奇心——他提到的开启哲学的唯一两个条件——也可以在非人类动物身上找到。那么，非人类动物也能做哲学吗？威廉姆森的分界线会画在哪里？会如何画？是常识或好奇心的程度，还是哲学所需要的认知基础以外的东西（比如语言）？他自己也说"语言使我们能够构建更抽象的问题，对更抽象的事物产生好奇心"。

当然，威廉姆森只是声称常识构成了哲学起源问题的一个自然答案。因此，也许这不是他的最终答案，而仅仅是让他能够讲述一个关于哲学自然性的引人注目的故事，就像他所做的那样。

同样的考虑也适用于好奇心，这是他所说的开启哲学所需要的两件事中的第二件。然而，如果威廉姆森的意图确实是为了给他的叙述一个自然的答案，那么好奇心难道不是故事的唯一驱动力吗？也就是说，不是作为对哲学除了常识之外还需要什么的问题的回答，而是作为比常识更好的回答。威廉姆森将好奇心定义为对知识的渴求，这个定义是可信的。但问题在于，难道好奇心不蕴涵足够多他希望通过常识挑选出来的东西吗？只有在你至少已经掌握了一些知识的情况下，你才会有求知欲；此外，一个有求知欲的人通常是能够获得新知识的。

第三，比较原始科学和原始哲学会得出什么结论？威廉姆森认为，好奇心自然会引发各种各样的疑问，包括很快就会出现的原始哲学或原始科学的抽象问题。这似乎是正确的。下面是他举的一些体现人类提问方式的典型例子。"什么是水？""什么是土？""什么是气？""什么是火？""什么是光？""什么是空间？""什么是时间？""什么是生命？""什么是死亡？"威廉姆森指出，最初在原始科学问题和原始哲学问题之间感觉不到分离，许多问题实际上两者都是（例如，"什么是时间？"）。他还指出，将原始科学问题归类为"经验"问题，将原始哲学问题归类为"概念"问题，这是完全不自然的。

关于这最后的评论，有人可能会倾向于认为威廉姆森暗示了对某些哲学家的批评，那些哲学家认为我们可以沿着这样的路线区分实际的科学和哲学问题。但是他必须意识到，即使如威廉姆森所说，这种原始阶段的归类是不正确的，但在以后的阶段，一旦科学和哲学进一步发展，它仍然可能是正确的归类。[①] 这就提出了一个问题，威廉姆森的这一特殊评论，以及更一般地，通过比较原始科学和原始哲学，究竟想要得出什么教训。

---

① 更明确地说，我并不是说（在某种意义上）将科学问题归类为"经验"问题而将哲学问题归类为"概念"问题是正确的。事实上，我在别处反驳了这样一种区分，见 Sebastian Sunday Grève，"The Importance of Understanding Each Other in Philosophy"，*Philosophy* 90（2015），pp. 213 - 239。

　　第四，需要培养的常识和好奇心的良好结合是什么？在他讲演的最后一部分，威廉姆森转向了这样的问题，一旦已经开始做哲学，常识会扮演什么角色。威廉姆森首先观察，好奇心驱使我们去问这样的问题，哪怕我们不知道如何回答它们（例如，"什么是时间？"）。然后，他指出，常识似乎是阻止哲学走向疯狂的一个好方法。接下来，威廉姆森明确反对极端的怀疑论和现象论者的观点，根据这种观点，所有的证据都只能由主观的表象构成。威廉姆森在此基础上提出了一种可信的假设，即主体的证据正是他们的知识。从这一点，以及一切已知的事物都可以作为哲学的证据这一明显事实，他得出结论，常识知识也可以这样使用。

　　虽然只有常识知识才能构成证据，但在实践中，常识信念也会发挥作用。这是因为一个人可能知道某事却不知道自己知道（包括常识知识），而且一个人也可能不知道某事但错误地相信自己知道（包括常识信念）。威廉姆森认为，没有绝对可靠的证据来源。他说："我们与其无望地寻找无懈可击的证据来源，不如专注于培养自己识别错误的能力，尤其是，当我们错误地把某些东西当作证据的一部分的时候。我们要接受有时犯错误是难免的，但要做好事后纠正错误的准备。"

　　我发现自己在这些问题上完全同意威廉姆森的看法。现在我想问一个关于常识和好奇心如何正确结合的问题，就像威廉姆森在他的讲演开始时问哲学从何而来一样：一方面是对个人而言，另一方面是对文化而言。

　　假设我们的思维本质上是常识的声音和好奇心的声音之间的中介。例如，当好奇心的声音把一个人推向越来越抽象的理论时，另一种声音会敦促他抵抗任何可能不符合常识的结论；同时，任何特定的阻力可能会受到仔细的审查，有时因为偶然的机会，会被好奇心的声音推翻，如此往复。现在，对于一个相对孤立的人来说，威廉姆森的方案清楚地建议在任何时候都要在两者之间保持或多或少的平衡。对于一个整体文化来说，你自然会想要同样的东西。有趣的问题是，我们应该从文化的角度对个人说些什么。如果一种哲学文化中只有个体平衡的哲学家，这会比另一种没有个体平衡的哲学家却有整体平衡的哲学文化更好吗？

考虑一下我们目前的职业哲学文化，它在很多方面都是一个高度专业化的学科。鉴于许多（如果不是全部）重要哲学问题的规模和复杂性，似乎唯一合适的做法是，专业哲学家应该按照某种劳动分工被组织起来，在任何给定的问题上，都包括那些代表常识的声音和那些代表好奇心的声音之间的分工。我们是否应该在这个维度上提倡更多或者更极端的个人专业化呢？

这种极端主义实际上表现为很多熟悉类型及其对立面，包括站在常识一边的独断论和站在好奇心一边的怀疑论（或批判哲学），以及一般来说，站在好奇心一边与常识相冲突的各种观点和理论，以及站在常识一边的反对派。沿着这个维度，更多、更极端的个人专业化似乎一般说来是可取的。与此同时，极端主义文化自然需要缓和。所以，可能应该有第三种类型的专业，那就是反极端主义，除非它是极端温和的。因此，即使在一个非常专业化的哲学文化中，那些代表常识的声音和那些代表好奇心的声音在任何给定的问题上都达到了一种完美的平衡，仍然需要有个体平衡的哲学家确保两个极端之间有效的沟通。

这一点同样适用于其他方面的专业化问题。这也许不是巧合，许多著名的哲学家在最近和遥远的过去不像今天的大多数职业哲学家那样专业化，也往往比他们的许多同时代人更少专业化。

总而言之，威廉姆森在第一次讲演中讲述的做哲学是多么自然的故事引人注目，因此也是一项重要的成就。这个故事不仅表明了哲学和任何事物一样是自然的，它也为威廉姆森将哲学作为一门非自然科学的更大视野奠定了基础，那将是贯穿其余九次讲演的中心主题。

这种观点可以准确地描述为关于哲学的科学主义。如果威廉姆森开始这样描述它，这可能会引发一场富有成效的争论。如果只用好奇心，而不用"常识"，故事本身有可能会讲得更好。顺便说一句，威廉姆森最近出版的《做哲学》一书的副标题"从普通的好奇心到逻辑推理"也说明了这一点，该书探讨了一些同样的问题。[1]再说一遍，好奇心至少预设了一定数量的知识，而且似乎可以公平地承认，一个有好奇心的人通常能够获得新知识。由此可见，哲学和科学都是以知识为基础来培养求知欲这一自然追求的产物。

费多益：大家晚上好！威廉姆森教授，你好！谢谢你内容丰富且有趣的讲演，让我很受启发。我有两个问题，想进一步了解你的看法。

问题一：你说"常识"通常在三种意义上被使用：一是各领域的基本知识；二是生活中的共同价值或行为规范，它充当了行为合

---

[1]　Timothy Williamson，*Doing Philosophy*：*From Common Curiosity to Logical Reasoning*，Oxford：Oxford University Press，2018.

理性的前提；三是思维框架，即人们用来谈论世界的概念、范畴和方式。这样看来，常识的内容涉及形而上学、认识论和实践哲学的各个方面。就形而上学层面而言，常识的错误怎么通过哲学被纠正呢？比方说，我们将外部世界的存在等信念作为哲学的"预设前提"。我们凭什么认为显而易见的事情不会是错觉？哲学在这一过程中起到什么作用？

问题二：科学和哲学都追求突破常识。科学对常识的突破是在常识世界中实现的，常识是滋养科学的土壤。与科学一样，哲学所面对的唯一世界只能是常识世界。那么，两者对常识的突破有什么本质上的不同呢？即来自哲学的对常识的突破与来自科学的对常识的突破有什么本质上的不同呢？

威廉姆森：好的，非常感谢你们两位，因为这些问题都很有趣。我会按照两位发言人的顺序，尽力回答。首先，小塞的第一个问题是，他问我为什么如此抗拒对"什么是哲学"给出一个定义式的回答。我真的不认为柏拉图提出的那个词源学的答案——"爱智慧"——是很有帮助的。基于词源学给出的回答还必须考虑到翻译造成的拼写变化，而我认为这种变化并不是很清楚。我的意思是，现代英语中的"wisdom"（智慧）往往指的是非常实际的东西。我的意思是，你去找一个有智慧的人，他会给你关于如何做出一个困难的决定的建议。而这个人的智慧可能只是意味着他知道在什么情况下怎么做是最好的，但对此他们没有任何一般的理论。它可能是非常具体和非常实际的。而我认为，虽然智慧在这个意义上是重要的，但我不认为它跟哲学有很强的关联。我不认为对它的爱与哲学有很大的关系。我怀疑可能有相当多的人是好的哲学家，但并不特别爱这种智慧。他们爱的是别的东西。让我说得更清楚一点：如果你爱的是知名度，你想要出名，那么也可能把哲学做得很好。我的说法有些模糊，因为我只是用这些非典型案例做了一个粗糙的界定，而这些案例本身仅仅是个案而已。对于知识，我的看法是，知识不能用更基本的术语来定义。我认为哲学可能也是这样，它的描述会非常具体，既不同于确切的知识，也不同于完全的模糊，它与一个非常具体的理性传统有关。在某种程度上，它是由某个学科在历史上发生的一系列偶然事件所决定的，而这个学科叫作"哲学"。而且我认为，如果你硬要划分哲学与其他学科的边界，这可能是做不到的。各个学科实际上构成了一个连续体，例如，从物理哲学到理论物理学。这里并没有一个特别清晰的分界点，这个点使人们足以判断现在自己正在做物理学而不是做哲学或相反。所以我觉得对哲学下定义没有什么用处。

关于问题二：什么是常识？其实"common sense"（常识）这个英文短语有相当古老的历史，因为它可以追溯到亚里士多德的常识概念，他认为常识不与五感中特定的任何一种有关。相比于现代的理解方式，亚里士多德对常识这个概念的理解并不是一个很有用的解释。我想强调的是，不需要专门的知识来开始哲学工作，它可以在一个普通人就拥有的那种认知资源的基础上进行。至于那个具体的问题："非人类动物是否可以做哲学？"我认为隐含的答案是，假设我们谈论的物种是地球现有的物种，这些非人类动物并没有真正的语言，而是有一种非常原始的感官系统，那么它们不能。我的意思是说，拥有用于问出那些可被视作哲学的原始形态的问题的语言是必要的。所以，我认为非人类动物连提出这些问题的认知资源都没有，更别说回答这些问题了。

关于好奇心是否足以让哲学开始这个问题，我想说的是，如果你没有常识，我想你即使出于好奇心而问出那些问题也不会有什么结果。我觉得如果人类没有他们现在所拥有的那些常识，那是认知上的巨大缺损。所以，我想常识是至关重要的东西。我的意思是，是否可以设想某种生物，它有好奇心但没有常识，却可以发展出哲学？我不能给出确定的答案，但我并不排除这种可能性。因为它可能有其他种类的知识。但就普通人类而言，我认为我们在好奇心之外确实还需要某些常识才能在哲学上有所建树。

对于问题三"将原始科学和原始哲学进行比较会得出什么结论？"，如果我没有理解错你的意思的话，你想表达的是，即使在原始学科的层面上这两类问题之间没有大的差异，原始哲学仍然会朝着将问题概念化的方向发展，而这一点是和科学截然不同的。我同意这种可能性。我提出的那个看法也只是暂时性的，亦即如果我们只看哲学和科学由之起源的那些问题，那么就没有必要强行区分原始科学和原始哲学。而我默认的前提是，即使在发展的过程中，它们也不会朝着完全不同的方向发展。因为，我们仍然承认这些问题是原始哲学问题和原始科学问题。所以，我认为当我们在做初步的假设时，没必要对科学和哲学做出明显的区分。当然，这不是一个结论性的评价，我们必须更仔细地审视那种哲学的观点。而这是我在第三讲要做的事情。

最后，关于问题四："如何平衡常识与好奇心？"这个问题似乎假定了常识与好奇心之间有一种冲突，你的常识越多，好奇心越少，反之亦然。我不接受这种说法。我认为往往是这样的，人们的常识越多，好奇心就越强。所以，他们获得更多常识不一定意味着减少好奇心，反之亦然。我不知道你是不是把好奇心与怀疑论看作同类的，又把常识与独断论看作同类。依据我的经验，怀疑论者的论述中常常有很强的独断论倾向，因此难以体现好奇心。而我认为这并不奇怪，因为怀疑论者认为我们不可能有知识，所以对知识的渴求是毫无意义的。受限于时间，我只能做出这样一些概括性的回答，但是实际上这个问题的答案需要更多阐释。

接下来我将简要回答费多益的问题。第一个问题，我认为与科学和哲学推翻常识的能力有关。而第二个问题涉及哲学和科学（或称自然科学）推翻常识的不同方式。所以，我认为，虽然常识是一个相当大的知识来源，但是没有任何常识会在一开始就表明自己是错的。我的意思是，之所以有常识被推翻的情况发生，是因为哲学或科学本身是有很强证据基础的理论，然后它们被证明与某些常识不一致，但是科学和哲学理论的证据基础最终在某种程度上又回到了常识。所以，我的意思是说，不是常识与自己不一致，而是我们获取常识的方法，当它们被系统地、足够仔细地应用时，会导致常识被拒绝。我的意思是说，这些方法也许经过了几个世纪的发展才达到如此精细、完备的程度，以至于它们与获取常识的通常方法非常不同。但尽管如此，这些方法确实与获得常识的方法有关。

而关于常识被哲学推翻和被科学推翻的不同方式这个问题，我不确定是否有很大的区别。我认为在这两种情况下，可以确定的是哲学和科学产生的理论都建立在高度可信的证据的基础上。然后它们揭示出一些我们认为是常识性知识的东西其实是错误的。如果从具体的案例来看，两者推翻常识的方式可能是有各种显著的不同的。但是我觉得从根本上来说，它们并没有什么根本性的差异。比如说，我不认为在一种情况下，哲学仅仅表明我们的常识的概念是混乱的；而在另一种情况下，科学仅仅表明常识不符合经验或类似的其他东西。我觉得在具体案例中，常识，可以被哲学批评的那些东西，也可以被科学予以同样的批评，这两者之间并没有什么普遍的、深层次的区别。

恐怕我们必须结束了，因为时间确实已经不够了。你们的问题都非常具有启发性，而且我的回答肯定也还不完善。总之，非常感谢你们的问题！

陈波：谢谢你，威廉姆森教授。谢谢小塞。谢谢费多益。在我看来，今天的整个活动都非常成功。欢迎大家参加周四晚上的第二次讲演，"哲学与分歧"。谢谢大家！

第二讲　哲学与分歧

时间：2020 年 9 月 17 日

陈波：大家晚上好，我行使主持人的权利先简单说几句。威廉姆森的第一次讲演吸引了超过 4 000 人次的听众。这些讲演都是由英文进行的，没有中文翻译。有这么多人参与，我非常高兴。在系列讲演之前，我把讲演日程发送给了国际哲学学院（IIP）的所有成员。有些成员回复我了，都是正面的："很好"，"太棒了"，"很有首创性"，"重要的哲学事件"，"做得很棒"，以及类似的评价。恩格尔·帕斯卡（Engel Pascal）教授，国际哲学学院的秘书答应我把整个讲演日程放到了 IIP 的官方网站上，进行了大范围的宣传。截至周日，我已经收到了来自美国、法国、瑞典、墨西哥的邮件。有些学者想知道收听这些讲演的方式，还有些学者想获得讲演的录音。所以，整个事件引起了国际的关注，我们要尽力做到最好。让我们不仅将这个事件变成中国的重要哲学事件，而且也成为国际上重要的哲学事件。好了,蒂姆,现在轮到你讲了。

威廉姆森:好的,谢谢。今天,我要谈的是哲学与分歧。我想从两种形象的对比开始:这是关于哲学家的刻板印象,也是那些做哲学的人呈现出来的或者你听到"哲学家"这个词会联想到的形象。

第一种是你经常在漫画中看到的形象。在这种刻板印象中,哲学家是一个特立独行的大师。他通常一个人坐在山顶上,说一些"智慧之言"。而与之形成鲜明对比的刻板印象是,两个哲学家无休止地互相争论。他们也许会以很生动的甚至可能很暴力的方式互相争论。第一种哲学家的哲学从文学的角度来说,一般来说是以神秘的格言形式来表达的:哲学家说的话很短,有点神秘,还有一点像神谕。在古希腊,这种哲学家的范例可能是像赫拉克利特这样的人,他所保留下来的都只是刚才所提到的那类格言。第二种哲学家的哲学一般是以两方或多方的对话形式来表达的。古希腊的例子就是苏格拉底,他闻名于世的方式是通过与人对话来做哲学,而不是通过写作。不过,我们只能通过柏拉图笔下的苏格拉底来了解他,这可能并不完全是苏格拉底的原貌。

如果我们想到当代的分析哲学家,他们的风格更接近第二种刻板印象,而不是第一种。哲学家们互相争论,而不是独自讲授"智慧之言"。也许当代的一些非分析哲学家会更远离第二种,在分类的谱系上更接近大师。

现在评论一下这种对比,我非常明显地站在第二种哲学家的立场上,即支持哲学家们互相争论的模式。哲学显然是一种社会活

动，是人们互相合作的事情，而不仅仅是独自完成的事情。但即使
在第一种模式上，哲学也隐含着社会性因素，因为社会性是那种刻
板印象的一部分：还有一位大师，他也有追随者，他的追随者们爬
到山顶上，听他的智慧之言。（正如我所说的那样，刻板印象中的
大师是男性。）因此，他们就可以四处传播大师的智慧之言，为他
争取新的追随者。如果没有人听的话，大师只是一个人在山顶上讲
智慧之言也没有什么意义。所以，在某种程度上，他们都体现了哲
学的社会性，尽管他们的方式各不相同。

　　我认为，哲学作为一种社会活动是哲学相当重要的一个方面。
哲学在交流的媒介中发生，这种媒介通常是一种自然语言，偶尔是
一种形式化的人工语言。当然，偶尔我们也会使用其他媒介的交流
语言，比如使用图表、手势等。甚至有这种情况：哲学家试图用舞
蹈来传达他们的思想。但这些都是交流的形式，而在大多数哲学传
统中，最主要的交流形式是语言。如果一个人只是私下在自己的脑
子里思考，这还不算是对哲学有贡献。认为某种程度上的沉思本身
就是一种哲学活动，这是错误的。哲学具有的这种社会性方面对于
哲学来说是十分关键的，它使思想能够代代相传，使哲学传统成为
可能。

　　当然，我们不应该假装这是哲学独有的东西。同样的事情也适
用于科学。事实上，任何知识学科都含有社会性的方面。而在所有
这些情况下，如果没有某种形式的交流，我们就不可能形成一种传
统。而在所有情况下，对学科的贡献就在于一个人对这种交流的贡
献，而不在于只是独自沉思或类似的东西。

　　我想再反思一下这两种刻板印象中的哲学模式所体现出的社会性活动的差异。如果我们思考大师追随者的模式，会发现它是社会性的，但这种社会性是不对称的。作为追随者，他们听从于大师。他们把自己放在一种师生关系之中，而大师并不听从于追随者。所以，他们之间的关系是不对称的。反之，两个哲学家互相争论所代表的哲学的刻板印象，是一种对称的社会性模式。争论不是听从于其中的某一方。他们在争论的时候，或多或少都是平等的伙伴。当然，双方可能不是完全对称的。如果你想到苏格拉底的情况，会发现他喜欢做一个提问者，所以他和他的对话者之间有一点不对称，因为苏格拉底总是在提出问题，对话者在回答问题。但这一模式比起大师追随者的模式，还是更接近于对称的社会关系。大家都知道苏格拉底出身于下层家庭，从这个意义上来说，他和他的对话者之间存在着社会等级方面的不对称，但在他们的对话内容中，这种不对称性要小得多。

　　人们可以思考一下这两种模式的优缺点。大师追随者模式似乎适合师生关系的初期阶段。和老师所说的一切都产生争论的学生可能永远不会学到任何东西。如果他们入学的时候就认为自己已经比老师懂得更多，那么他们就不太可能从老师那里学到东西。但是这种模式对于后期的师生关系并不是那么好用。随着学生学习的深入，他们可能会意识到老师所说的错误，而好的老师会倾听他们的反对意见，并根据他们所提的反对意见的可取之处做出回应。也就是说，老师不会自动地纠正学生，因为有可能学生是对的，老师是错的。而坏的老师就会直接推翻学生的反对意见，而不根据其是非来回应，就像自然地老师是对的，学生是错的一样。我认为，很明显，双方从第一种交流中学到的东西要比第二种多得多。我之所以说双方，是因为我认为在老师和学生（至少是相对比较优秀的学生）之间的富有成效的交流中，不仅学生要从老师身上学习，老师也要从学生身上学习——这是我在牛津大学教书的乐趣之一，我有很多优秀的学生，我可以从他们身上学到东西，同时我也希望能够教给他们东西。

我认为有必要在此回顾一下第一讲中关于证据的讨论。我在那里给出的一个模型是，我们所有的证据来源都是可错的：它们能够产生一些东西，这些东西被当成证据，但事实上却是假的，或者至少我们不知道它是真还是假。所以，它不构成证据。因为我们所有的证据来源都是易变的。我们必须做好这样的准备，有一天我们会发现自己曾经当作已知因而当作证据的东西是假的或可疑的。所以，无论是哪种情况，它们都不是已知的，也不是证据。因此，既然人们可以因为证词而成为证据来源，那么就不会有老师是无懈可击的证据来源。我认为如下这一点是非常重要的，学生经过一定的阶段后，特别是达到成年或接近成年时，能意识到自己的老师是可错的。

我认为其中的一个方面，就像一位英国历史学家所说的，权力导致腐败，绝对的权力导致绝对的腐败。一个被当作大师的人，事实上，是被当作一个无懈可击的人。一个无懈可击的证据来源就这样赋予了他对其学生的权力。这种权力是可以导致腐败的。我认为其中恐惧的一个方面更多表现在智力上，即如果一个大师被视为无懈可击，那些学生就更有可能不再对错误的风险保持警惕，并且大师也更加不会谨言慎行。换句话说，如果你知道你所说的不会受到质疑，你就更有可能犯错。

另一方面在于，教师能从准备与他们争论的学生那里获益。当我在牛津或其他地方与优秀的研究生一起上课时就是如此。我知道，如果我说错了什么，他们很可能会挑出来，指出我的错误。而这对我来说是好事。当然，学生也会从那些准备好与学生争论的老师那里受益。通过挑战老师，也许会发现学生是对的，也许会发现老师是对的，这都是从其他人的交流中学到更多的东西。

需要哲学的争论模式的另一种情况是，世界上不止一个老师，甚至不止一个大师。所以，我们需要某种模式来处理他们彼此遭遇时的情况。这种情况下的争论并不都是处于线性的等级结构之中，你和你的对话者并不一定处于师生关系之中。在很多情况下，甚至从制度的角度来看，也需要在平等的基础上互相交谈。

哲学的这种社会性，虽然在当代哲学中是非常明显的，但是在哲学问题的表述方式上，社会性方面有些被忽略了。比如说在研究悖论的方式上，就可以看到这一点。如果你看一下悖论在当代哲学中的表述方式，你往往看到的是逻辑学家把悖论以逻辑论证的形式呈现出来：前提看起来是明显正确的（一般来说前提来自常识），但是通过逻辑上有效的步骤，推导出了矛盾和荒谬的结论。经典的悖论例子是说谎者悖论：一个人对另一个说，"我现在说的话不是真的"。所有模糊性悖论都是如下形式的悖论：

　　　如果你有一堆谷子，你拿走一粒谷子，你还有一堆谷子。

但如果你重复这个过程 10 000 次，那么你可能只剩下一粒谷子或者一粒谷子都没有了。但你有一个前提，它似乎是告诉你：如果在你拿走一粒谷子之前有一个谷堆，那么在你拿走它之后，你仍然有一个谷堆。

这类悖论在当代哲学中是用抽象论证来表述的。但据我们所知，这些悖论起源于古希腊。而古希腊人一般会把这些悖论以问答对话的形式提出来。比如，一个人会问："如果你有了 10 000 粒谷子，那它们是不是一堆谷子？"回答："是的。"他会继续问道："如果你把一粒谷子拿走，你仍然有一个谷堆吗？"他说："是。"而他们就这样通过对话而不是通过逻辑表述的论证（一种有前提有结论的方式）来处理关于模糊性悖论的问题。所以，在古希腊这些悖论的社会性方面比在当代哲学中更加明显。

但是我想，当我们考虑到逻辑论证在哲学中的运用时，你会从中发现一个社会性方面。而这个方面对于我们用论证来工作的方式来说，其实是相当重要的。假设你使用逻辑论证来说服别人接受某个结论，那么你需要选择前提，选择那些别人会接受的前提。因为如果他们不接受前提，那么显然他们就不用接受结论。所以，在选择前提的时候，就隐含着社会性方面的因素。这也对构建论证的人提出了要求：这促使他们去想象其他人会如何看待这个论证。这样他们就可以知道从对方的角度来看，什么样的论证会显得有分量，什么样的前提他们会接受。我认为这对于所谓论证谬误问题尤其重要：有一种可以追溯到古希腊的论证谬误的标准清单。人们通常认为这些谬误是形式逻辑的研究领域。但事实上，在很多情况下，它们很难和形式逻辑发生联系。因为它们隐含地依赖于论证的社会性方面，而涉及社会性方面的论证是一种非形式逻辑。我们在讨论形式逻辑时通常（尽管并不总是）将那些方面抽象掉了。

有一个名为"假定论题"（beg the question）谬误的例子：当你指责别人的论证有假定论题谬误时，这对于他们提供的论证来说是非常糟糕的事情。假定论题谬误的范例是结论与前提实际上是相同的，即 p 因此 p。当然，在实践中，你很少会遇到这样粗暴的论证。通常，前提在某种程度上看起来和结论不一样，但它其实很接近结论，因此成为假定论题或者类似的东西是合适的。于是人们试图在一种比较笼统的意义上定义"假定论题谬误"：它并不要求前提和结论实际上是相同的。他们试图用纯逻辑的方式来定义它。但在这种尝试下，通常会发生的情况是，他们暗示所有逻辑上有效的论证都会有"假定论题"的问题。对于逻辑来说，这当然是一场灾难，因为如果"假定论题"是所有逻辑上有效的论证都具备的属性，这意味着对"假定论题"的指责不可能是任何客观意义上的谬误。我在此就不展开细节。但我认为很清楚，要了解"假定论题"有什么问题，就必须考虑如何才能说服一个还没有接受结论的人。所以，如果不严肃地对待论证的社会性方面，真的很难理解这种论证谬误。事实上，这是在试图说服别人接受某件事情。当然，有时所设想的论证只是为了说服自己的某件事。但是，即使在那时，也有一种社会性方面，因为我们是在与自己对话。而我认为，如果不了解那种社会性方面的问题，就很难理解"假定论题"中的谬误。

我们可以接着考虑哲学的社会性与共识和分歧之间的关系。社会合作往往需要达成共识。而我既然一直在讲说服力之类，那么一个自然的假设就是，论证的目的是达成共识。有时候，只要我们确实达成共识即可，至于我们的共识是两种选择中的哪一种并不重要。经典的例子出于约定俗成，或者更一般地说，这与行为的协同性有关。一个简单的例子是，开车时不管是规定靠右还是靠左都不重要，但重要的是大家都在马路的同一侧开车。首要的目标是达成共识。

但在大多数情况下，共识并不是一个纯粹的约定俗成的问题。拿一种中间情况来说，假设我们有一群朋友，他们正在决定一起去哪家餐厅吃饭。大家是否去同一家餐厅是重要的，但不是唯一重要的事情。大家是去一家不错的餐厅，还是去一家讨厌的、可怕的餐厅，也很重要。所以，除了简单的相互协同之外，还需要考虑其他因素。

在科学和哲学中，如果大家都取得共识的理论事实上更糟糕（例如，比其他选项更加远离真理），那么这种共识就没有什么优点。共识能使科学家或哲学家群体和谐，但是这远不如他们有共识的东西正确与否重要。我认为，在讨论时，不能过于强调达成共识。如果共识是我们的唯一目标，我们也许可以通过不再收集证据，不再思考问题来实现它。我们待在原地就好，只用我们已经掌握的证据和我们已有的想法。但是，假设我们已经达成了某种共识，那么我们可能会觉得不要因为做更多的思考或收集更多的证据而危及这种共识。但事实上，在某些情况下，对共识的渴望会使我们忽略或压制不利的证据，抑或是忽略或压制对我们当作证据的东西不利的怀疑。我们会面临这样的风险：有时太过于强调达成一致，而对我们需要达成一致的东西强调得不够。

在这里，我也要顺便提一下，意见分歧并不总是那么可怕的事情，哪怕是在我们知道意见分歧无法解决的情况下。比如说，如果你考虑信奉自然选择进化论的人和一些接受创造论的宗教激进主义者之间的分歧。我想可以肯定地说，双方都不会说服对方。但这并不意味着在这种情况下没有知识。事实上，我认为进化生物学家是知道真理的人，即使有他们无法说服的人。没有达成共识，不一定说明那里没有知识。

我认为要回到第一讲中提到的问题，即科学和哲学是由好奇心与求知欲驱动的，而不只是追求一种信念。现在，如果每个人都知道某个问题的答案，他们就会对这个答案有共识。因为所有知识都是真的。但重要的不是共识，不是共同的信念，而是共同的知识。因为大家共享的是知识而不是信念。这是至关重要的事情。共识可以是大家都知道真相的一种表现。但它也可以是一种压迫的表现，比如说，某种使人顺从的压迫实际上可能是反对获取知识的。鉴于过早地达成共识常常是知识的障碍，我认为可以这样来论证争论的价值：从长远来看，争论往往是防止过早达成共识的一种方式，以使我们更有可能达成知识。

但是，有些人对通过争论达成知识这一看法很不放心，因为争论是一种典型的竞争活动，我们确实会说有人在争论中"胜出"或"失败"。至少在分析哲学中，有一个描述平局的术语叫"僵局"（standoff）。当人们有时候说这是一个"僵局"时，他们是在向对手求和，也就是说，"好吧，我们同意我们双方都没有胜负"。

但是，我们可能会认为哲学和科学以及社会活动应该是合作的，而不是竞争的。我认为这是一个很肤浅的说法，因为它把竞争和合作当成了同一个层面上的问题。一个简单的例子是，如果你想到象棋游戏，它是竞争性的，它有胜负之分。但如果你有一个象棋俱乐部，那就是一个合作性的企业，人们在一起合作，所以，他们可以下棋。事实上，即使同一盘棋，其实也是典型的合作活动，在这个意义上，两个棋手是合作的：他们都可以下这盘棋。我感兴趣的假设是，哲学争论是竞争性的。但是，哲学中的争论，就像企业员工间的争论一样，仍然可以达成一项合作性的事业。

其实，下象棋与理智活动的差别并没有那么大。因为知识在国际象棋中的作用是很明显的，通过下棋，双方都在获得国际象棋的知识。而事实上，如果你要把国际象棋形式化，你就会意识到，国际象棋的知识是指：在某一种局面下，白棋和黑棋究竟谁会是胜利的一方。这从根本上来说是一种应用数学。它并没有用数字来表示，但从更抽象的意义上来说，它其实是数学的一个分支。

所以，现在如果我们要把争论看作以知识为目标的总体合作事业的一部分，我们就需要考虑竞争性的争论是如何为寻找知识服务的。因为每一方的目的都是获胜，不是在争论中寻找真理。虽然这有点取决于争论者的心理，但我认为，在哲学的许多争论中这一点非常明显。当然不仅是哲学，在其他各种领域的争论中也非常明显。争论的焦点主要在于争论的胜负。有些人觉得这很苦恼，很有压迫感，也许不值得。哲学家也不应该这样。但事实上，他们往往是这样的。所以，我觉得有一点需要强调的是，这并不是哲学的独有特征。比如说，自然科学也有类似的竞争性方面，只是没有表现为口头上的争论。虽然在科学中确实有这种情况，而且相当多，但更突出的表现是，几个研究团队互相竞争，都想成为第一个做出新的发现的人。这可能会使人想到目前对新型冠状病毒疫苗的研究。我敢肯定的是，参与其中的人心里多少会有一些竞争性的考虑。但这并不一定是件坏事，因为科学的竞争性方面增加了科研的动机——这可能会有助于做出新的发现。人类的动机很难是纯粹的。但如果我们能利用不纯的动机来做一些好事，比如找到一种疫苗，那么对处理不纯的动机来说，这会是比通过一些完全不切实际的理想来从科学中消除所有不纯动机更加现实。

当然，众所周知，有一些极端的案例表明，科学中的竞争导致了作弊和欺诈。这些案例已经出现了，比如总是有人通过不同的方式伪造他们的实验结果。但我认为从现实出发，处理这个问题的方法不是试图从科学中消除所有不纯的动机，而是要有一个良好的管控体系。这个管控体系能够很好地监测作弊和欺诈行为，这样作弊者和欺诈者就不可能得到奖励。而一旦我们有了一个良好的管控体系，那么在一般情况下，竞争就是为寻求真理服务的。在那种情况下，最好的竞争策略就是尽你所能去做好科学研究。

我认为同样的说法也适用于哲学。就哲学而言，鉴于哲学的竞争性很大程度上是以论证的形式体现的，我们需要的是一个良好的管控体系来防止论证中的作弊行为，而在这样的体系下，竞争性是为寻求真理服务的。比如，我们不希望是声音最小的人获胜，也不希望是说话最快的人获胜。但自然，哲学中更危险的那种作弊，并不是那些粗暴明显的作弊，而是更狡猾的作弊。所以，我们需要对作弊进行管控，以防提出一些看似逻辑上成立，但实际上并不成立的论证。当然，在很多时候，提出那类论证的人并没有意识到它们是不成立的。

我想做一个局部的类比，我们所考虑的很像法律中的对抗制。很多司法体系都使用这样一种对抗制来组织法庭案件的审理。在一起刑事案件中，各方都有一名律师或律师团队。其中一方是控方，另一方是辩方。现在律师的作用是为自己一方做最有力的辩护，而不是尽最大努力去寻找真相。那么，他们不应该指出实际上对他们的一方不利的证据。因为那是另一方的工作。而法官在法庭案件中的其中一个角色有这样的作用，也就是作为一个公断人或者裁判员，防止作弊。然后由一个公正的陪审团或法官来做出判决；在没有陪审团的情况下，通常是由几个法官来做出判决。所以，整个系统的目标是找出真相。在这些案件中，这就是这个系统要完成的事情。但我们的想法是，探寻真相的最好方式是在每一方最有力的论证之间互相竞争的基础上进行的。所以，如果你让每一方都有律师，他们都有为该方找到最有力论证的动机，那么这就是从每一方引出完整案件的最好办法。

我认为，我们可以用这样的一个争论模型来考虑哲学上的争论。其中的相似和差异之处都值得我们思考。非常明显的是，这是一个可错的模型。很显然，有时错误的一方可以在法庭案件中获胜。对于哲学的案例来说，我们也不用假装情况正好相反。这两种情形也有一些区别。律师一般都是哪一方给他们钱，或者他们被指派给哪一方，就为哪一方进行辩论，而不管他们的个人意见如何。我可以说得更加体面，他们对其当事人负责。但是也可以假设他们还关心自己的名誉、事业、金钱等。而哲学家们通常是为他们所面临的情形的真相而投入。而且他们很少改变自己的想法，这也是其目标的部分表现。当然，作为现实的哲学家，在一定程度上也会对名誉、事业和金钱等有所考虑，因为哲学家也是人。我们在哲学上没有一个非常接近于陪审团或者法官的对应物。但在某种程度上，专业的哲学工作者群体也扮演着类似的角色，因为他们会决定某场争论谁输谁赢。他们所做的事情差不多是这样，但这肯定远远不如法律案件中的裁判那么制度化。

另外，哲学家通常相当不愿意改变他们根深蒂固的理论态度。有一些著名的哲学家经常改变他们的想法，其中一个例子是伯特兰·罗素（Bertrand Russell），另一个更近的例子是希拉里·普特南（Hilary Putnam）。这些人在他们人生的不同阶段提出了非常不同的观点。但这是不寻常的。这也是为什么他们的例子如此显著的原因。你通常会发现哲学家们在他们的职业生涯中坚持非常相似的观点。就我自己来说，我不是一个在过去 30 年里改变了太多想法的人。

当然，人们可能会非常担心，有些哲学家是如此不愿意改变自己的想法。在某种程度上，他们似乎非常固执，这看起来像是不适合做哲学家。但从另一个角度来说，那种态度实际上加强了对抗制。他们帮助社会更彻底地探索他们所青睐的理论的资源，包括互联网上的资源和理智资源，以应对解释和其他方面的挑战，从而使得这类理论不会过早地被抛弃。所以说，存在这样一些非常固执、非常不愿意承认自己错了的人，其实也有一些价值。在这方面，哲学与自然科学并无太大区别。

实际上，托马斯·库恩在 20 世纪 60 年代初写成的名著《科学革命的结构》中，解释了科学家在个体层面上非理性的、强烈的理论承诺是如何在群体层面上结合成一项理性事业的。根据他的描绘，你可以看到支持旧理论的老科学家，即使当证据反对这些理论时，他们也非常不愿意放弃。你也可以看到年轻的新科学家，他们可能非常不愿意放弃新的想法，哪怕它仍然面对各种异常困难的挑战。而在库恩看来，既有顽固的老科学家，也有顽固的新科学家，这真的很重要。因为大多数的科学理论都面临着严重的异常现象，我们往往需要很多很多年，可能比一个人的一生都要长的时间才能解决。我们需要一些机制，让人们对这些理论持续投入，以便这些理论即使在看起来相当无望的情况下也不会被轻易抛弃，因为事实上，或者说可能有某种方法使它们能够解释异常现象。为此，我们需要以极端的意志把理论坚持到足够长的时间，并且以强烈的动机去寻找这些答案。

有一条评论常被归功于物理学家马克斯·普朗克（Max Planck）："科学的进步是用葬礼来衡量的"。我不确定他是否真的说过这句话，但他肯定做出过类似的评论。他的想法是，在出现科学革命的时候，实际发生的事情不是旧理论被抛弃，新理论取而代之。相反，过时的理论不会被它们的捍卫者抛弃；捍卫者通常坚持旧理论，并拒绝承认它们是错误的。所发生的事情只不过是，旧理论的捍卫者死了，又没有新的捍卫者加入；新人入行总是冲着新理论去的。因此，正如伊姆雷·拉卡托斯所言，学生们要决定到哪里去读博士，他们不希望在一个正在衰退的研究项目上学习。因为如果致力于这样的研究纲领，他们的职业生涯将会非常糟糕。而且在他们决定去哪里读博士的时候，关于哪些研究项目有前途、哪些没有，他们的思想相当开放，肯定比那些老教授的思想要开放得多。因此，当学生进入一个学科时，他没有对于先前理论的强烈承诺，他们的行为有点像对抗制中的陪审团。他们在用脚投票。也就是说，虽然老教授们或许还在维护一些旧理论，但那些刚刚决定在哪里读博士的学生不会跟随他们一起学习，因为学生们能够看到他们是失败者。

这种机制在科学中也是相当普遍的。我想我们不应该惊讶于它在哲学中也能发挥作用。既然它并没有妨碍自然科学成为一种非常有效的获取知识的手段，那么对于哲学来说，它就不应该是这样一个具有毁灭性的问题。

我现在想谈谈另一个方面，如果你愿意的话，可以称之为"哲学争议的裁判或仲裁"。这个方面与这些争议是在什么样的规则下进行的，以及是否追求真理有关。因为有时看起来我们所处理的只是某种智力游戏。要是按照我们的刻板印象来理解，人们就会认为如果它只是一种智力游戏，那么就不是为了追求真理而参与其中。而我想指出的是，这种对比是错误的。

中世纪的欧洲经院哲学家们，常常通过玩一种竞争性的游戏来辩论哲学问题，这种游戏在拉丁文中叫作"obbligato"，其中的一方构建论证，另一方挑战他们的前提。而且，这种游戏有正式的规则，我的意思是，非常正式的关于前提结构的规则。你必须说你要挑战哪个前提，以及你要如何挑战它，等等。这些游戏的裁判是一个更加资深的哲学家，以确保人们将遵守规则。尽管如此，这些规则对应的是逻辑规律。而逻辑规律的意义在于保证如果符合规则的论证的所有前提都是真的，那么结论也是真的。所以，经院哲学家们玩的那种逻辑游戏，是真正的博弈。它们是竞争性的博弈。但它们在寻求真理的过程中也起到了一定的作用。

类似的东西，你也可以在现代逻辑中找到。我的意思是，这种想法实际上可以追溯到 C. S. 皮尔斯在谈论模糊性时说过的一些事情。将这种想法形式化的人很多，其中之一是雅科·亨迪卡（Jaakko Hintikka）。他是一位芬兰哲学家和逻辑学家，他创立了类似的东西，叫作"博弈论语义学"。这种游戏是相对于形式语言中的陈述来玩的，尽管我不打算将事情形式化，但我将要提出的基本观点取决于此。在游戏中，每一个环节都有一个玩家在捍卫一个语句，另一个玩家在攻击它。而且，在游戏的每一个环节都只有一个陈述被攻击和捍卫。但是随着游戏的持续进行，被攻击和捍卫的语句根据其结构被越来越简单的语句取代，直到最后我们得到一个原子语句，一个无法被分析成子语句的语句。如果原子语句为真，那么它的捍卫者获胜；但如果原子语句为假，那么攻击者获胜。

在游戏规则和经典逻辑之间有一个非常优雅的联系。而这一切都是通过这样的方式建立的：一个陈述是真的，当且仅当它的捍卫者有一种必胜策略；而它是假的，当且仅当它的攻击者有一种必胜策略。而且根据游戏的性质，其中一方或另一方会有必胜策略，也就是说，要么是捍卫者要么是攻击者会有一种必胜策略。所以，这种陈述的真值和哪个玩家有必胜策略的问题之间存在关联。就是这种与真值的联系，有助于使它成为一种语义学。而实际上，有了这些等价性之后，我们就得到一个形式语言的语句的真值条件。而这个真值条件实际上已经包含在相关的游戏中，即谁有一种必胜策略。既然这都是抽象的描述，我想应该通过一些规则的具体考察，让大家能看到这是如何运作的，并且也让大家感受到，在适当的规则下，论证其实是可以为追寻真理服务的。

我想举的第一个例子是，游戏中的陈述是一个全称概括："一切都会改变"。我之所以举出这个例子，是因为它不仅是一个很简单的全称概括，而且有哲学上的价值。我想我在讲演开始时就提到了赫拉克利特。而这个陈述也是赫拉克利特的一种观点。但是对"改变"的选择只是附带的。这里的结构性的东西在于，我们要处理的是一个全称概括。而游戏规则说的是，如果游戏中的陈述是这样一个全称概括，比如说"一切都会改变"。规则要求攻击者选择一个对象。如果你愿意的话，你可以想象，我们在后台有一个对象域。而所有的全称概括都被理解为对这个特定对象域的概括。但这对当前的目的而言是不重要的。重要的是，攻击者只要选择一个对象 O。然后游戏以陈述"O 会改变"继续。游戏发生了变化。像我们现在这样，你移动到一个新的陈述，然后按规则继续。虽然在这种情况下，它将取决于语句"O 会改变"是不是一个原子语句，如果是，那么我们实际上已经到了最基本的层次。你也可以对"改变"是什么东西进行一些逻辑分析，然后你就可以在这个游戏中做出更多的动作。但是我们不需要担心这个问题。我们只关心这一步。现在最关键的是，如果"一切都会改变"是假的，那么它就有一个使其为假的例子，一个反例。攻击者可以选择它作为 O，从而"O 会改变"是假的。所以，我们大致上可以说，如果攻击者有一种必胜策略，这将保存他们的必胜策略。他们可能会选择数 7 或别的什么，这样的辩论将是关于"数 7 是否改变"。而如果"一切都会改变"是真的，那么攻击者选择哪个对象其实并不重要，因为实例也会是真的。而且，这就保留了攻击者的必胜策略。在某种程度上，因为它是一个全称概括，所以，它很容易是假的，因为任何一种反例都会使它成为假的。而这对应于这样一个事实，那就是攻击者可以选择一个对象，并以针对该对象的相关陈述继续游戏。

　　第二个例子，我们讨论存在量化，而非全称量化。比如说，我们讨论的陈述是"某些事物会改变"。游戏规则要求现在捍卫者选择一个对象 O，然后游戏以"O 会改变"继续。而这是因为对于存在概括，你只需要一个实例，一个正例就可以使它为真。所以，如果它是真的，而且它有一个验证实例，比如说云，云会改变。而捍卫者可以选择那个验证实例 O。这就意味着最简单的陈述，也就是现在游戏中的陈述"O 会改变"为真。这样就能保留捍卫者的必胜策略。但是如果"某些事物会改变"是假的，那就意味着"某些事物会改变"像有些哲学家所以为的那样，只是一种错觉。捍卫者选择哪个对象并不重要，因为无论他们选择哪个对象，所有改变都将是假的，那就都保留了攻击者的必胜策略。

我们可以在这里考虑各种逻辑常项，但我并不想过多展开。事实上，如果你看看合取，就会发现，从"a 且 b"出发的操作非常类似于全称概括。而如果你看看析取，就会发现，从"a 或 b"出发的操作就像存在概括。虽然类似，我们可以对比一下处理否定陈述时会发生什么有趣的事情。假设游戏中的陈述是"外面不冷"。那么接下来发生的事情就和之前有点不一样了。攻击者和捍卫者互换角色，然后以陈述"外面冷"继续游戏。"外面不冷"的捍卫者变成了"外面冷"的攻击者。而因为"外面不冷"的攻击者，则会变成"外面冷"的捍卫者。这样他们就互换了角色。而这对应的事实是，如果"外面不冷"是真的，那"外面冷"就是假的。反之亦然。简单地反过来说，如果"外面不冷"是假的，那"外面冷"就是真的。所以，否定算子转换陈述真值的方式，对应的是捍卫者和攻击者之间的角色转换。而且，这是个装置，意味着之前谁有必胜策略，谁就继续有必胜策略。当我们看最简单的陈述时，就会发现它们是不含否定的陈述。

严格来说，如果你特别认真地对待博弈论语义学，那么你会发现，它是用必胜策略的存在与否来定义真假。但我觉得我们不应该把这个太当回事。因为这确实是相当理想化的方法。有必胜策略的玩家可能因为没有办法去认清必胜策略，因而无法识别验证或证伪的实例，或者他们可能没有办法去检查一个原子陈述的真值是什么。所以，举例来说，假设在游戏中的陈述是"存在一个间谍"，那么这个陈述的捍卫者就被要求选择一个对象 O，并捍卫"O 是一个间谍"的说法，其中"O"是一个间谍的名字。但当然，如果他们不知道谁是间谍，那么他们就不可能选出正确的对象。而且事实上，我也处于这样的境地。现在，我认为我知道世界上有间谍。但我不认为我知道任何间谍的名字。所以，我无法提供一个实例。因此，人们在原则上具有的必胜策略，有可能无法实施，因为他们对这个世界缺乏必要的了解。他们无法识别哪一步是符合必胜策略的。即使事实上，他们确实有必胜策略，他们也未必能识别出来。

我当然也不认为这其实是一个定义真假本质的好方法。我认为所有这些关于游戏的东西都是对这一点的偏离。但我确实认为，博弈论语义学提供了一种玩具模型，说明如何设计竞争性游戏的规则，从而使得赢与真一致、输与假一致。也许在很多情况下，我们有足够的知识，使得我们可以在这些情况下执行一种必胜策略。例如，在哲学家要选择反例，而且他们所选的案例很明显是一个反例的时候。而通常，如果你面对的是一个假陈述，一个假的全称概括，你不知道每个对象是不是反例；也可能有一些对象是非常明显的反例，而你不能选择正确的对象来继续游戏。所以，我认为尽管这是一个非常简单的模型，但它确实表明了对规则的选择，事实上可以设计成这样，使得游戏在某种程度上有引导你走向真理的倾向。我当然认为，一个需要考虑的问题是，我们如何将这些规则推广到自然语言中更大的、更有表达力的部分。我认为，对于很多在自然语言中存在的语言结构，我们需要更多、更复杂的东西。比如说，如果你处理的陈述形如"大多数 X 都是 Y"，那就不是单个对象就可以证实或证伪的实例，因为一个对象既不能使"大多数"的陈述为真也不能使其为假。所以，你需要更加复杂的东西。而且我说过，在实践中，相当多的哲学讨论都是在没有类似这些规则的情况下进行的，因为关键术语应该如何使用就是有争议的。但尽管如此，我认为这种模型给了我们有益的提醒，即使规则本身看起来具有很多人为设定的特征。你可能会想，如果你只是第一次看到那些没有任何解释的规则，其中也没有提到真假，那它们与真理有联系这一点可能并不明显。但是，你只要想一想相关陈述的真值条件是如何运作的，就会发现这些规则其实和语句的真假有相当深刻的关联。

我认为，在理想的情况下，在一个运作良好的哲学共同体中，哲学辩论的规则就像博弈论语义学中的游戏规则一样。在这样的共同体中，我们也会要求共同体的成员善于发现是否有玩家在作弊。在我提到的亨迪卡的这个游戏规则的例子中，在大多数情况下，很容易检测出某人是否遵循某个规则，因为它们非常形式化。但即使是在那个游戏中，仍然有一些方法使得你并不像我想象的那样容易确定是否有作弊行为。在这种情况下，争议是真理的一个粗略指引。

我想说的是，即使是亨迪卡风格的游戏，也有几种不容易发现的作弊方式。其中一种情况是，攻击者或捍卫者必须选择一个对象，然后游戏以针对该对象的陈述继续进行。他们要做的实际上是提供一个名字，当然是一个人们已经理解的对象的名字，或者可能是指向一个对象的东西。但有一个问题，我们可能并不清楚他们提供的名字是否指向什么对象。事实上，我已经举过一个例子来说明这一点，因为我说过如果你在攻击"一切都会改变"这个陈述，你可能会做什么。你的工作是说出一个不会改变的对象。而我建议你，你可以说"数 7"。然后游戏将以"数 7 会改变"这个陈述继续进行，就好像数不是那种会改变的东西。但是有一种作弊的可能，就是我在举这个例子的时候，假设了"数 7"这个词确实是在命名一个特定的对象。而这在数学哲学中是一个相当有争议的观点。柏拉图主义者倾向于认为"7"是一个数的名字，但是有很多数学哲学家否认像"7"这样的数字是这样运作的。这只是是否挑出了某个对象的一种争议，但它也是表明游戏规则并不像你所希望的那样简单明了的一种方式。另一种表明它们并不那么简单的方式是，当游戏被归结为一个原子陈述时，没有进一步的结构可言。如果我们把这个游戏当真，那么共同体必须决定谁是赢家，而谁是赢家则取决于所选择的原子陈述的真假。举例来说，如果原子陈述是"数 7 会改变"，那么即使共同体认可数 7 是一个真正的对象，可以被命名，也可能对数 7 是否会改变产生分歧。数会改变似乎是不合理的。但你可以有一种观点，认为数 7 会随着时间的推移而变化。例如，如果你认为数 7 是通过与其他对象的关系挑出的，比如有 7 个成员的集合，那么如果对象会消失不见，那么有 7 个成员的集合的数量也会改变。你可以有这样的观点。所以，在决定争议中谁输谁赢的时候，共同体将不得不决定一个原子陈述的真值。而正如我所说，这也可能是一个有争议的问题。所以，并不是说亨迪卡的游戏规则消除了所有关于一步操作是否合法或者关于谁赢谁输的合理争议空间，它们并没有完全消除。但尽管如此，这些规则还是以约束争议的方式朝着真理的方向迈进了一步。我想，事实上，如果你把一群训练有素的理性的哲学家的争论记录下来，你会发现，在不同的时候，他们所做的事情与亨迪卡的规则有相当程度的相似性。特别是，我想你会看到，他们在面对反例，并以其他正面的例子来证明一个存在陈述的真实性时，他们其实是在遵循亨迪卡的游戏规则。而且，实际上你有时会听到人们坚持那种说法。我的意思是，你有时可以听到人们说，"这是我的例子"。所以，我可以按照自己的想法去发展它。而他们坚持的事实是，因为在游戏之时，这是他们该做的选择，所以，是他们决定所选择的对象是哪一个，或者是哪一些。所以，我认为，虽然要把亨迪卡那种风格的逻辑游戏当作解决或管控哲学纠纷的一种方式，但必须在很多重要的方面进行理想化。它们确实显示了不少事情的基本合理性。而且它们也显示出，游戏结构并不像你可能会认为的那样是真理的敌人。

好了，这就是我关于哲学与分歧要说的东西。对周一进行的第三次讲演稍微做点预告，从关于逻辑游戏的讨论中，我会引出一点，那就是哲学家们不得不处理语言的规则。或者你可以认为，思想与我们语言中的各种具有逻辑意义的表达式有关。有些人认为以这种方式研究思想是哲学家的主要工作，他们认为哲学家在某种程度上是对我们的语言规则进行监督的人，又或许是为一种语言构建更好规则的人。从我选取的题目来看，他们可能认为他们的工作是澄清语言的规则。而在第三讲中，我将会研究这样的哲学观念。最后，我认为这不是一种正确的观念。但你将看到它对一些哲学家的各种各样的吸引力。我就先讲到这里。

陈波：谢谢你，蒂莫西·威廉姆森教授。我将会对与谈人和提问人做一个非常简短的介绍。展翼文博士从莱比锡大学获得博士学位，现在是北京大学的博士后研究员。他的研究兴趣为非事实性内容及其在认识论、形而上学和科学哲学中的应用。胡星铭博士是南京大学哲学系副教授，他的专长是认识论。现在，轮到你们两位了。

展翼文：首先，请允许我借此机会对陈波教授表示衷心的感谢，同时也感谢威廉姆森教授。能够有机会对当今时代最出色的哲学家之一的报告做出现场回应和评论是我很大的荣幸。在今天的讲演中，威廉姆森试图向我们展示对话特别是争论（dispute）在哲学思考中的重要性。威廉姆森的观点很深地引起了我的共鸣。而为了对这一观点做出回应，我认为最好的办法便是试图提出一些或许有争议的问题来与威廉姆森进行商榷和探讨，以期在哲学方面获得一些有益的成果。

首先，威廉姆森区分了两种不同的人际对话的模式：一种可被一般地称为对称式的，而另一种则是非对称式的。在一种非对称式的对话模式中，对话双方处于知识上不对等的状态。这种不对等状态可以被类比为一种师生间的关系，因而这种对话的过程则更像是一个教育过程。比如针对某一话题或问题，假如张三有着我并未掌握的证据，那么我便可以把回答该问题的资格让渡给张三，他在对话中向我提供的答案则会被认为是有着专家或权威的信息的属性。

然而，我们也有着一种对称式的对话模式。在对称式的对话中，对话双方可以作为平等的对手而展开争论。而这种争论意味着他们之间的对话可以是竞争性的，或者按照威廉姆森的话来说，是对抗性的（adversarial）。为此，他们可能对某一议题有着不同的理论预设，并且对事实究竟如何有着不同的、相互冲突或分歧的理解。比如说，如果争论的双方一方相信 p，而另一方相信非 p。根据威廉姆森的设想，在理想情形下，对话的双方可以通过澄清彼此的预设并收集和展示证据来解决分歧。如果是这样，那么双方的分歧最终会得到解决：假如对话的双方最终发现事实情况是 p，那么 p 最终便会成为他们的公共知识。

此外，威廉姆森还在争论和博弈之间做出了类比：就像在博弈论语义学中的做法那样，我们可以根据命题的真实与否来界定一场博弈输赢的条件。因而，一场争论也可以被看作一场导向双方公共知识增加的零和博弈。恰恰是在这一意义上，尽管分歧或争论是竞争性或对抗性的，威廉姆森认为它在同等重要的意义上也是合作性的，因为它带来了公共知识的增长。事实上，我也十分同意威廉姆森在这里的一个关键的想法：对于任何一种分歧来说，其问题的关键最终往往在于由分歧的某一方所呈现的信念究竟是不是知识。换句话说，只要我们最后对这个问题能够给出确定的回答，那么对于争论的双方究竟孰对孰错，究竟是哪一方曾经抱有错误的信念等问题便不那么重要了。

以上便是我理解的威廉姆森在这一讲中对于争论特别是哲学争论的关键刻画。正如他在其幻灯片中所提到的："哲学争论是竞争性的，但通过争论，哲学本身却是一项合作性的事业"。这被威廉姆森视作一条重要的假设。然而，对此我却有着与其不同的一种假设性观点：也许这并不是唯一一种理性分歧或争论的方式；也许我们仍然有着另一种更具"破坏性"的（disruptive），因而也在更彻底的、真正意义上对抗性的分歧，而对这种分歧的解决也并不能直接带来知识的增长。如果确实存在这样的分歧，那么至少在威廉姆森的意义上而言，它将不会是合作性的。换句话说，我对威廉姆森的假设的疑虑恰恰在于，哲学论辩中的所谓对抗与合作也许并非彼此相容的：假如某一哲学争辩最终导致了知识的增加，那么它就并非真正对抗性的；而假如某一哲学争辩是真正对抗性的，那么它便不能至少在某种明确的意义上导致我们知识的增加。

特别地，当威廉姆森断言我们通过哲学论辩可以获得新的知识的时候，一个自然的追问便是，在威廉姆森心目中，哲学知识的本性究竟为何？假如哲学知识不同于一般意义上的经验知识，而更像是某种概念解释乃至抽象的洞见，那么它在什么意义上仍然属于一种知识呢？其实不仅是哲学知识，威廉姆森在报告中还提到了进化论者和神创论者之间的分歧也可能导致新的知识，对这一点我恰恰存有疑虑：我并不确定进化论生物学家会同意说与神创论者争辩可能会带来任何新的、实质性的（关于世界的）知识。

对此我自己的猜想便是，我们确实有着一种真正意义上对抗性的分歧，而这种分歧既不直接涉及任何新的证据的采纳，也无法直接导致任何知识的增加。但这种分歧确实构成了哲学的理性探究活动的一部分。事实上，我认为当威廉姆森在很多时候提到哲学分歧的对抗性的特点时，他所指的应当是属于这一种分歧。

在接下来的时间里，我想就所谓真正的对抗性分歧的含义进行简要的刻画和说明。前面已经提到，所谓真正对抗性的分歧或争议应当在某种意义上是具有"破坏性"的。不过，在澄清这一点之前，先让我们来看一下所谓"非破坏性"的争议是什么意思。

当甲、乙两人持有彼此相冲突的信念（譬如 P 与非 P）时，他们之间显然是存在着某种争议的。但这种 P 与非 P 之间的冲突一般来说并非破坏性的，因为争议的双方实际是在某种"理论内"（intra-theoretical）的意义上有着分歧：给定某个理论问题 Q，甲、乙双方只是在争论究竟是 P 还是非 P（抑或其他某一命题）是针对 Q 的正确的回答而已。值得一提的是，这里我们是在一种比较普遍的意义上谈及所谓"理论"。它不必要是任何一种具体的科学理论；相反，它可以是更为一般意义上的，比如库恩的所谓"范式"、基彻尔的所谓"论证模式"（argument pattern），抑或是拉卡托斯的所谓"研究纲领"（research program）、卡尔纳普的所谓"语言框架"（linguistic framework），等等。

那么，一种分歧究竟在什么时候会是"理论内"的呢？这里可以举例说明。在国际象棋游戏中，我们可能会提出某个理论问题，比如，黑棋王后弈至 e5 是否可以制胜？如果我们针对这个问题找出最终的答案，那么该答案确实会增加我们的知识，因为它意味着一条事实性的信息。假如甲、乙两人在这个问题上有着不同的观点，那么当答案水落石出之时，他们中必然会有一个人的观点被证明是错误的：假设某甲认为黑棋将王后弈至 e5 确实是制胜的一步，而某乙并不同意，并且假设某甲最终被证明是正确的，那么某乙便等于说是明确地输掉了这场游戏。

　　不可否认的是，一些特定的哲学争论的确可能在这种"理论内"的意义上得到解决：当一方向另一方提出一个强有力的、彻底驳倒式的论证（knock-down argument），而只要另一方是理性的，他就不得不接受对方的结论并且承认自己之前的错误。由于他等于是像输掉一局棋或者一场智力的空手道那样被彻底地击败了，因而，在理论理性的内禀意义上，他实际并不能算是与对方相平等的对手。这也意味着，严格来说，双方的对话模式也许恰恰不能算作那种被威廉姆森所设想的对称式的。

　　相反地，对于所谓真正对抗性的、对称式的争论来说，争论的任何一方都并不会以这样的方式被驳倒，而这正是我自己的假设性观点：对一场真正对抗性的（因而在一定意义上破坏性的）争论来说，争论的任何一方都未能掌握决定性的证据，来支持说他们对特定的理论问题的回答是正确的。因而，争论的任何一方都无法成为明确的胜者。（需要顺带指出的是，有时分歧双方虽然在一开始均未掌握关于某一问题的答案的决定性证据，但随着时间推移，他们又碰巧获得了充足的证据来判定一方观点的胜出。由于这种对分歧的解决方式一定程度上是依赖于运气，因而我不会将这种情形当作真正对抗性争论的一种。）

　　对于一个真正对抗性的分歧来说，既然没有任何一方拥有决定性的答案或证据，分歧的双方所争论的究竟是什么呢？一种可能性是他们只是在进行语词之争，因而这种争论无法得到实质性的解决。但我认为还存在着另一种可能性，亦即分歧的双方可能是在一种"理论外"（extra-theoretical）或"元理论"（meta-theoretical）

的意义上进行争论。比方说，他们可能是在争论某一问题 Q 本身对于达成某个一般性的论说目标或认知目标 G 来说是不是一个合宜的问题，等等。

如此，接下来的任务便是要去回答，我们应当如何准确地理解和评估这种元理论分歧的合理性以及这种分歧在何种意义上可以得到解决等问题。必须承认，对这些问题，我无法在这里给出令人满意的解答。不过也许我们依然可以从威廉姆森的讲演中得到一些启示：他在讲演中向我们展示，即便对于做哲学来说，依然有着许多一般性的规则需要我们去遵守。因此，即便对于对抗性的分歧来说，也许我们仍然对什么并非会是好的哲学问题有着某种一般性的期望（因为它们破坏了某种一般性的规则）。如果是这样，那么尽管对抗性的分歧本身可能并不能给我们带来具体的知识（抑或在知识获取的意义上那样直接富有成效），但它依然可以帮助我们排除掉一些不合宜的问题，并由此转而关注于新的、也许更好的问题，等等。不论如何，我相信对抗性的分歧的存在，实际上是为我们如何能够成为"顽固"的而同时又更富有同情的（charitable）对话者创造了更多的可能性和想象空间。

胡星铭：由于我只有五分钟的时间，所以我只问两个问题。首先，我不确定我是否正确理解你。你似乎认为哲学家之间的辩论有点像律师之间的辩论：法官/陪审团决定哪一方胜诉。在哲学（以及科学）中，在听辩论之前不站在一方的人就像陪审团一样。假设我与翼文就知识的性质进行了辩论。我认为知识无法进行分析，翼文不同意。只有在听完辩论之前没有站在一边的观众才有资格判断谁赢得了辩论。可以肯定的是，为了能够胜任陪审团的工作，听众必须具备一些善于推理的知识美德。但是你似乎认为，如果听众在听完我和翼文之间的辩论之前已经站在一边，那么他们就不公正，也无法担任陪审团成员。因此，你没有资格判断谁胜出，因为在听辩论之前，你已经承诺无法分析知识。还是你认为你可能仍然有资格担任法官，因为你可以暂时中止对辩论中问题的判断？我认为这个问题实际上很重要，因为如果你写一篇批评某位哲学家观点的论文，期刊常常会请该哲学家对你的论文进行审查。

我的第二个问题是关于你的观点，即在运作良好的哲学共同体中，争议是真理的近似指南。哲学家已经在许多问题上争论了数百年，但仍然彼此意见分歧。这种持续的分歧似乎表明，除了某些可能性外，没有任何哲学家知道任何哲学真理，也就是说，争论不是发现真理的可靠方法。你是否认为这是因为哲学共同体运作不畅？如果所有的哲学家都具有理智德性而且是知识渊博的人，他们会接受理想法官的判决并获得哲学真理吗？还是你认为哪怕是两个完全理智并且知识渊博的法官也可能对最终是哪个哲学家赢得了这场辩论做出判决？如果是这样，那么在一个运作良好的哲学共同体中，争论如何成为真理的近似指南？谢谢！

威廉姆森：好的，非常感谢你们两位，感谢你们这些有趣的挑战。所以，我将试着涵盖这些观点。你们两位都提出了不少的观点。那么，先从翼文的评论开始。他提出了一种对比：有两种争论，对抗性的和非对抗性的，或者说最起码都是破坏性的或者非破坏性的。其中在非对抗性的争论上，他认为一方或者另一方只要拿出一个击倒性的论证，就可以解决一切问题，从而我们就能获得知识。但是他又提出哲学上的分歧往往不是这样的。

我认为，与其说是两种争论，不如说我们得到的是一种连续体。在这个连续体的一端，双方几乎在所有事情上都达成了共识。他们有完全相同的理论框架，等等。只是针对一些小的点，他们有分歧。而在另一端，他们的方法和理论框架等完全不同。我想，显然也有各种各样的中间立场。

有一点我想说的是，为什么我们没有得到双方争论的解决？除了他提出的，是因为在很多情况下，其实双方都没有掌握决定性的证据。我想，其实很多时候可能是一方或另一方确实拥有决定性的证据，但对方却拒绝承认这是决定性的证据。我觉得我们相当多的常识，普通的知识，在许多的事情上是有决定性的。比如说，我认为我们知道，很多人知道自己住在哪个国家。这似乎是大多数人都有的知识。但是，如果是这样，我们知道，许多人知道他们住在哪个国家。这是他们的知识的一部分，根据我所捍卫的证据观（即知识＝证据），这实际上是他们的证据的一部分。这是反对怀疑论的决定性证据，在这个意义上，它意味着各种各样的哲学怀疑论是错误的。但当然，这在实践中并不能解决争端，因为怀疑论者会拒绝允许他们拥有这样的证据。我想通常的模式是，一方或另一方实际上拥有决定性的证据，但另一方拒绝允许它作为证据。但这造成的效果是，在实践中，争论得不到解决。

所以，当谈到哲学争论导致知识的方式时，我在想，除了如有的相对容易解决外，因为它们只是取决于一个约定俗成的框架内的一些细节，它们会直接导致知识的方式是，它只是得到相对局部的知识点。我认为，比如说，当你和某人发生争执时，你也会学到一些东西，我们可以称之为在博弈空间中允许做出哪些举动。而且，你也会学到一些关于他们立场的东西。例如，一个进化论生物学家跟神创论者辩论，他们可能会得到一些关于神创论者信仰的知识。显然，这与获得进化论生物学的知识是完全不同的。而且很有可能当一个进化论生物学家与一个神创论者辩论时，他们并不能从中得到任何关于进化论生物学的新知识。我的意思是，他们有可能会，但似乎可能性不大。所以，关于更大规模的知识，我想我的部分建议是，知识的产生并不那么直接，通过人们观察这些整体模式，也许是许多不同的特定辩论等，所以，你可能是通过观察，意识到其中一方的论证缺乏有价值的东西。

你可能会看到这一点，因为你看到他们只是做了一种很不明智的举动，或者比如说，在恶的问题上，作为反对有神论的一个论据，如果我看到有神论者开始不得不引用魔鬼造成的恶之类的东西，那就告诉我，他们已经没有合理的辩护理由了。所以，你开始意识到什么是不断衰退的研究纲领，这不是一个人直接从一系列具体的争论动作中学习到的东西，而是从整体模式和一方被迫做出越来越多绝望的假设的方式中学习到的。你提到更多的可能是对抗性、破坏性的争论，那些有不同框架的人之间的争论。他们可能会争论这样那样的问题是不是一个好问题。我想这是你会学到的东西。

然后说到星铭的问题。是的，我确实认为哲学家很难公正地评价争论。而且我觉得，这不仅仅是因为哲学家有某种心理上的偏见，这也是因为关于什么是适当的证据和什么是一个很好的解释等问题，都是与一阶的正确和错误以及关于谁在争论中获胜的那种二阶问题捆绑在一起的。所以，我的意思是，你不能真的把这两者分开。而且我觉得你提出了一个很好的问题。关于如何在实践中做出裁判，比如对于期刊论文审稿。我认为常见的经验是，审稿人是否对文章有点基本同情，这会在审稿结果上有所不同。但我认为，更经常发生的情况是，审稿人就像我们所说的那样，把文章当作解决一种狭义上的问题，而不是大问题的方式。比如说，认识论中的外部主义或内部主义是否正确。他们这样来看待一篇文章，即它是否已经表明某一方的某一论证是错误的，或者说类似的东西。关键之处在于，把问题当作非常具体的东西，审稿人可以给出一个判断。这种方式会不会破坏他们的基本信条，这是一个非常棘手的问题。而且我觉得只是暂停对问题的判断，是不太实际的，因为对问题的判断和对哪个论证好的很多判断会被捆绑在一起。

　　还有一个具体问题，我想说一说，那就是哲学家不知道任何哲学真理。我觉得问题在于，哲学真理和非哲学真理之间很难划清界限。因为拿我之前用的例子来说，很多人知道自己住在哪个国家，这听起来不像是一个哲学真理。它听起来只是一个非常普通的常识。但事实上，它在哲学上是有争议的，因为它与各种怀疑论学说不一致。比如，在范因瓦根的哲学中，充满了各种复杂的细节。但基本说来，按照对他的形而上学观点的自然理解，中国没有山。所以，只要知道中国有山，你就会知道一些与他的形而上学不一致的东西。他有一套复杂的理论来说明自然语言如何工作。但是，按照他的建议，如果一个哲学真理就是任何在哲学上有意义的真理，那么他会说没有哲学家，没有任何哲学真理。而这基本上就会把你引向一种普遍的怀疑主义。因为任何一个正常人所拥有的那种普通知识，在哲学上都有意义，因而是哲学真理。但它们说的是一些哲学家所否定的关于世界的东西。所以，尽管有种种分歧，我认为，哲学家确实知道很多哲学真理。这说明，有些东西确实显示了争论的局限性。作为一种哲学方法，你可以通过它知道一些东西，但却不能在争论中打败对手。

事实上，我认为很多普通人，他们知道的东西非常多。但尽管如此，如果他们要和哲学家争论这些问题，他们很可能会在争论中被打败。所以说，检验一个人是否知道什么，不仅仅是由他们是否会在争论中获胜来决定的。但尽管如此，从长远来看，争论是扩展和检验我们知识的一种方式。这就是对你提出的问题的一种非常概括性的回应。再说一遍，还有很多话可以讲。但我想这就是我们目前所有的时间了。非常感谢！

陈波：好的，非常感谢！威廉姆森的第三次讲演将是"哲学与澄清"，我们下周一见！

第三讲　哲学与澄清

时间：2020 年 9 月 21 日

陈波：大家晚上好！今天，威廉姆森教授将做第三次讲演，"哲学与澄清"，欢迎！

威廉姆森：好的，谢谢！今天，我开始谈论有关哲学方法争论的历史背景。实际上，这也是关于哲学目标的争论。这与哲学和科学革命有关，但通常并没有被清晰地谈论。我将以宏大的视角来讨论。我并不想纠缠于历史细节。我认为，一幅宏大图景是重要的。从长远的角度看，17 世纪和 18 世纪的科学革命逐渐造成哲学目标与方法的危机。这就是我们需要理解的背景。我不认为这场危机是突然到来的，它是一点一点地变得越来越紧迫的。我们现在关于哲学与自然科学的区分在这一时期已经发生。但在 17 世纪早期甚至直到 18 世纪，我们现在所谓自然科学其实在英语以及其他语言中被称为自然哲学。但它的发展慢慢地与哲学分道扬镳，与狭义的哲学或者与现代意义上的哲学分道扬镳。所谓自然哲学作为一个哲学分支，后来成为自然科学并被看作与哲学不相交的学科。我所说的这场危机导致形而上学的灾难，因为形而上学似乎成为最有问题的哲学分支。形而上学与自然科学似乎处于激烈的竞争当中。它们似乎都想一般性地描绘这个世界。但形而上学似乎缺少与新科学相竞争的方法，例如实验和观察。形而上学似乎想要回答自然科学特别是物理学的问题，但正如人们所说，它只是坐在扶手椅上回答问题并且思考这个世界必定如何所是，而不是走向这个世界并且通过与这个世界的互动而发现这个世界实际如何所是。形而上学就像是懒人的物理学，我们并不实际地操心于所要求的实验，这是一种危险。虽然形而上学似乎是在与自然科学竞争，但它在这场竞争中是注定失败的，因为它缺少新兴自然科学所发展出来的强大方法。我认为，这场危机也间接地影响到其他哲学分支。正如自然科学越来越成功，也越来越脱离哲学，这场危机也变得越来越严重，它并不是一场短暂危机，它给哲学带来的挑战也越来越严重。

几何学就是一个例子。虽然它不是哲学分支而是数学分支，但我认为，它所提出的方法论问题是值得思考的。它对于扶手椅方法和先天反思作为典型的哲学方法所可能取得的成就是重要的。长久以来，对于欧氏几何来说，正如在哲学中，先天反思通过对自明公理的演绎就可以产生出关于物理空间的知识。这种模式在许多哲学领域中都有很大影响。我认为，一个经典的例子是斯宾诺莎的伦理学，他想把欧氏方法运用于伦理学。这是很明显的。他所给出的结构模仿了欧氏几何，我认为，这是因为欧氏几何似乎是一种典范，我们发现自明公理并且得出扩展结论，由此获得知识。这种知识似乎是实质的、不平凡的，物理空间竟然并不独立于我们的经验。欧氏几何似乎是关于物理空间的非常实质性的知识。然而，众所周知，许多数学家在 19 世纪发现了一致的非欧几何，其中平行公设被否定。他们瓦解了关于欧氏物理空间的先天论证，因为它的公理既可以被设定，也可以被否定，似乎并不完全是自明的。这些非欧几何并没有导致人们所希望的那种矛盾。当然，这些非欧几何本来被当作一种数学训练。但糟糕的是，根据爱因斯坦和其他人的工作，科学证据表明，我们的物理空间或实际时空本身是非欧氏的。因此，非欧几何并不仅仅是自身逻辑一致的欧氏几何的一种替代，相反，已有证据表明，欧氏几何并不是唯一正确的，它不仅不是逻辑上令人信服的，它甚至不是真的。现在，我们直接过渡到当下，如果我们认为几何是一个数学分支，那么它在广义上仍然是先天的，这是由标准的数学方法保证的。但它不在有关实际物理空间的意义上被看作对物理空间的研究。相反，我们在不同的几何中看到不同的公理，它们被看作抽象公式，通过逻辑数学推理可以从这些公理得出结论，但并不一定用物理空间来解释这些公理。因此，从方法论角度看，几何学作为一个数学分支与其他数学分支非常相似。这实际上就是用数学公理来定义各种结构，从公理得出的定理在所有特定种类的结构上都成立。如果我们想要研究物理空间，那么这种研究将是后天的。这将涉及实际的实验，严格来说，这将是物理学的一部分而非数学的一部分。因此，把欧氏几何看作先天反思提供实质性知识的典范，这种想法破产了。虽然这种几何本身不被看作一个哲学分支，但它对于寻找最严格方法的哲学家来说是有启发性的。

科学革命对哲学产生影响的另一个方面与我们所谓心灵哲学有关。你或许认为，即使我们不能通过先天反思方法研究外在世界的结构，我们仍然能通过这些方法研究内在世界的结构。你会看到以这种方式看待哲学的各种尝试，这当然涉及对哲学目标的缩减，不再研究外在世界而是只关注我们的心灵。然而，即使把哲学看作一种对心灵的先天研究，这也最终面临着一种挑战，这来自 19 世纪实验心理学的发展。相比于哲学与物理学和其他自然科学的分道扬镳，哲学与心理学的分道扬镳更晚一些。这实际上是 19 世纪发生的而非 17—18 世纪发生的。我第一份教职是在都柏林的三一学院，在那里，哲学是心灵和道德科学的一部分。那里的心灵科学原本是与哲学分离的心理学，但这种分离比物理学和生物学与哲学的分离更晚一些。因此，哲学似乎在与自然科学或者社会科学的竞争中处于方法论劣势，因为心理学家做实验，但哲学家不做实验。实际上，休谟把他自己的工作描述为我们所谓心灵哲学的工作，这在某种程度上是一种运用实验方法的心理学。但他所做的实验作为一种内省实验与心理学所做的工作相比非常缺乏系统性。心理学的内省在 19 世纪后期变得重要，但这种内省实验需要在实验室中进行，并不是哲学家所做的那种研究。这就形成对哲学的一般性挑战。

哲学与自然科学的表面竞争说明，哲学的传统目标与传统方法不匹配。传统目标似乎是获得关于世界整体结构及其各个方面的知识，但传统方法似乎是坐在扶手椅上进行先天反思，与包括心理学在内的自然科学相比，这种方法似乎并不合适。对于提出的问题来说，运用测量和实验的科学方法似乎是更合适的。由此产生的问题是，如果哲学的传统方法实际上并不有助于回答上述问题，那么它究竟有助于什么？当然，我们也可以接受如下观点，我们应该放弃哲学这门过时的学科，不再研究哲学而是加入自然科学家的队伍，或者我们继续保留哲学的传统方法但尝试重新定义我们的目标，让我们所使用的方法适合于我们的目标。因此，我们应该以一种有点儿奇怪的方式继续像以往那样奔跑但重新定义我们的赛道。对于许多人来说，哲学就是一门过时的学科。我记得，在我第一次任教时，一位生物化学家问我，为什么英格兰的大学仍然有哲学系。他认为哲学系是应该被大学淘汰的残羹冷炙，但由于历史和传统的惯性力量非常强大，所以，哲学系才得以苟延残喘。这就是自然科学家看待哲学这门非常过时的学科的方式。

在这种压力下，20 世纪的许多哲学家提出更为激进版本的大众化哲学目标，这实际上不再认为哲学在根本上以知识为目标。如果不再以知识为目标，那么哲学就不再与科学有竞争。我这里假定，科学在一般意义上追求知识。但我认为，如果科学的目标被重新定义为其他认知状态，那么无论自然科学的目标是什么，这些极端的修正主义者都会宣称，哲学的目标不是这些认知状态。

问题是，如果哲学不以知识为目标，那么它以什么为目标？它的目标不是科学那样的目标，它的目标究竟是什么？一种回答是，如果其他科学的目标是知识，那么我们是在谈论知识本身，这是被表达在语言中的知识，因为它需要被交流，正如我们上一讲所谈论的。至少对于命题性的知识来说，情况是这样的。这幅图景或许是，语言表达知识，因为语言为规则所支配，所以它有一个必要的结构，由此能够表达科学知识。如果语言是有规则的，这些规则使之能够表达知识，那么哲学的工作是寻找知识的规则，由此确保这些规则是足够清晰的以及它们被正确地使用。简单地说，这个建议是，哲学的任务是寻找语言的规则。哲学的任务不是通过为规则所支配的语言表达知识，而是让语言处于工作状态，由此让它首先能够表达知识。非常简单地说，卡尔纳普和维特根斯坦虽然偏好不同但都有这种想法。此外，他们的工作方式也有共同之处。卡尔纳普对科学语言更感兴趣，而维特根斯坦对日常语言更感兴趣。

我将概述这种工作方式。按照传统说法，这种工作方式被称为语言转向。它的一个版本是说，当哲学家做出表面上的事实陈述时，他们实际上做出的并不是事实陈述，他们实际上只是在表达语言规则。我们可以对这种表达式进行区分，这对应于斯特劳森（P. F. Strawson）在《个体》一书序言中关于两种形而上学的区分。他区分了描述性形而上学与修正性形而上学，但我们可以更一般地运用这个区分。这个想法是，描述性形而上学所表达的规则已经在语言中发挥作用，而修正性形而上学所建议的新规则是将要发挥作用的。当然，正如斯特劳森所想的，就新规则想要取代旧规则而言，新规则是误入歧途的荒谬。在做出这一区分时你或许比斯特劳森更开放地对待修正性建议。实际上，我认为卡尔纳普就是一个例子，他非常开放地对待所有种类的规则组合。然而，新规则只是在如下意义上取代旧规则，出于某种实践目的，我们决定使用新规则的语言而非旧规则的语言，这并不是由于旧规则是错误的。这种工作方式的经典例子是数学哲学中的柏拉图主义者所做的陈述，即数存在。这个陈述看起来像科学家做出的陈述，例如，黑天鹅存在，但就实质地发生的事情而言，这只是在建议一种新语言，我们更改了旧语言的一个规则，这个陈述并不是关于在世界中被发现的东西。

这种表面陈述所表达的规则已经在语言中发挥作用，它们被称为（相对于这种语言的）概念真理或（就广义的分析而言的）分析真理，这是当代哲学的常见做法。其他真理被称为综合的。例如，根据这种观点，没有任何东西既是圆的又是方的，这被看作概念真理或分析真理，这并不是在世界中的发现，而只是对我们语言规则的一种表达。

这种观点也认为，改变语言的规则就是改变相关表达式的意义，因为意义是由规则构成的。实际上，规则的变化导致一种新的语言，虽然它与旧语言有许多共同之处，但严格来说，它仍然是一种新语言。有人会挑战概念真理，例如他坚持认为，有些东西既是圆的又是方的，他并非实际地与其他语言使用者有分歧，他只是在建议改变语言的规则，或许存在支持或反对这种改变的实践理由。然而，这种改变并不是从一种不精确的说话方式转变到一种精确的说话方式，或者从一种不正确的说话方式转变到正确的说话方式，相反，一种新的语言将更好地服务于科学的目的。

这里需要小心，因为并非所有语词都是含混不清的。语词确实有不同的用法，它们的一种用法受制于一套规则，而另一种用法受制于另一套规则，语词在不同的规则中有不同的意义。我想说的是，语词在一套规则运作的语境中所具有的意义不同于它在另一套规则运作的语境中所具有的意义。根据这种观点，留给哲学家的工作就是，清除表面的分歧，争论双方所使用的相同表达式其实受制于不同的规则，所以不存在实际分歧，只存在误解，一方所断定的东西并不是另一方所否认的，双方鸡同鸭讲。哲学家也可以通过这种方法清除哲学悖论或谜题。如果人们在使用一个特定表达式时没有一致地区分出在不同语境下的不同规则，把在一个语境中使用的规则与在另一个语境中使用的规则结合在一起，即把所有这些规则都混淆在一起，那么结果会是某种不一致性或是矛盾的。哲学家的工作就是通过解释究竟发生了什么事情从而消解这些所谓哲学问题。大多时候，你发现哲学家不是在谈论语词而是在谈论概念，这实际上就是概念真理这个术语标签下的内容。我想说一下语词与概念之间的关系。我们通常面对的问题不是语言转向而是概念转向，诚然，它们实际上的差别并不是很大。

如果我们使用的两个语词受制于相同的规则，例如英语的 red 和法语的 rouge，rouge 只是 red 的法语翻译，它们之间只有这种差异，那么我们在说 red 时并不关心我们在说 rouge 时所表达的内容，这在哲学上并不重要。为了把焦点集中在有哲学意义的事情上，我们需要对这种差异（例如 red 与 rouge 之间的差异）进行抽象吗？一种抽象的方式是说，这两个语词表达了相同的概念，所以我们抽象掉语词本身的语音性质，只看其背后所使用的隐含规则，red 与 rouge 之间具有相同的规则。如果相同的语词在不同的语境中受制于不同的规则，那么我们说，它们在这些语境中表达了不同的概念。与语言转向相关的许多哲学运动也可以被重新界定为概念转向。所以，哲学家的任务是澄清概念或分析概念以及追踪概念性关联，我们也可以说，他们是在澄清语词或分析语词以及追踪语言性关联。但对于哲学家来说，这些都是相同的活动。当然，这些活动在传统上与概念分析相关，因为分析哲学这个短语的使用自然地让人们假定分析哲学就是从事概念分析。实际上，当你考察分析哲学时，这不再是一项主要任务，但它曾经确实是一项主要任务。

我认为，当我们在谈论概念时，我们所谈论的是概念的同一性。最自然的想法似乎是，我们从概念分析中所得到的是这样一种典型方式：一方面，一个单个语词表达一个概念；另一方面，一个复杂表达式表达另一个概念。一个经典的例子是，单身汉这个概念被认为等同于未结婚的成年男性这个概念。注意，如果我们是谈论语言表达式，那么它们不是同一的。"单身汉"这个语词并不等同于"未结婚的成年男性"这个表达式，例如，单身汉（bachelor）这个语词以字母 b 开头，而未结婚的成年男性（unmarried adult male human）这个表达式并不以字母 b 开头。但我们可以抽象掉这些不重要的差别，只分析这些词项所表达的概念。根据这种概念分析的观点，我们由此可以把概念同一性表达为，成为一个单身汉就是成为一个未结婚的成年男性，我们并没有在其中直接谈论概念而是间接地谈论概念。我们甚至可以说，所有未结婚的成年男性都是单身汉，反之亦然，所有单身汉都是未结婚的成年男性。我们在其中似乎是在谈论通常的外延性全称概括。但这里实际发生的是概念分析的表达式，这本身只是在处理支配单身汉这个词项的规则与支配未结婚的成年男性这个表达式的规则之间的关联。

斯特劳森认为，人们在谈论概念性关联时是在谈论概念真理，但这种概念真理并不具有概念分析的形式。就我们前面的例子而言，如果你说，没有任何东西既是圆的又是方的，这并不是概念分析，既没有用方来分析圆，也没有用圆来分析方。圆不等同于非方，因为存在既不圆也不方的东西，类似地，方也不等同于非圆。虽然这并不是概念分析，但它仍然是概念真理，因为它给出了某种关联，这是圆与方这两个概念之间的否定性关联。有时候你狭义地使用分析这个词项，它只被运用于概念分析，但它并不适用于概念性关联。但我认为，在当代哲学中，分析这个语词也被运用于这种广义的概念性关联。

在这种概念性关联中，值得一提的是概念设计，这在当下是一种时髦的用法。从表面上看，概念设计是为了某个目的而构造新概念、替换旧概念的规划。实际上，这种构造将提出新规则从而支配新概念的运用，这将与当下的社会条件更相关，或者与科学中的新发展更相关。概念设计被认为是在科学中经常发生的事情，"基因"就是一个被设计的概念，这是当代生物学所需要的概念，但在200年前并没有使用这个概念。在政治学中，"封杀文化"这个概念也是一个例子，它在过去的几个月中被广泛谈及，它被认为是指称这样一种文化，如果有人违反政治正确的规则，那么他将被封杀，例如，他将不被邀请做讲演。另一个例子是"刻奇"（Kitsch）这个概念，它不像封杀文化那样新颖，它是指庸俗的艺术，多愁善感、自命不凡。这些例子表明，新概念被设计出来从而满足科学、社会和政治上的新需求。

到此为止，我已经说明了与语言转向和概念调整相关的观点，现在我开始对这种观点以及当代对概念真理以及概念性关联的讨论进行批评。这种观点在根本上依赖于分析与综合之间非狭义的区分。这种广义的区分版本更接近于概念真理。自从 70 年前蒯因在《经验论的两个教条》中提出批评以来，分析与综合的区分已经成为有问题的。蒯因的抱怨是，把什么真理看作分析的或综合的，这一点并不清楚，对于设定分析真理或概念真理的理论规则来说缺少适当的证据。这里举一个例子，如果一个成年男性与他的妻子分居而非离婚，那么他是一个结婚的单身汉，这里的用法就违反了我们在使用单身汉这个词项时所应该遵守的规则。我并不赞同这个观点，但我认为，我们确实没有提供任何合适的方法从而确定究竟是在违反语言规则还是在挑战常识信念。你会说，我们以一种新的方式使用"单身汉"这个语词，但这实际上是在挑战一个普遍接受的信念，即一个人不可能是结婚的单身汉。有许多这样的例子。

许多像哈曼和诺齐克以英语为母语的人对这些例子表示同情。很难说他们不理解"单身汉"（bachelor）这个语词。根据一般标准，他们都是完全流利的英语说话者，让他们回到语言学校去参加英语课程，这似乎是不合适的。然而，蒯因的批评本身并不非常令人满意。他的批评太极端，因为他也攻击了同义性。他对分析与综合之间弱版本区分的批评要求他也批评一些相关的区分。其中一个区分是同义性与非同义性之间的区分，也就是，两个词语意义相同与意义不同之间的区分。如果把哲学家放在一边，转而把语义学看作语言学的一个分支，那么同义性似乎是没有问题的，这是语言学家经常使用的概念，任何成熟的意义理论都会对意义相同给出定义。如果蒯因的批评要求他也攻击同义性或意义相同，那么这似乎与语言学范围内的语义学是有冲突的。另外，蒯因的批评也依赖于社会科学的行为主义方法论，他试图为同义性寻找某种行为标准。自从乔姆斯基1950年代对斯金纳的《语言行为》一书提出批评以来，这种行为主义方法论实际上在语言学和认知心理学中已经过时。如果从现代的标准看蒯因的批评，他实际上是反科学的。所以，这个批评不能被看作对分析与综合区分的决定性瓦解。因为语言学范围内的语义学都隐含地或明显地使用同义性，所以，同义性是可接受的。虽然存在不同种类的同义性，但有些种类的同义性是可行的。

关键问题是，我们是否可以用同义性来定义分析性，因为我们在概念真理的意义上需要分析性。我前面所说的概念理论需要分析性与同义性，因为这种概念理论需要概念真理和概念性关联。因此，问题就是，如果我们使用来自语义学的同义性概念，那么我们是否可以用它来解释分析性。根据蒯因的批评，同义性与分析性是在一起的。如果我们有了同义性，那么我们可以定义一个语句的分析性，例如，一个分析的语句是与逻辑真理同义的语句。具体来说，如果单身汉是未结婚的，即单身汉与未结婚的成年男性被认为是同义的，那么说单身汉是未结婚的，这就相当于说未结婚的成年男性是未结婚的，这是一个逻辑真理。蒯因出于批评的目的而认为逻辑真理可以被严格地和精确地定义。所以，对于蒯因来说，他不得不拒绝同义的语句。如果他承认同义性，那么他不得不依据这个定义而承认分析性。现在让我们聚焦于这个定义，分析性就是与一个逻辑真理同义。从这种对分析性的解释可以得出一个平凡的结论，所有逻辑真理都被自动地看作分析的，因为任何语句都与它自身同义，所以，如果它是一个逻辑真理，那么它与一个逻辑真理同义。根据这个定义，逻辑真理就是分析的。但这实际上并不符合辩护者为分析性或概念真理所指出的其他特征，至少我们还需要检查它是否符合这些特征。逻辑真理并不告诉我们任何实质性内容，它们只是语言规则的表达式，所以，问题就是，如果一个语句是逻辑真理，那么它是否自动地就是语言规则的表达式？

这实际上并不符合逻辑真理的标准，因为这个标准是说，在所有保持逻辑常项意义的解释下都为真。例如，所有的青蛙都是青蛙，这是一个逻辑真理，因为只要保持"所有"和"是"这两个逻辑常项不变，无论青蛙是什么，甚至即使我们把青蛙解释为狗，这个语句都是真的，即所有狗都是狗。因此，如果我们这样看待上述逻辑真理的定义，那么它并没有赋予逻辑真理任何认知或语言的优先性。按这样的看待方式，假设一个语句完全由逻辑常项构成，不包含非逻辑常项，那就不再有真理与逻辑真理之间的区别。如果它完全由逻辑常项构成，并且保持所有逻辑常项的意义不变，那么我们也保持这个语句本身的意义不变，所以，我们实际上只考察这个语句原来的解释。为什么以这种方式构成的语句是真的当且仅当它是逻辑真的？例如，至少有 29 个对象，这个语句可以被重新表述为完全由逻辑常项构成。因为它是真的,所以,它是逻辑真理。但它似乎并不具有任何明显的认知或语言优先性。因此,根据同样有问题的同义性,蒯因对分析性的解释似乎并不是一个对概念理论友好的人想要的,因为蒯因预设了逻辑真理的特定地位,这实际上又需要独立的论证从而表明逻辑真理本身具有这种明显的地位。一旦我们看出分析性与同义性的差别,我认为,分析性就在作为语言学分支的语义学中不再具有可靠的地位,分析性不再是自动地从意义的解释中产生出来的东西。你也许可以从意义的解释中得到许多概念,例如必然性,但像分析性这样的概念并不来自语言的语义标准。这对语言转向的支持者以及对分析性友好的人来说造成了困难,如果存在他们设定的语言规则,那么语言学家应该能够发现这些规则,这些规则被认为是对语言如何实际运作的描述。但语言学家一般来说并不与分析性这样的概念打交道。我认为,这使语言规则的存在变得可质疑,至少这些被设定的规则是神秘的,因为语言研究实际上并没有展现出这些规则。虽然有各种各样的语言规则,但这些规则似乎并不是对分析性友好的人所设定的规则。当然,语言学理论之间是有差异的,但分析性并不像同义性那样是语义学的核心。

在我看来,另一种不同的理由认为,语言学中的同义性也不是概念理论所需要的。例如,furze 和 gorse 这两个英语单词,它们是同义的,它们只是同一种植物的不同语词。一个理性说话者在夏天通过观察学会 furze,然后在冬天通过观察学会 gorse。但他或许不知道他是在谈论相同的植物,因为这种植物在不同季节有不同形态,它在夏天是绿色的并且开有黄色的花朵,但在冬天是棕色的并且没有花朵。而这个说话者按照日常标准被看作有能力使用一个自然种类词，他并不需要大量植物学知识才被看作有能力的。他或许接受 furze 是 furze，但不接受 furze 是 gorse。但根据日常标准，furze 是 furze，furze 也是 gorse，这两个语句的意义是相同的，我们只是把语句中的一个语词替换为另一个意义相同的语词，因为整个语句的意义是由语词的意义构成的，所以，这两个语句具有相同的意义。然而，有些说话者对这两个语句的态度是不同的，接受其中一个但不接受另一个。他们认为这两个词项指称不同种类的植物。这并不是说他们是非理性的，而是说，在这种情况中，即使按照日常标准有能力的说话者实际上也并未在认知上获得词项的同义。大多数对概念真理友好的人也是在谈论词项的日常意义，他们并没有把女人（women）这个语词用作科学词项。虽然 furze 是 furze 被看作概念真理，但 furze 是 gorse 似乎不被看作概念真理。他们不把 furze 是 gorse 看作概念真理，这并不意味着他们是非理性的或无语言能力的。因此，语言学中的同义性并不是概念理论者所需要的，所以，概念理论者并没有在语言学中获得他们所需要的支持。

我想说的是，蒯因的结论是正确的，但他的论证是不正确的。分析与综合的区分、概念、概念真理、概念分析以及概念性关联并没有得到一个合理理论的支持，它们并不能被用来实现目标，所以，它们应该被抛弃。换言之，语言研究并没有揭示出这种概念理论所需要的结构，所以，这种研究并没有带来成果，这种概念理论也没有得到为了证实分析与综合的区分而需要的证据的支持。因为这种区分实际上是一种作为概念澄清的哲学方法所需要的，所以，这种方法应该被抛弃。

我想进一步论证的结论是，哲学的首要事业并不是概念澄清。一个需要指出的要点是，哲学方法作为概念澄清被看作基于规则，至少对于有能力的说话者所使用的自然语言来说是这样的。实际上，运用这种方法并不能让哲学家避免哲学在传统上所陷入的争论和分歧，并不能通过澄清就消除纷争，这种方法与其他哲学方法一样会陷入纷争中，并不会让哲学变得更简单。困难之处在于，这种所谓语言规则给哲学独断论戴上了语言能力的面具，哲学家们不是在断定一个概念真理而是在坚持一个哲学论断。

不理解语言规则的人是无语言能力的，这个论断缺乏现实基础。并不是说，如果我们谈论有能力的说话者所遵守的规则，那么我们会达成某种预期的共识。对于哲学来说，把概念澄清看作一种与获取知识不同的替代性哲学目标，或者说，哲学并不提供知识而是提供理解，这并不可行。

我认为，还需要强调一下理解与知识的区别。如果你问理解与知识的区别，那么你得到的回答通常是，你会知道一个事件的发生但不理解它为什么发生。这是真的，但这犯了一个严重的方法论错误，因为理解为什么与知道是什么不仅动词不同，而且动词后跟随的短语也不同，也许差别主要来自是什么与为什么之间的区别而不是来自知道和理解之间的区别。这一点似乎是可以确定的，因为你也会知道一个事件的发生但不知道它为什么发生，所以，知道它为什么发生比知道它发生需要更多的事实。在理解与知识之间也存在紧密联系，因为除非你知道它为什么发生，否则你不理解它为什么发生。如果你不知道它为什么发生，你也不理解它为什么发生。尚不清楚的是，在不理解它为什么发生的情况下是否知道它为什么发生。知道为什么实际情况如此，这非常接近于理解为什么实际情况如此。例如，在英语中，说我理解实际情况，这非常接近于说我知道实际情况。一般来说，在使用理解这个语词时，它总是跟随 why 和 how 而不是跟随 that 从句。我认为，知识与理解的区别并不足以用来定义一个独立的哲学目标，即以理解而非知识为目标。

我现在想讨论一下语词澄清，我们在讨论语词澄清时实际上并不需要整个概念体系，例如使语词中的歧义变得清晰。即使不考虑概念，我们仍然可以谈论语词澄清。语词澄清是到处都有的事情，不仅哲学家在大多数学科中进行语词澄清，人们也感觉有必要澄清他们所使用的语词从而给出清晰的定义或充分地解释清楚他们使用语词所标记的区分。律师也经常进行语词澄清，如果他们起草一份新的法律文件，那么他们需要语词澄清，在法庭上也需要语词澄清。一般来说，语词澄清是为了应对特定的理论或实践困难，因为我们不能让语言变得完美无缺，毕竟，我们用来澄清的语词本身也不是完全清晰的。语言的完美化似乎并不是一个现实的目标。现实并且合理的做法似乎是，在一个语词的模糊、不清晰或歧义造成困难时，我们出于特定目的消除不清晰之处，从而更有效地使用这个语词。一般来说，哲学家没必要参与到这样的工作中。实际上，真正需要参与进来的人是熟悉相关话题的人，他们应该是科学家或律师等专业人士。哲学家有时也澄清他们的语词，但这并不使哲学变得例外。哲学或许比其他学科需要做更多的语词澄清工作，但哲学并不是唯一从事语词澄清工作的学科。我们也必须追问，哲学澄清所面对的具体困难是什么？哲学困难通常不是实践的而是理论的。其他学科在大多数时候并不需要哲学去澄清它们的问题，哲学有自己的问题。因为哲学是一门理论学科，所以，它需要澄清。如果哲学的唯一任务是澄清它自己造成的混乱，那么取消哲学是更好的做法。如果它能做的只是消除它自己造成的困难，那为什么还要有哲学呢？

有关语词澄清的另一个方面是，如何实现语词澄清？有时候是通过显定义而实现语词澄清。但如果考察非常基本的词项，那么显定义并不起作用。这些基本词项不能为更基本的词项所定义。许多哲学中的重要词项都是非常基本的词项。

我认为，出于比较的目的，考察其他学科中的情况是有所助益的。当然，具有最高清晰标准的学科是数学。在数学的标准化过程中，最基本的词项大概就是属于符号，x 属于 y 的意思是，x 是集合 y 的一个元素。在数学中，这个符号是绝对的，它不能被其他词项定义。问题是，它是如何得到澄清的？我认为，对于你所需要的澄清来说，最好的备选答案是集合论的公理。当你考察这些公理时，你看到，这些公理甚至都不是这个符号的隐定义，它们只是用这个符号做出的陈述。一个典型例子是幂集公理，它是说，对于一个集合 S，总是存在另一个集合 $P(S)$，$P(S)$ 中的元素是且仅是 S 的子集。给定一个集合，考察这个集合的所有子集，其中子集关系是由属于关系定义的，于是，存在另一个集合，它的所有元素都是原来那个集合的子集。这是通过属于关系做出关于集合的陈述，但人们在学习集合论以及属于关系时，数学确实是以这种方式澄清属于关系的。如果我们想要清晰地使用这个语词，那么我们需要集合论的公理。这就是如何通过公理澄清一个理论词项。

我认为，我们在这里所做的，就是弄清楚在使用该词项时何种形式的推理是合法的，以及何种形式的推理是不合法的。你或许认为，这并没有让公理成为概念真理，所以，我们还要回到概念的研究方式。但事情并不是这样。这种研究方式并没有让有能力使用技术语言的人不再挑战一条公理。如果一个非常擅长集合论的人因为某个理由认为幂集公理有反例，那么这并不表明他不理解属于关系这个符号。他只是认为，如果我们否定这条公理，那么我们将得到一个更合理的集合论，所以，我们在这里并没有得到某种概念真理。但我们得到了可接受的原则，这些原则澄清了何种论证对于一个共同体是可接受的，以及何种论证是不可接受的。这对于数学来说已经足够了。

这个来自最清晰学科的例子说明了最基本的词项是如何被解释的，也就是说，基本词项最好通过包含这些词项的有信息内容的理论得到解释。在最基本的层面上，没有理论建构的语词澄清似乎是自我挫败的。因此，就一个语词来说，把澄清而非理论建构看作哲学的替代目标，这是彻头彻尾的错误，因为没有理论建构的澄清最终是一场空谈，我们在哲学中处理基本词项时尤其如此。这就在某种程度上表明，哲学在进行澄清时最好也进行理论建构。如果哲学也像其他学科那样建构理论，我们也假定其他学科最终在寻求知识，那么哲学也应该寻求知识。虽然我没有给出论证从而说明其他学科是寻求知识的，但这在广义上看是非常合理的。

于是，我们或许想知道，概念设计还能做什么？实际上，如果我们表面地看待概念设计，那么它将继承所有与概念相关的问题。但如果我们忽略概念，只考虑语言设计，那么我们看到一个真实的并且重要的现象，即我们经常需要引入新的术语和记法从而表达新的区分。如果需要在逻辑空间中画出边界线，那么用语词来表示这些边界是有用的。我认为，对语词本身的强调实际上是非常有用的，因为符号的可见形式可以造成差异，并非只有概念才能造成差异。

好的记法的例子是 18 世纪的微积分，英国数学家一直沿用牛顿的记法。而牛顿和莱布尼茨几乎同时相互独立地发明微积分。欧陆数学家则沿用莱布尼茨的轻便记法。莱布尼茨的记法比牛顿更灵活。这部分地解释了为什么欧陆数学家比英国数学家做出更多推进。常言道，好的记法就像一个好的老师。我们想要的就是清楚地写下我们想要写下的东西，这就取决于符号的可见形式。

选择好的记法并且做出好的区分，这在哲学中是很重要的。然而，与近年来有些哲学家的想法相反，这并不意味着，哲学争论应该被理解为所谓元语言协商，即关于我们应该使用哪种语言的协商。有时争论究竟哪个区分是好的，这实际上是在争论究竟哪个区分切中要害，换言之，究竟哪个区分是来自话题本身的自然差异。有时候两种谈话方式在逻辑上不相容，所以，这两种方式不会都是可行的。例如，一种语言不能既包含经典逻辑的否定也包含直觉主义逻辑的否定，其中直觉主义逻辑拒绝排中律，即任何事情要么成立要么不成立。如果在相同的语言中出现这两种否定，那么其中一种会坍塌为另一种。因此，不可能一种否定来自一种逻辑而另一种否定来自不同的逻辑。这并不是说，我们可以用否定这个语词表达不同的东西，而是说，究竟哪种逻辑是正确的，这确实存在着实质性的理论争论。

我们得出的结论是，哲学在根本上与其他学科一样都是理论建构的。需要注意的是，科学并不局限于自然科学，也包括数学，数学也是科学。哲学与其他学科相似，这并不自动地意味着哲学的方法也非常近似于自然科学。我们也必须考虑数学方法，它也不像自然科学那样使用实验方法。为哲学提出一种与科学不同的任务，这种尝试并不成功。我们将在第四讲看到，一个明显的问题是，如果哲学与其他科学一样，那么实验在哲学中扮演什么角色？这是一个开放问题，如果哲学更像数学，那么实验的作用非常小，如果哲学更像物理学，那么实验的作用非常大。我将在下一讲讨论思想实验与真实实验以及它们在哲学中扮演的角色。非常感谢！

陈波： 谢谢！现在我简短介绍与谈人和提问人。徐召清博士是四川大学哲学系副教授，他的研究领域是哲学逻辑、形式认识论和语言哲学，他是《哲学的哲学》一书的中文译者之一。代海强博士是北京师范大学讲师，他的研究领域是语言哲学、维特根斯坦哲学、规范性以及梦的哲学。现在把时间交给徐召清博士。

徐召清： 大家好！我很高兴成为今天的与谈人。首先，我要感谢蒂姆·威廉姆森教授的精彩讲演，感谢陈波教授的邀请。我的评论包括两部分。首先，我将对威廉姆森的讲演做一个简短的总结。然后，我将提出一些问题，这些问题可能需要进一步澄清或本身就值得讨论。

威廉姆森从哲学目标和方法的危机开始：在科学革命之后，哲学的传统目标（关于实在的知识）和它的传统方法（先验反思）之间似乎存在着不匹配。如果这种不匹配真的存在，那么哲学家自然会有两种反应。他们要么改变目标，要么改变方法。蒂姆的下一次讲演可能与第二条路线上的尝试有关，但他今天的讲演集中在第一条路线的一个著名尝试上。一些哲学家，如鲁道夫·卡尔纳普、路德维希·维特根斯坦等，认为哲学的目的是澄清语言或思想，而不是关于实在的知识。澄清可以采取消除歧义（澄清语词）或概念分析（澄清概念）的形式。它也试图为哲学家们解决无休止的争论提供一条出路。然而，威廉姆森认为，作为澄清的哲学与任何其他类型的哲学一样具有争议。此外，当澄清不是对建设性理论中具体困难的回应时，它就会变得毫无意义，而最具启发性的澄清本身就涉及进一步的建设性理论。最后，真正的澄清需要关于实在的新知识。因此，澄清的角色不涉及哲学和自然科学之间的根本不同。威廉姆森的结论是，哲学是一门建立理论的学科，在原则上类似于其他科学（包括数学和自然科学）。

威廉姆森反对作为澄清的哲学，但他也承认一些澄清（例如，选择好的符号和做出好的区分）在哲学中是重要的。因此，威廉姆森的最终结论是什么并不太清楚。这引出了我的第一个问题。

问题 1：你对哲学危机的看法是什么？你认为根本就没有哲学

的危机，或者只是澄清哲学并不是一个足够好的回应？

问题 2：当你说哲学的目的是知道实在而不是澄清，你所说的"实在"是什么意思？你如何看待另一种区分哲学与科学的方法，比如科学研究事实，哲学研究价值？

问题 3：在讨论分析与综合的区分时，你拒绝蒯因的论证而接受他的结论。你觉得另外两种回答怎么样？一种是用新的区分来代替原有的区分，如亨迪卡关于零信息和非零信息的区分，或者维特根斯坦对重言式和非重言式的区分。另一种是把分析和综合的区分当成基本的，就像你把知识和无知的区分当成基本的一样。

问题 4：知道实在和建立理论之间的关系是什么？建立理论是获得关于实在的哲学知识的必要途径吗？

这就是我所有的问题。谢谢你，蒂姆！

威廉姆森： 谢谢召清的有趣问题。你的第一个问题实际上是说，哲学是否有澄清不足以应对的方法论危机？或者根本就没有危机？我不认为，哲学的方法论问题严重到危机的程度。但我确实认为，我们的问题是如何全面理解哲学所做的与科学所做的之间的关系。我认为，这个问题在某种程度上是由于哲学家缺少对他们自己所做的事情的自我理解。如果哲学家错误地理解了哲学活动，例如，只把哲学看作澄清，那么这本身会导致真正的方法论问题，因为人们关于目标和方法的考虑并非没有影响到他们的实际目标和方法。如果人们把澄清看作他们所做的工作，那么这本身会给哲学造成问题，因为这种哲学观是行不通的。如果我们把由错误的哲学观所导致的问题放在一边，那么真正困难的问题是，如何全面理解哲学究竟做什么？我认为，对于哲学究竟在做什么，这有很多提示。如果我们认为哲学是一种高度理论化的科学而非一种具体自然科学，但并不与自然科学完全分离，那么这是正确的方向。但为了说明哲学与科学的相同之处和不同之处，还有许多事情要做。对于如何在实践中运用这些方法，也还有许多事情要做。我认为，哲学是一种传统的扶手椅工作，即反思性工作，实际上，哲学在方法论上比人们所想的更好一些。我认为，哲学也有必要改进方法论。因此这里既有描述性问题也有规定性问题。所以，我不认为哲学有危机，而是在理论和实践中有真正的方法论问题。

　　我认为，你的第二个问题是如何刻画哲学与其他学科的差异。例如，一种刻画方式是，其他学科研究事实，而哲学研究价值。我认为，这并不非常准确。但哲学家确实更愿意全神贯注地讨论价值、正确或不正确的价值以及规范性词项。但也有很多哲学工作实际上与价值无关，例如，大多数形而上学研究与价值无关。当然，在我们研究伦理的形而上学时，我们确实在讨论价值及其在世界中的地位。但我认为，在形而上学中讨论的大多数话题实际上与价值无关。我也认为，哲学并非唯一研究价值的学科，例如社会人类学研究不同群体所奉行的价值。虽然上述区分对应于哲学与其他学科之间的某种重要差异，但我认为，它并没有在正确的地方画出分界线。我认为，很可能不存在这样一条分界线，因为究竟什么被划分为哲学，这在某种程度上与各个学科的历史发展过程有关。我也不认为哲学是有边界的。我认为，哲学显然聚焦于高度普遍和抽象的理论问题，但这并不是对哲学的定义。

你的第三个问题是说，是否存在其他方式区分分析与综合。例如，你建议它们之间是有信息性与无信息性之间的差异。我不认为这种差异是有帮助的。实际上，如果你考察历史上对信息的讨论，所遇到的最大问题就是如何为信息的同一性定义一个可行的标准，这与无信息性问题是紧密相关的。问题在于，这些理论所提供的只是在规定什么是相同的信息、什么是不同的信息、什么是无信息以及什么是有信息。例如，逻辑真理被看作无信息性的。这似乎是非常任意的。什么样的真理会提供新信息，这取决于你碰巧处于哪种认知状态，所以，并不存在有信息的语句与无信息的语句之间的自然区分，这仅仅取决于说话者的环境和认知状态。

你的第四个问题是，关于实在的知识是否需要理论构造。我认为，你实际上是在问什么是实在。我所说的实在是指任何存在的东西。我认为，有许多知识都是关于实在的知识。我们可以不通过理论构造就获得许多知识，至少在某些意识层面是这样，或许有些理论已经在我们的认知系统中被构造起来。但这并不是我想说的。我认为，许多常识性知识就不依赖于理论构造，甚至有些历史知识也不依赖于理论构造。但我认为，如果人们追问哲学所提出的那类抽象的、普遍的问题，而常识一般不能回答这些问题，那么除了理论构造，别无其他选择，因为我们需要理论告诉我们什么是可能的答案。我认为，如果我们想要从哲学家感兴趣的问题中获得知识，那么我们只能选择某种理论构造，因为这是知识的先决条件。谢谢！

代海强：第一个问题是关于理解和知识的区别。威廉姆森说：

"知识和理解之间的区分不够牢固，以至在此无用。""作为概念上的澄清，哲学界的爱好者有时暗示它给了我们理解而不是知识。但这是错误的二分法。如果你不知道为什么天空是蓝色，那么你也不理解为什么天空是蓝色。当你了解更多有关汉尼拔如何使大象越过阿尔卑斯山的知识（获得更多知识）时，你会理解有关汉尼拔如何克服大象的更多信息。哲学上和其他地方一样，在不增加知识的情况下增加理解的想法是一种幻想，尽管很诱人。"但是我有些保留，因为这一点似乎令人怀疑。乍一看，理解和知识之间存在两种关系。

类型 A：通过增加知识来增加理解。在经验领域，如威廉姆森教授所提到的那样，这种关系是正确的。

类型 B：在不增加知识的情况下增加理解。在哲学领域，有些情况与经验领域不同。理解是基于知识系统的，但是有时理解不会随着知识的增加而增加。这并不是说没有知识就可能有理解，而是说它们不会彼此同步。类型 B 有两种情况。（i）理解哲学问题自身。例如，时间有空间延伸吗？巴黎米尺有多长？了解它们是为了识别是否有些问题是胡说八道，而不是产生有关它们的新知识。（ii）理解哲学问题的具体内容。例如，关于真理的本质、生命的意义、规范性的本质等问题。理解它们并不能给我们带来新的知识，而是让我们更加看清它们。在这两种情况下，理解更像是洞察力，而增加理解并不能增加知识，但可以排除误解。这就引出了另一个关于关系的问题：知识的增加会导致理解的增加吗？似乎还有另外两种类型。

类型 C：随着理解的增加而增加知识。威廉姆森教授提到的例子。

类型 D：在不增加理解的情况下增加知识。例如，在心灵哲学中，大卫·查默斯（David Charmers）声称，科学的知识无法解决难问题。［尽管在这个问题上存在争议。例如，杰西·普林兹（Jessy Prinz）声称，如果你对大脑神经机制有了更多的知识，那么你将更好地理解心灵是什么。］

在这些考虑下，威廉姆森教授的论点非常适合类型（A）和（C），但类型（B）和（D）未被触及。至于他的辩护，他使用的示例有其局限性，因为它们仅支持类型（A）和（C）。这些经验例子与真、规范性等例子不同。使用它们来处理类型（B）和（D）可能会导致错误的类比。因此，如果我正确地理解了威廉姆森教授的想法并且这四种类型都说得通的话，似乎威廉姆森教授对理解和知识之间的区别的低估，以及他的结论"哲学是一门理论建构学科，原则上与其他科学相似（包括数学和自然科学）"令人怀疑。

第二个问题是关于哲学本质的一个普遍的大问题。这可能与整个系列讲演有关，包括分歧、澄清、哲学与自然科学之间的关系等主题。其他与谈人已经提出了类似的问题，但是我希望我可以从不同的角度提出这个问题。当我们思考哲学本身（即元哲学）时，起点在哪里？在许多情况下，哲学家确实对哲学的本质彼此有分歧。在这种情况下，什么样的论证可能对解决这个大问题有用？在实践中似乎有两种不同的情况值得一提。（a）对于初学者来说，最有可能的是，他们会在没有现成观点的情况下开始哲学思考，这样做只是出于他们的教育体系，受前辈、直觉和品味影响的意识形态等。但是这些因素像是因果解释，并不是理由说明（在这种情况下，我假定理由与原因不同）。换句话说，这些解释不是哲学上的。那么，担心这个问题的我们是否仍应等待一个很强的理由被发现，或者只是屈服于现实，即由于对这个理由没有最终的决定性答案而盲目地做哲学？（b）对于成熟的思想家，问题的两面都有先入为主的观念，特别是在激进的情况下而不是在温和的情况下。例如，维特根斯坦主义者不会同意哲学是建设性的，因为他们将哲学视为治愈疾病，而其他人，如威廉姆森教授，则不同意哲学是解构性的，因为他们将哲学视为追求知识。在这些情况下，存在没有任何先入为主的陪审团吗？简而言之，哲学是否有可能在没有偏见的情况下开始？解决此类问题是否只需要常识就足够了？谢谢！

威廉姆森：非常感谢！我依次回答你的两个问题。一个问题与理解有关。你假定，存在一些情况，理解的增加并不伴随着知识的增加。我认为，首先是确定什么是理解的增加。我认为，我们将会发现，这本身就涉及知识。例如，在最基本的层面上，理解一个问题就是知道这个问题意味着什么，这实际上是一种命题知识。当然，这并不是更好地理解这个问题的唯一方式，你或许通过学会这个问题的要点所在或为什么值得追问而更好地理解这个问题。但我们在这里所做的也是获得知识，即关于它为什么值得被追问。我们或许通过理解这个问题与其他问题的关联而更好地理解这个问题本身，但这也涉及学会这个问题与其他问题之间的关联，这也是在获得知识。你提到的另一个例子是，我们或许把一个问题理解为无意义的。我认为，你是在把巴黎的标准米尺作为一个无意义问题的例子。我并不认为这是无意义的，它是平凡的。对它的回答是一米长。我认为，从任何长度理论中都可以得到这一点。如果我们确实有一个真正的无意义问题，那么你也无法更好地理解它。但你可以更好地理解与它有关的东西，例如，你把它理解为一个无意义的问题。但我认为，这也是知道它是一个无意义的问题。我认为，一件有趣的事情是，你比较了更好地理解与看得更清楚，这是非常好的隐喻。但我认为，看得更清楚也涉及能够获得更多知识，例如，如果我们透过雾霭看到某人，并且当我们走近时会看得更清楚，那么即使这个人是陌生人，我们也能够识别出这个人是谁，因为我们看得更清楚了。我们由此获得了关于这个人是男人还是女人、穿什么衣服以及头发什么颜色的知识。因此，我认为，这个隐喻实际上说明理解与知识之间存在非常紧密的关系。这就是我对第一个问题的回答。

第二个问题是说，我们做哲学的理由是什么，是否有中立的法官对哲学争论进行判决。我认为，并没有完全中立的法官。为了理解不同哲学观之间的分歧，我们不得不在哲学中经受训练，而训练本身就会包含对某种观点的偏见。我不认为这是一种糟糕的情况。消除这种情况的正确方式并不是一劳永逸地判定哪种哲学观更好。我认为，更合适的做法是让各种哲学观的支持者尽可能地发展他们自己的观点，以他们自己认为合适的方式去做哲学。我认为，长久来看，究竟哪种哲学观带来实际的进步，哪种哲学观停滞不前，这会变得清晰可见。实际上，我认为，哲学中的这种情况与自然科学中的情况很相似，例如物理学中的研究规划，唯一能够进行判决的人应该具有良好物理学训练并且能够理解两种不同的研究规划。一旦他有这种能力，那么他接受的训练几乎一定是有某种偏见的。所以，我认为即使在物理学中我们也不应该期望有中立判决的法官。对于哲学和自然科学来说，我的建议是，人们判定究竟哪个研究规划是行得通的，这需要一个长久的机制。有些研究规划能够自我更新，招募新的成员，占领新的空间，而有些规划虽然也在持续进行，但不断缩减。这并不是由某些完全决定性的论证而实现的，而是由于各自研究规划所获得的不同发展机会。例如，20世纪的哲学观就是把哲学看作澄清。我认为，这实际上并不能有效地建立概念真理与非概念真理之间的区分。这种哲学观遇到过机会，但它并没有把握住那个机会。这就是反对这种哲学观的理由。但我认为，如果这就是你所建议的，那么确实不存在一个完全中立的并且充分了解各方的法官。但我实际上不认为我们需要这样的法官。

陈波：非常感谢！第四讲将是"哲学与思想实验"，我们周四晚上见！

第四讲　哲学与思想实验

时间：2020 年 9 月 24 日

陈波：我们现在开始。今天，威廉姆森教授将给出第四讲"哲学与思想实验"。现在把时间交给威廉姆森教授。你可以开始了。

威廉姆森：好的，谢谢。今天，我将谈论哲学与思想实验。正如我上次所讨论的，实验在现代自然科学的成功中发挥了重要作用，这使得科学革命导致我所说的哲学方法危机。与之相关的讨论是，哲学是否可以获得与自然科学实验相似的东西？实验是否在哲学中发挥作用？在某种意义上，科学实验在哲学中发挥的作用是相对明确的。我在第一讲中已经论证，所有科学知识都为哲学提供一部分证据基础，所以，哲学不必要求它自己的证据是纯粹先天的、反思的或独立于经验的结果。如果你考察当代哲学，你将看到，它以各种方式利用自然科学。例如，在我们讨论时间和空间哲学时，很自然的做法是利用像爱因斯坦狭义相对论这样的物理学理论，没有任何东西阻止这样的做法。实际上，你可以看到，人们利用狭义相对论讨论有关形而上学问题的争论，例如，当下是否实在。类似地，在知觉哲学中，哲学家的通常做法是利用心理学理论、物理学理论或相关学科的理论，这些理论当然为实验证据所支持。因为哲学理论利用了这些理论，这些理论都是基于实验证据的，所以，哲学理论也间接地使用了实验证据。在这个意义上，许多哲学理论虽然是间接地但也非常明显地利用了实验证据。

但我今天想说的不是哲学家使用其他学科的实验，而是哲学家是否自己做实验。很明显，大多数哲学家并不从事于我们所谓真实实验，哲学家更多地从事于思想实验。思想实验有着长久的历史。在西方哲学中，思想实验至少可以追溯到柏拉图。例如，他讨论了古阿斯指环，如果你戴上这个指环，你就会消失不见，于是，对于戴上这个指环的人，他的言行举止是否还要合乎道德？因为即使他做了错事也可以逃避惩罚。这已经是一个思想实验。我认为，这个思想实验既与心理学相关也与哲学相关。在西方哲学史上有很多这样的例子。除了西方哲学，古代印度哲学中也有思想实验，这些思想实验实际上是当代认识论中的盖梯尔式思想实验的先驱。这里，我感兴趣的问题是，思想实验在中国古代哲学中是否发挥作用。许多故事或寓言似乎在中国古代哲学中是非常重要的。或许其中一些故事或寓言扮演了思想实验的角色，但我不确定。如果熟悉中国古代哲学的人能对此有所讨论，这将是有趣的。思想实验是当代分析哲学中的标准方法，它们发挥了各种不同的作用。其中一种重要作用是为全称句提供反例。但我们不必把思想实验看作哲学所独有的，因为思想实验在自然科学中也很常见。实际上，我认为，"思想实验"这个短语主要被用于科学而非哲学。例如，伽利略通过思想实验反驳亚里士多德的运动理论，爱因斯坦追问，如果你乘坐光束，这将会发生什么？这就是思想实验在物理学上所发挥的作用。

但一个令人困惑的问题是，思想实验是如何发挥作用的？当你关注一个全称句，例如，所有天鹅都是白的，然后你发现一只黑天鹅，于是，黑天鹅对这个全称句构成反例。但如果你只是想象一只黑天鹅，那么你只是对这个全称句想象出一个反例，而非实际上找到一个反例。想象力究竟在这里发挥了什么作用？显然，如果我们不关心这个关于现实世界的全称句，即所有天鹅在现实世界中都是白的，而是关心这个全称句的必然化形式，即所有天鹅都必然地是白的，那么想象一只黑天鹅会给出一个反例，因为这是在论证黑天鹅的可能性，即如果黑天鹅是可能的，那么并非所有天鹅都必然地是白的。但我们需要更清晰地考察想象力与可能性之间的关联。这就涉及一个更普遍的问题，想象力的认知作用是什么？

一个有用的区分是发现的语境与证成的语境的区分，这个由赖欣巴赫（Hans Reichenbach）做出的区分在科学哲学中是众所周知的。发现的语境是指一个想法第一次出现的语境，而证成的语境是指一个想法的正确性得到检验的语境。例如，你或许在喝醉或做白日梦时有了一个想法，但即使你有了这个想法，你仍然需要检验它是否正确。你在喝醉或做白日梦时并不需要检验它，但你在检验时似乎需要投入全部理性力量。我认为，一个很容易达成的共识是，想象力在发现的语境中发挥了作用。没有想象力的科学家显然不能提出新的想法，这方面是没有争议的。一个有趣但困难的问题是，想象力是否在证成的语境中发挥作用？也就是说，想象力不仅使你首先有了一个想法，而且帮助你实际地检验这个想法是否正确。如果思想实验确实为全称句提供反例，那么这在某种程度上意味着，想象力确实在证成的语境中也发挥了作用。因为想象力被运用于思想实验，如果思想实验提供了反例，那么它在证成的语境中发挥的作用就是检验一个全称句的正确性并且通过反例得出一个否定性结论。

现在，我想讨论想象力的一般认知作用，即讨论我们如何在日常生活以及证成的语境中运用想象力。每当人们提到想象力，他们谈论的是想象力在小说或奇幻故事中的作用，其中想象力似乎完全不发挥任何认知作用。因此，想象力的认知作用似乎是一种奇怪的说法。但是，如果你考虑或评价条件句，那么你可以看到，想象力确实发挥了重要作用。假设你评价如下条件句：

如果威廉姆森打喷嚏，那么这次讲演将继续。

对于评价这个条件句来说，一个自然的做法是想象我在打喷嚏，然后考虑这件事情是否会结束这次讲演。显然，这是一个微不足道的打断，这次讲演仍然会继续。假设你评价如下条件句：

如果威廉姆森被土匪绑架，那么这次讲演将会继续。

如果你想象我被土匪绑架，那么这次讲演将无法继续，土匪不会允许我继续讲演，因为他们已经挟持我离开这里。这些都是常见的条件句。我们似乎可以通过想象力非常容易地得出结论，第一个条件句是正确的，而第二个条件句是错误的。或者我们考虑以下两个条件句：

> 如果把盐放进一杯水里，那么它会溶解。
>
> 如果把盐放进一个空杯里，那么它会溶解。

可以很容易地看出，如果既有盐又有水，那么第一个条件句是正确的。但如果杯子完全是空的，那么放进去的盐不会溶解。我们只要通过想象力就能做出评价。在所有这些例子中想象相反的结果也是可能的。你可以想象，我打喷嚏，这使我很不舒服，因此我无法继续讲演。你也可以想象，我被土匪绑架，但他们在挟持我离开时允许我继续讲演。在这两种情况中都可能想象出相反的结果，但这并不是我们通常运用想象力评价条件句的方式，我们是在以实在为导向的意义上运用想象力。

我们基于如果（if）从句给出初始场景从而预期将会发生的事情，我们不是通过演绎逻辑而是通过想象力来做到这一点，因为我们对这个世界的认知关联于我们对即将发生场景的预期而非关联于从全称句推出的结论。更为抽象地说，如果我们评价如下形式的条件句，即如果 P 那么 Q，那么一种典型的方式是，假定 P，然后通过以实在为导向的方式想象从 P 得出的结果，再基于想象的场景评价 Q。想象力在这里发挥了两种作用。一种作用是出于意愿的，即我们想要想象 P，因为我们对 P 感兴趣。另一种作用不是出于意愿的，即在 P 的前提下我们想象将会发生什么，我们的实在感在这里占据主导地位。于是，我们运用想象力从而得到启发。粗略地说，我们可以确定，我们对整个条件句的态度与对其后件的态度是相同的。因此，如果我们在假定 P 的前提下接受 Q，那么我们也接受整个条件句。如果我们在假定 P 的前提下对 Q 保持中立，那么我们也对整个条件句保持中立。

这看起来非常平凡，但实际上，这有非常实质性的启发。在特定情况下，这种启发或许有问题。但当我们缺少我们所需要的额外信息时，我们会凭借本能回答问题。我认为，一种以实在为导向的方式是，在假定 P 的前提下评价 Q，这个想象过程非常类似于如下实际过程，有人告诉我们 P 是实际情况，我们在已经知道 P 的情况下评价 Q。例如，如果你突然知道某个政治家生病了，那么你考虑这将会带来什么后果。你知道这件事是因为有人告诉你这件事。于是，你获得新信息的方式非常类似于在假定这个政治家生病的前提下通过想象将会发生什么事情从而获得新信息的方式。因此，在评价条件句时运用想象力，通过新信息更新信念，这两者是紧密联系的。如果说，通过新信息更新信念是一种在线形式，那么也可以说，运用想象力评价条件句是一种离线形式。对条件句的评价是一种离线形式的信念更新，这非常接近于拉姆塞对条件句的测试。概括地说，如果我们能够可靠地通过新信息更新我们的信念，也就是说，我们有了新信息，我们善于更新信念，并且我们的更新是比较准确的，那么对条件句的接受很可能是可靠的。信念更新与接受条件句，这两者是紧密相关的。这表明，想象力在评价条件句时所发挥的作用实际上是以实在为导向的并且与更新相关。因此，想象力不仅在发现的语境中发挥认知作用，而且在证成的语境中发挥认知作用，这就并不令人惊奇了，因为它实际上在评价条件句的正确性时发挥了作用。

对于思想实验的运用来说，我们实际上需要区分不同种类的条件句。我认为，这是英语与汉语的差异所在。不同种类的条件句之间的差异在英语中通过动词表现出来，但这种差异在汉语中是由语境传达的。当然，我将说明英语中的差异。一种条件句通常被称为直陈的，例如：

> If my enemies tried to kill me yesterday, they failed.（如果我的敌人昨天想杀我，那么他们失败了。）

这显然是真的，因为我现在还活着，如果他们杀了我，我就不会在这里做讲演了。另一种条件句是反事实的，例如：

> If my enemies had tried to kill me yesterday, they would have failed.（如果我的敌人昨天想杀我，那么他们会失败。）

这并不明显为真，因为我的敌人或许非常强大，如果他们昨天想杀我，那么他们或许会成功。但我知道，既然我还活着，这就意味着，他们昨天并没有杀了我。这两种条件句是非常不同的。简单地说，它们之间的差别是，反事实条件句把现实性悬置起来，而直陈条件句不把现实性悬置起来。因此，为了评价直陈条件句，我们需要谈论现实世界，我在这个现实世界中做讲演，所以显然我的敌人昨天没有成功地把我杀了，但为了评价反事实条件句，我们不需要把现实世界看作固定不变的，我们也不必谈论现实世界，我们只是在谈论可能世界，我的敌人昨天在这个可能世界中想要杀了我。注意，可能世界不是现实世界，它可以是与现实世界非常不同的世界。因此，在评价反事实条件句时，我们远离现实世界，但在评价直陈条件句时，我们并不远离现实世界。这使得反事实条件句比直陈条件句更适合于思想实验，因为在思想实验中，我们并不想受到现实世界实际情况的打扰，我们只想考虑可能世界中发生的情况，这种可能世界或许是一种科幻世界。如果我们把想象力的认知作用以及对条件句的评价运用于思想实验，那么与思想实验相关的条件句应该是反事实的。但想象力似乎在直陈条件句与反事实条件句这两种情况中都发挥了重要作用，只不过它在这两种情况中的运作方式略有不同。

我给出一个简单的例子，其中的结构相对清晰一些。假定道德哲学家做出如下陈述：

> （陈述）必然地，如果一个行动发生后所有活着的人都感到幸福，那么这个行动是善的。

这是来自一个道德哲学理论的陈述。我们用思想实验来评价这个陈述。我们可以通过想象力反事实地假定如下场景：

> （场景）只有两个人，其中一个是施虐狂。这个施虐狂谋杀了那个非施虐狂，这个施虐狂对此感到幸福。

我们要做的就是在这个场景中评价这个行动是不是善的。我们要做出的判断是，谋杀发生后是否所有人都感到幸福。因为谋杀发生后只有一个人活着，即那个施虐狂，所以这个场景蕴涵着所有人都感到幸福，但这个谋杀行动并不是善的。

> （不善）谋杀发生后所有人都感到幸福，但这个谋杀不是善的。

这个唯一活着的人不是善的,这是我们从反事实场景中得出的判断。这是在假定的基础上做出的诚实判断,在现实中或许不存在这样的谋杀。于是,我们根据我前面所说的那种启发给出一个反事实条件句:

　　(最终裁定)如果(场景)成立,那么(不善)也成立。

我们可以无条件地接受这个反事实条件句,即在反事实地假定(场景)的前提下做出一个直言判断。(最终裁定)本身是无条件的,并不以反事实假定为前提,这与我们想要评价的(陈述)相关。

　　但我们实际上非常需要注意这种相关性是如何建立的。(最终裁定)似乎对我们想要评价的(陈述)构成反例。但是,首先,只有(场景)是可能的,它才对(陈述)构成反例。如果我所提出的是一种不可能的情况,那么这是无意义的,因为这个道德哲学理论是在谈论必然性,这种必然性是在所有可能情况中都成立的,我们并不关心在不可能情况中发生的事情。但很清楚的是,施虐狂谋杀非施虐狂的场景是可能的,这至少是形而上学可能的。我的意思是,这并不是从实践的角度看什么是实际发生的事情,而是在根本上看什么是有可能发生的事情。因为(最终裁定)是说,如果(场景)成立,那么(不善)成立,所以(场景)的可能性似乎传递到(不善)的可能性。如果(不善)成立,那么由此逻辑地得出(陈述)是假的,因为(不善)构成了(陈述)的反例。如果(不善)是可能的,那么因为(陈述)是针对所有可能情形而做出的,所以,从(不善)的可能性逻辑地推出(陈述)是假的。这正是我们想要的,因为我们在寻找反例。因此,我们找出了(陈述)的反例。

因此，我们能够从这个条件句得到一个道德哲学理论的反例。这里实际上存在着推理，即根据反事实条件句从（场景）的可能性推出（不善）的可能性。我们做出的推理是：

> X 可能成立。
>
> 如果 X 可能成立，那么 Y 可能成立。
>
> 因此，Y 可能成立。

这就是包含 X 和 Y 的推理形式。这个推理是有效的，因为反事实条件句实际上是说，在所有 X 成立的相关可能性中 Y 都成立。X 可能成立这个前提给出了 X 成立的相关可能性。因此，Y 在这种相关可能性中也是成立的。这是一个好的推理，但我们需要考虑它究竟是如何发挥作用的。

然而，根据上面的论证，问题又回到我们如何知道（场景）是可能的。（场景）包含虐待狂、非虐待狂以及谋杀。（场景）显然是可能的，但我们仍然需要思考我们是如何知道这一点的。如果（场景）是不可能的，那么任何如下形式的反事实条件句都将空洞地为真，即如果（场景）是可能的，那么 Z 是可能的。这就是说，它是真的，这并不是基于有意义的理由，而是因为不存在相关的可能性使得（场景）成立。我们只需要关于（场景）的假的条件命题。这是很容易找到的，例如，如果（场景）可能成立，那么 $1+1=17$ 也可能成立。这显然是假的。（场景）成立的情形并不是 $1+1=17$ 的情形。所以，我们得到一个假的反事实条件句。这就意味着，（场景）不是不可能的，因为如果它是不可能的，那么整个反事实条件句会空洞地为真。如果我们运用我们的能力判定，这个反事实条件句是奇怪的，那么我们知道这个条件句是假的，我们也知道（场景）是可能的。因此，如果我们有能力评价反事实条件句，那么离线的思考足以让思想实验发挥作用。这一点很重要，因为哲学家经常把思想实验看作非常神秘的，好像涉及某种奇怪的能力，或者好像我们的心灵驰骋到可能世界，但我们实际上只需要评价反事实条件句的能力。反事实条件句并不是哲学所独有的，而是在日常生活中无所不在的。只要我们有能力评价反事实条件句，我们就在根本上有能力做思想实验。因此，至少对于简单的情况来说，我关于思想实验如何发挥作用的说明并不是通过神秘工具而是通过评价反事实条件句的日常认知能力。

现在，我想谈论对思想实验的挑战，这与本次讲演也是相关的。这个挑战不仅与思想实验有关，而且与真实实验有关，所以，这个挑战在双重意义上与哲学中的实验问题有关。2001 年温伯格、尼克斯和斯蒂奇发表了一篇论文，这些作者以实验哲学家自许，他们批评思想实验在哲学中的运用。他们把思想实验在哲学中的运用看作对哲学直觉的依赖。这种看法与我前面对思想实验的看法非常不同，我对思想实验的说明并没有提及直觉。我想讨论他们对思想实验的批评以及他们所做的真实实验。他们的真实实验是考察人们的哲学直觉，或者，询问人们对各种思想实验的判断。他们所选取的样本只有中等大小。在大多数情况下，他们测试哲学直觉的对象不是职业哲学家而是哲学专业的学生，因为他们想知道，哲学家尤其是西方男性哲学家对思想实验所做的判断是否得到人们的广泛赞同。他们的实验结果似乎表明，不同种群或性别对思想实验所做的判断是不同的，中国人以及东亚人的判断不同于西方人的判断，女人的判断不同于男人的判断。这就表明，对职业哲学家在思想实验中所做判断的赞同只是业内人士人口统计学的结果，或许在某种程度上与业内人士的社会状况相关，但无论如何，与判断本身的可靠性无关。这种对思想实验的批评被称为实验哲学的消极方案。实验哲学也运用类似的方法研究所谓哲学直觉的轮廓，由此找出普通人对各种假设情况的判断，这不是在批评思想实验，而是找出影响普通人判断的相关变量。这被看作实验哲学的积极方案。

　　虽然消极方案不是实验哲学最主要的部分，但它是最受关注的部分，因为它使得一个非常重要的哲学方法成为有问题的。消极方案现在对主流哲学造成的挑战不像 10 年前那样严重了，其中一个主要原因是，近年来，当重复进行实验时，那些与种族或性别相关的差异并没有重复出现。这一点早就为实验心理学家所熟知。但哲学家在首次进入这个领域时并没有完全意识到这些陷阱。实际上，我听说，在中国特别是香港，在重复进行实验时，并没有得到完全相同的结果。这或许是因为人们的动机由于不相干的因素而发生变化。例如，许多在美国大学学习理工科的中国学生在哲学课程上参加了实验哲学的调查问卷，但他们是由于学位的要求而学习哲学导论课程，并不是因为他们真的对哲学感兴趣。因此，如果人们的动机不充分，那么他们的回答是随意的，因为他们并不关心，只是想尽快完成调查表格。心理学实验有一个众所周知的特征，填表人的动机越不充分，他的答案就越随意。因此，如果大多数理工科的中国学生讨厌哲学课程，那么他们的答案会不同于职业哲学家的结论，这仅仅是因为他们对这个问题不感兴趣。这个结果与哲学家判断的正确性无关。另一种情况是，有些人没有受过哲学训练，当他们被问及哲学方面的专业术语时，例如语言哲学中的"指称"，那么这种测试也是不可靠的，因为他们对这些术语的理解或许不同于哲学家的理解。此外，就我所知，新的跨文化证据表明，对思想实验的判断经常反映出人类普遍的认知能力，例如，对知识和无知的归属能力。

实验哲学的另一个问题是，实验哲学家把对思想实验的判断看作对哲学直觉的依赖。这种看法并非是不公正的，因为即使偏爱思想实验的人也经常把判断看作哲学直觉。但当你进一步探索思想实验时，这种看法是非常有误导性的。回到前面的例子，其中的哲学直觉是非反思的判断，即在假定（场景）成立的前提下（不善）成立。这只是对人类道德判断能力的离线运用。如果你在现实生活中遇到施虐狂谋杀非施虐狂，你会说这个谋杀是不善的。如果你没有在现实生活中亲身经历这种谋杀，但你将其看作想象中的假设场景，那么你也会以离线的方式做出相同的判断。这只是一个日常道德判断，并非是哲学所独有的，因为哲学家和普通人都进行道德判断并且谴责谋杀行为。把这种判断看作哲学直觉是非常有误导性的，因为这并不是哲学所独有的。实际上，如果你考察与认识论相关的思想实验，那么相应的判断都涉及知道这个动词，但这是一个日常词汇，并非只有哲学家才能使用这个词汇，所以，相应的判断也并非哲学所独有。思想实验是想象中的而非现实中的，这实际上并不造成困难，因为没有特殊理由认为我们对想象情形的离线判断比对实际情形的在线判断更不可靠。如果我们的在线判断是不可靠的，那么我们的离线判断很可能也是不可靠的。例如，如果我们不善于确定道德上的善与恶，那么我们在做思想实验时也不善于确定善与恶，不能给出准确回答。这将是人类道德能力的普遍问题，而不是专属于哲学的问题，也与想象力在思想实验中的作用无关。一般来说，如果我们不善于在现实中对一个领域做出判断，那么我们也将不善于在思想实验中对这个领域做出判断。但这种质疑并不是实验哲学家对哲学家在思想实验中所做判断的质疑。这些判断的内容非常类似于在实际生活中所做的判断，并不是哲学所独有的。

　　上述说法也适用于其他思想实验，其中的判断使用了"知道""意向""原因"等。这些都不是哲学专有术语而是日常生活以及其他领域中的常用语词，所以，关于这些内容的直觉也不是哲学所专有的。消极方案的困难在于，它带来的挑战是针对非反思判断而不是局限于思想实验，但这种批评能够运用于实际生活中的所有在线判断吗？实际上，即使有意识的反思判断也依赖于反思的每一步所进行的非反思判断。例如，如果你进行加法这样的数学计算，那么这是反思性的，因为你在计算时不得不思考你正在做什么。但计算过程是由各个步骤构成的，每个步骤本身并不是反思性的。按照这种方式，所有反思判断似乎都依赖于非反思判断。如果非反思判断有问题，那么反思判断也有问题，因为反思判断是由非反思判断构成的。因此，消极方案通过质疑作为哲学直觉的非反思判断从而质疑反思判断，这间接地对所有判断构成挑战，这使得消极方案本身成为某种普遍怀疑主义，但实验哲学的追随者并不想成为普遍怀疑主义者。如果他们是普遍怀疑主义者，那么这将威胁到科学，而实验哲学家热爱自然科学，他们想让哲学更接近科学。

另一个与实验哲学特别是消极方案有关的问题是，实验哲学的追随者并没有说明哲学是如何在他们给出的约束条件下运作的。假定我们接受实验哲学家提出的约束条件，即我们并不依赖于我们在思想实验中的判断，相反，我们通过实验方法找出普通人对各种情形的判断。这种实验方法告诉我们的或许是大多数人都赞同的判断。假定大多数人都认为谋杀是错误的，但这只是人们信念的心理学事实，根本不是哲学结论。如果人们在道德哲学中关心的是道德结论，那么他们想要确定什么是对的以及什么是错的，也就是说，他们并不关心什么是大多数人都认为是错的，而是关心什么本身是错的。大多数人都认为它是错的，这并不意味着它本身就是错的。为了弥补间隙，我们需要一个额外的前提，即大多数人都赞同的命题是真的。但我们有什么权利增加这个前提呢？我们为什么应该接受这个前提呢？当然，我们可以对这个前提做更多实验，我们可以询问人们对这个前提的看法，或许大多数人会赞同这个前提，换言之，大多数人会赞同大多数人所赞同的命题是真的。然而，即使得到这样的结论，这仍然是一个心理学结论而非哲学结论。我们需要的结论是，这个额外前提是真的，但我们得到的只是，大多数人赞同这个前提是真的。这里存在着某种无穷倒退。如果我们对道德问题感兴趣，那么关键不在于大多数人所想的而在于事实本身。因此，这种实验并没有为我们感兴趣的问题提供信息，它只是在偷换概念。它给出的信息与心理学问题有关，并不与我们在道德哲学中感兴趣的问题有关。基于上述理由，我认为消极方案是失败的，它并没有给思想实验方法带来挑战，也没有为思想实验方法提供一种可行的替代品。实际上，哲学中的思想实验方法并不是被用来回答心理学问题，而是被用来回答道德哲学问题或认识论问题。

虽然消极方案失败了，但它确实包含一个真正的洞见，即易错性。易错性方法是指，输入的微小错误导致输出的巨大错误。在我们从事某种认知事业时，微小的错误或许导致非常严重的认知后果。易错性方法的例子是朴素证伪，这或许是对波普尔科学哲学的不公正简化。朴素证伪是在单一反例的基础上对猜测的拒斥。从逻辑的角度看，朴素证伪是正确的。如果一个理论是某种全称概括并且它有反例，那么这个理论是假的。所以，一个反例足以表明这个理论是错误的。但问题是，如果这个反例依赖于不可靠的数据，那么这个理论或许是真的。如果我们使用的反例依赖于我们犯下的错误，那么拒斥一个真的理论，就是危险的做法。如果我们认为一个反例足以反驳一个理论，那么我们将错失一个现成在手的正确理论，并把时间浪费在其他各种错误理论中。我们对这个正确理论的拒斥是由于我们错误地选取了反例。朴素证伪是一种易错性方法，因为它根据不可靠数据中的错误而拒斥了一个正确理论，这足以造成认知灾难。哲学家在使用思想实验方法时就涉及某种朴素证伪，其中反例来自思想实验而非真实实验。在哲学中运用思想实验方法就是对某种哲学猜想的拒斥。也就是说，如果一个思想实验方法似乎提供了一个反例，那么一个哲学猜想被拒斥。因此，思想实验方法在哲学中的运用是易错的。我们可能在错误的思想实验的基础上拒斥一个正确的哲学猜想。

我认为，思想实验中的怪异错误并不会导致严重问题。所谓怪异错误是指只有一个人犯下的错误，例如这个人在有些疯狂或心情不好时犯下的错误。一个包含思想实验的哲学论文在被接受发表之前已经为哲学共同体中的许多成员所考虑，对于它是不是一个好的反例，已经有过许多讨论，所以，同行评价会把这种个别人的错误过滤掉。严重的问题是在判断一个思想实验时犯下的错误，这是由于人类普遍认知能力的缺陷，这种缺陷导致人们都赞同对这个思想实验的错误判断。所以，我们不得不担心的是来自人类思考或认知方式本身的错误，而不是来自特定个人的错误。值得注意的是，通常的实验哲学方法并不能识别出人类普遍认知能力中的缺陷。正是由于这种缺陷，虽然我们大多数人都赞同对思想实验的判断，但这个判断可能是错误的。所以，问题在于，人类普遍认知能力是否可能有缺陷。实际上，这是有可能的，因为这种缺陷有可能来自无意识的天性启发或者草率的非反思判断。这些天性启发在通常情况下是可靠的，但并不是 100％可靠。人类确实使用这些天性启发，但有时又由于这些天性启发而犯错。

有一个来自知觉的例子。我们经常把颜色看作对形状的指引。如果在红色与绿色之间存在清晰边界，那么我们倾向于将其看作对象的边界。但这在视觉系统的运作中导致很糟糕的后果。如果我们把颜色看作对形状的指引，那么大多数时候我们会得到精确的结果，但有时会得到错误的结果。实际上，这被运用于军事伪装，物体通过着色而得到伪装，颜色的边界并不对应于形状的边界。军事伪装正是利用了人类知觉系统运作机制的缺陷。你或许将其看作小差错，但我认为这是一种缺陷。或许我们的视觉系统利用天性启发而变得高效，这种天性启发只是造成相对微小的错误，不大可能造成哲学上的错误。但问题在于，天性启发是否有可能让我们在思想实验上犯错。

实际上，我前面所提到的对条件句的评价就是一种天性启发。这种启发并不是对全称知识的运用，而是以实在为导向进行在线的或离线的更新的倾向。虽然这种启发在大多数情况下是可靠的，但实际上是有问题的，它在特定情况下会导致不一致。我不想讨论细节，如果你对这个问题感兴趣，可以参考我几个月前出版的新书《假设与告诉：条件句的语义学和启发式》。这种有问题的启发也会在思想实验中导致错误。实际上，我认为，这就很难得出有关条件句语义和逻辑的可靠结论，因为基于这种启发对什么是正确的条件句做出的判断并不是100％可靠的。我们实际上曾经拒斥了一个正确的条件句理论，即现代命题逻辑的真值函数条件。所以，问题在于，如果由于人类普遍认知能力的缺陷而在思想实验中犯错，那么我们如何识别出这些缺陷？我并不想说思想实验是坏的方法，但我想强调的是，所有人类认知能力都是可错的，想象力作为一种认知能力当然也继承了这种可错性。所以，我们的思想实验有时候将不可避免地犯错。重要的是，当我们成为易错性的受害者时，即当我们基于思想实验拒斥了一个正确的哲学理论时，我们应该找到一些识别方法。有启发的条件句为我们提供了一种识别方式，即想办法找出一个条件句的内在不一致性，所以，这个条件句不是完全正确的。为了做到这一点，我们不得不对这种启发进行分析和表述，由此判断它的逻辑性质以及是否一致。有时候这种启发并不导致不一致性，或许是其他地方出现错误。所以，我们需要在哲学中使用其他方法从而评价思想实验。

一般来说，一个领域中得到确证的理论有助于我们识别天性启发中的缺陷。一旦我们有了一个更确证且更普遍的理论，我们就应该质疑通过单个思想实验反驳这个理论的尝试。或许这个普遍理论是正确的，而这个思想实验是错误的。所以，这种冲突是在警告我们有可能犯错了。所以，我将在下一讲谈论如何在哲学上获得并且评价普遍理论，换言之，如何比较同一领域的不同哲学理论从而判定哪一个更好。为了保持某种平衡，我们既愿意在理论层面工作也愿意在思想实验层面工作。我想强调的是，我并不拒斥思想实验的运用，我认为思想实验是有价值的，它们是证据的重要来源，但与所有证据来源一样，它们也是可错的。所以，我们不能单纯地依赖思想实验方法，我们也需要其他方法。如果一种方法有问题了，那么其他方法可以给我们报警。

陈波：感谢威廉姆森教授的讲演。现在我们进入评论和提问环节。我简单介绍一下与谈人和提问人。李麒麟博士于 2013 年在加拿大麦克马斯特大学获得博士学位，他现在是北京大学哲学系助理教授，他的研究领域包括认识论和语言哲学。王洪光博士目前在北京大学哲学系做博士后研究，她也是《哲学的哲学》一书的中文译者之一。

　　李麒麟：蒂莫西·威廉姆森教授在其学术讲演"哲学与思想实验"中向我们系统展示了"思想实验"作为一种十分重要的方法论工具在科学和哲学研究（特别是科学理论和哲学理论的建构与推进）过程中的作用与效果，辨析与澄清了思想实验的一系列核心特征，指明了思想实验作为一种特定类型的反事实条件推理的本质，特别指出了思想实验并不是借助某种带有神秘色彩的特殊的哲学性的能力所建构出来的案例，而是我们在现实生活中从事各种理性判断所运用的那些能力（例如，威廉姆森教授在讲演中多次强调，我们在伦理学相关思想实验中用来形成相关判断的能力**就是**我们在现实生活中形成道德、伦理判断所需的那些能力），在给定案例中通过反事实推理机制发挥同等效力并由此得出相关思想实验案例作为某种目标理论的反例的判断。威廉姆森教授关于"思想实验"本质特征的分析与说明，为我们提供了一种更为系统、更为统合的理论刻画，这种理论刻画明显区别于以欧内斯特·索萨（Ernest Sosa）、保罗·阿廷·博格西安等学者为代表的将思想实验的本质及效力归结为某种理智直觉的理论主张①，威廉姆森教授关于"思想实验"本质特征的理论主张在广义上类似于杰西卡·布朗（Jessica Brown）、雨果·梅西耶（Hugo Mercier）与达恩·斯珀伯（Dan Sperber）等学者所主张的推理主义的立场，即"思想实验"并不

---

　　① 应当提醒读者注意的是，虽然我在此将索萨教授和博格西安教授都归为关于"思想实验"本质是理智直觉理论立场的代表人物，但是，在理智直觉如何起效方面，索萨教授和博格西安教授还是存在着不同判断的，索萨教授强调理解（understanding）对于相关理智直觉生成上的作用，而博格西安教授则认为理智直觉并不总是依赖于理解，而是本质上一种基于认知分析性（epistemic analyticity）而起效的认知能力。

仅是通过案例来引发某种理智直觉来作为反驳某一目标理论的判据，而且是通过案例，结合相关目标理论的分析，通过推理得到某种不可接受的结果来作为相关目标理论的反驳；在这种意义上，相关的"思想实验"就构成了相应目标理论的"反例"。不过，在此值得强调的是，威廉姆森教授关于"思想实验"的理论刻画，相较于上述理论主张而言，其理论特色主要表现于关于反事实条件推理模式的细致刻画以及关于理性判断能力在现实场景与思想实验案例场景中效力的一致性，相关理性判断能力在现实世界与思想实验中的起效模式可以分别被刻画成"在线模式"与"离线模式"的不同的运行状态的差异。上述充满理论吸引力的分析与陈述至少部分地构成了威廉姆森教授关于"思想实验"理论的不可或缺的理论魅力。①

　　作为关于威廉姆森教授此次学术讲演的点评与回应，首先我希望为威廉姆森教授的讲演做出一些关于中国哲学中的思想实验案例的补充。正如威廉姆森教授所推断的那样，思想实验作为一种重要的理论工具，在人类的理论探索事业中具有普遍的效力，中国传统哲学的研究中，同样存在着经典的思想实验案例。我在此分别从中国的儒家思想文献与道家思想文献中各举一例。孟子作为儒家传统中的"亚圣"，在讨论"不忍人之心"普遍存在的时候，利用了思想实验的方式来提供相关理论支持：

　　　　孟子曰："人皆有不忍人之心。……所以谓人皆有不忍人

---

　　①　关于此处所涉及的相关理论立场的展示与分析，可以参见我在《现代外国哲学》即将发表的论文《思想实验的效力与模态化的知识论》中的相关讨论。

之心者，今人乍见孺子将入于井，皆有怵惕恻隐之心，非所以内交于孺子之父母也，非所以要誉于乡党朋友也，非恶其声而然也。由是观之，无恻隐之心，非人也；……恻隐之心，仁之端也……"（《孟子·公孙丑上》）

很明显地，孟子利用"孺子将入于井"的假想的案例场景，引发读者对于"怵惕恻隐之心"的实际的体贴与感受，从而确证"不忍人之心"的普遍存在，并且澄清了作为"仁之端"而存在的这种"恻隐之心"，其存在并不依赖于我们是否与"孺子"父母存在着朋友感情或者是我们出于追求名誉的虚荣或者是单纯担心背负见死不救的名声①等，从而确立了"**人皆有不忍人之心**"的普遍陈述为真。而在中国道家哲学的传统中，庄子则更是一位善于利用各种比喻、寓言来展示其哲学思想的典范代表，在这里，我仅仅选取庄子最为著名的"庄周梦蝶"为例：

> 昔者庄周梦为胡蝶，栩栩然胡蝶也，自喻适志与，不知周也。俄然觉，则蘧蘧然周也。不知周之梦为胡蝶与，胡蝶之梦为周与？（《庄子·齐物论》）

按照某种文本解读与哲学诠释倾向②，庄子借助梦境中相关"感受经验"的鲜活与生动，通过"庄周梦蝶"的案例建构出一种关于知识的怀疑论场景。在这种场景中，我们会意识到（我们自认为）获

---

① 汉儒赵岐在注释中将"非恶其声"解释为"非恶有不仁之声名"。

② 根据不同的文本解读与哲学诠释，"庄周梦蝶"的案例还可以被解读为探讨真实性、实在论与反实在论、相对主义等哲学论题的思想实验案例。

取知识的渠道在其感受经验的层面是与梦境中那种"感受经验"在其相关的鲜活性、生动性等属性上，在内在视角下是无法分辨的，如果我们认为梦境中的所谓"感受经验"并不能为我们提供任何知识的话，那么，我们就不具备内在视角下可行的官能或者能力来区分梦境与现实，这种情况下，"庄周梦蝶"的思想实验作为一种认知上的怀疑论场景，就会对我们的知识造成威胁——如果我们不能有效区分和排除相关怀疑论场景，我们便不能合法地获得知识了。

值得再次强调的是，我在此仅仅是通过举例的方式，来例证在中国哲学传统的理论研究与理论探索中，"思想实验"同样起到了不可忽视的作用，同样具有重要的理论价值与意义。① 上述内容可以作为威廉姆森教授关于"哲学与思想实验"学术讲演所涉及的"思想实验"在不同哲学研究传统和领域中是否普遍存在的一种补充或注脚。

接下来，我希望借助物理学中的迈克耳孙-莫雷实验（Michelson-Morley experiment）来示例说明威廉姆森教授关于"思想实验"的理论作为一种统合性理论所具有的优势。在我看来，威廉姆

---

① 在这里需要提醒读者注意的是，一旦我们对孟子所举的"孺子入井"的思想实验案例与庄子所举的"庄周梦蝶"的思想实验案例就其在各种哲学理论建构和探索中所扮演的角色进行更为细致深入的分析的时候，我们会发现"思想实验"在哲学理论建构和探索中的角色可能**并不仅仅**局限于以反事实条件推理的方式呈现相关目标理论的反例——一些"思想实验"的案例很可能还扮演着对某些目标理论提供正面支持性证据的角色，而这种正面支持性的证据在某些情况下并不是由推理（当然也就更加谈不上是反事实条件推理）生成或者得出的。相关的讨论，我将在最后一部分的评论内容中进一步展开。

森教授的相关理论的统合性特征并不仅仅表现在刻画内容或者理论探讨范围上的综合性，更重要的是，借助"在线模式""离线模式"等理论资源，威廉姆森教授为我们理解理论探索与理论建构的实践提供了更为融贯的解释。接下来，我就尝试通过迈克耳孙-莫雷实验为例来简要展示威廉姆森教授的理论在相关解释层面的优势。迈克耳孙-莫雷实验的设计初衷是验证作为光的传导媒介的"以太"存在与否，这个实验中包括按照相关理论构造思想实验，并在相关思想实验中推导出理论所预期会产生的可观察的结果；然后按照这种被预测出的可观测结果，物理学家在现实世界中设计相关仪器设备来检验相关结果是否出现，从而确诊相关理论承诺是否成立。按照"以太"理论，如果光的传播媒介是以太，由于地球围绕太阳公转，就会引起所谓"以太风"，而"以太风"会进而对光的传播造成影响，产生可观测的相位差异；而迈克耳孙干涉仪就是设计用以探测相关现象的物理仪器；而实验结果发现相关理论预测的可观测结果并不存在，物理学家也就此证明了作为光的传导媒介的"以太"并不存在。在这里，相较于威廉姆森教授所举出的伽利略通过思想实验的方式驳斥亚里士多德关于自由落体的运动理论的案例来说，伽利略的相关论证是纯粹的"思想实验"，不必通过真实实验的检验；而迈克耳孙-莫雷实验则是有机地结合了思想实验与真实实验验证的相关环节，在这种理论探索中，物理学家们并不是在"思想实验"环节启动了某种神秘的理智直觉，而在真实实验验证环节又启动了其他类型的理智能力与认知能力。关于迈克耳孙-莫雷实验的真实的解释正如威廉姆森教授所指出的那样，整个理论探索与研究的过程中，物理学家们运用的是同样的认知能力，其不同阶段的差异则主要是"在线模式"与"离线模式"的区分，在"思想实验"的推理环节、实验仪器的设计环节、实验验证的测定环节，相关认知能力与理智能力恰恰是贯穿始终的；也正是在这种意义上，威廉姆森教授关于"思想实验"的统合性理论为我们提供了令人满意的理论解释。

最后，我将尝试针对威廉姆森教授的"哲学与思想实验"的学术讲演提出一些问题，期待能够得到威廉姆森教授的澄清与回应，从而帮助我们更为充分地理解与把握威廉姆森教授关于"思想实验"的相关理论特征和丰富的理论内涵。这部分内容又可以进一步细分为如下的两组问题：第一组主要包括威廉姆森教授在讲演中关于"实验哲学"论述的澄清性问题；第二组主要涉及"思想实验"在科学和哲学的理论探索、理论建构过程中所可能扮演的、可能会超出威廉姆森教授提供的反事实推理刻画、超出作为目标理论的"反例"的更为复杂的理论角色的问题。接下来，就让我们依次展开相关的问题讨论。

在讲演中，威廉姆森教授关于"实验哲学"的理论立场提出了一些理论批评，我们在此主要关注的是如下两种批评：（1）威廉姆森教授指出，"实验哲学"对于哲学家在"思想实验"中所引出的或者所依赖的所谓"哲学直觉"的批判有可能会导致某种最终会危及科学的怀疑论立场。这主要是因为，如果要求实验哲学家对其所批判的"哲学直觉"进行澄清的话，实验哲学家就很有可能将其所从事的批判事业转化为对于一般意义上不加反思的判断的批评，而这种批评有可能转化为对于全部判断的间接批判，伴随着进一步的概念澄清，"实验哲学"的批判立场很可能会导致一种危险的怀疑论立场。（2）威廉姆森教授指出，"实验哲学"的研究在方法论上会导致某种不可接受的无穷倒退。这是因为，"实验哲学"在研究过程中所收集的证据只能表明"对于某一给定陈述或者主张 P，人们大多数采取的是如此这般的态度或判定"。然而，这些数据却不足以证明"该陈述或者主张 P 是真的"。如果实验哲学家希望提供某种连通上述两方面内容的"桥接理论"（bridging theory）或者某种可以让实验哲学家从"对于某一给定陈述或者主张 P，人们大多数采取的是如此这般的态度或判定"推出"该陈述或者主张 P 是真的"前提，那么我们对这种"桥接理论"或者相关前提又可以询问其是不是真的？那么，这又似乎需要引入进一步新的"桥接理论"或者新的前提……相关质询似乎可以无限地进行下去，那么，"实验哲学"的研究在方法论上就会陷入无穷倒退之中。在这里，我希望向威廉姆森教授寻求澄清的问题也可以分成如下两个方面：对于第（1）种批评意见，威廉姆森教授是否认为，"实验哲学"出现该问题的理论症结是实验哲学家错误地将"思想实验"的本质特征归结为某种神秘的"哲学直觉"而造成的呢？进而，我想知道的是，"实验哲学"能否在放弃"哲学直觉"的观念之后，依旧可以保持其基本的精神实质呢？例如，"实验哲学"是否可以被转变成关于某种（反事实条件）推理的有效性的研究与批判的理论呢？对于第（2）种批评意见，威廉姆森教授是否认为，"实验哲学"可以通过对相关的"真值"论题进行悬置来规避无穷倒退的困境呢？例如，实验哲学家可以不必直接探讨相关陈述或者主张是不是真的，而是寻求关于"对于某一给定陈述或者主张 P，人们大多数采取的是如此这般的态度或判定"的某种自然主义的解释呢？这种解释可能是通过刻画群体意义上的演化优势的方式来达成的，而演化优势可以在外在的意义上与相关陈述或者主张的真值挂起钩来（换言之，演化优势的实际获得意味着我们持有的相关陈述或主张事实上或者在外在主义的意义上是真的，而实验哲学家并不需要构造进一步的理论来辩护相关陈述或主张的真是如何被确认与识别的）。又或者，"实验哲学"能否借鉴当代知识论研究中关于辩护（justification）的无穷主义理论的某些洞见来指明相关无穷倒退并不是恶性的，从而消解掉第（2）种批评意见呢？我期待威廉姆森教授通过上述问题的澄清与回应，加深我们对上述理论争议的理解与把握。

我最后提出的问题是关于"思想实验"在理论探索、理论建构中所扮演角色的可能的丰富性的讨论。在讲演中，威廉姆森教授更多是通过案例与分析相结合的方式，向我们展示了"思想实验"作为一种反事实条件推理的手段，可以构成对于某一目标理论的反例，从而要求相应目标理论进行进一步的改进或者指明相关理论被严重地挫败了。在这种意义上，威廉姆森教授主要向我们展示的是"思想实验"所具有的推理性特征以及在理论推进层面所起到的批驳或者消解等负面的作用。然而，在我们的哲学研究实践中，"思想实验"似乎还有超出威廉姆森教授上述刻画之外的起效方式——在某些情况下，某一"思想实验"案例可能被意图扮演的是对某种理论立场的支持性的正面作用①；在另一些情况下，某一"思想实验"案例可能成为若干竞争理论都需提供理论解释的"数据"而并不针对这些出于竞争关系中的任何一种理论构成真正的反例；还有一些情况，某一"思想实验"案例并不是通过推理的方式来形成对于相应理论的支持性的正面作用的。而关于这些情况的思考，有可能使我们认识到"思想实验"案例在哲学研究与自然科学研究中所起作用的差异。接下来，我将依次来对上述的可能情况展开一些进一步的说明。

在当代知识论的讨论中，基思·德罗泽（Keith DeRose）所构造的一组"银行"案例②被视为支持关于"知识"的语境敏感性的语境主义的重要"证据"③。这组案例的内容如下：

银行案例 A：

基思和他的妻子莎拉在周五下午开车回家。他们计划在回家的路上去银行存工资。但当他们开车经过银行时，他们发现，正如周五下午经常出现的那样——银行里面的队伍非常

---

① 在这里，我需要感谢威廉姆森教授的提醒，我需要澄清的是，此处我们所讨论的"支持性的正面作用"主要不是在琐屑的意义上来使用的。如下的情况示例了一种琐屑的"支持性的正面作用"：当某一思想实验案例 C 成为某一目标理论 L 的反例的时候，该思想实验案例 C（在一种琐屑的意义上）就可以被视为起到了对于某种拒斥或者批判理论 L 的相关竞争理论 L* 的"支持性的正面作用"（在这里，我们假定 L 与 L* 是不相容的竞争理论）。

② 相关案例参见 Keith DeRose："Assertion, Knowledge, and Context"，*The Philosophical Review*，Vol. 111，No. 2（April，2002），pp. 168 - 170。

③ 类似的案例还包括斯图尔特·科恩（Stewart Cohen）的"机场"（The Airport Case），参见 Stewart Cohen，"Contextualism and Skepticism"，*Philosophical Issues*，Vol. 10（2000），p. 95。

长。虽然基思和莎拉一般都喜欢尽快存入工资，但在这种情况下，马上存入工资并不是特别重要，所以基思建议他们直接开车回家，然后在周六上午存入工资。莎拉说："你知道银行明天会开门吗？"而基思回答说："是的，我知道银行周六上午会开门的。两周前的星期六我刚去过那里。它一直开到中午。"

银行案例 B：

基思和他的妻子莎拉在周五下午开车经过银行，就像（银行案例 A）所展示的那样，他们注意到银行里面排队的人很多。基思建议他们在周六上午存入工资支票，他解释说，两周前他在周六上午去银行，发现银行营业到中午。但在当下的这个案例中，他们刚刚写了一张非常大的、非常重要的支票。如果他们的工资没有在周一早上之前存入支票账户的话，他们写的那张重要支票就会跳票，这会使他们的处境非常糟糕。（当然，银行在周日不开门。）莎拉提醒基思一定要注意到上述的这些事实。莎拉接着说："银行确实会改变营业时间的。你真的知道银行明天会开门吗？"这时，基思回答说："我想你是对的。我不知道银行明天是否会开门。我还是今天把工资存进去吧。"

按照语境主义的主张，上述这组"思想实验"证明了"知道"是语境敏感的词项——"S 知道 P"在不同的语境中表达了不同的命题。在这里，我并不想实质讨论围绕语境主义所展开的相关理论争议。我希望借助"银行案例 A"与"银行案例 B"所展示的是，这组

"思想实验"案例构成了语境主义所需解释的现象"数据",而语境主义所声称的关于上述"思想实验"案例的理论解释成为支持该理论立场的正面"证据"。那么,这组"思想实验"案例是否构成那些与语境主义形成竞争关系的理论(例如,不变主义理论)的"反例"呢?就当下的知识论研究领域的实践而言,答案似乎是否定的。与语境主义形成竞争关系的理论同样将上述"思想实验"案例视为在其理论内部可以同样得到合理解释的"数据",例如,通过"银行案例 A"与"银行案例 B"在代价成本上的差异、在是否提及相关认知上具有挫败效力的信息、关于信念的心理学解释(例如,完全的或彻底的信念与不同水平的置信度)、实用侵蚀(pragmatic encroachment)等理论策略,相关竞争理论在否认"'知道'是语境敏感的词项"的同时,保持了对于"银行案例 A"与"银行案例 B"的合理解释。在这种情况下,上述"思想实验"案例在各种竞争理论之间似乎并不扮演任何实质意义上的"反例"角色,而是向相关竞争理论输入了作为待解释现象的"数据";而这种现象如果不是哲学理论研究和理论探索所独有的现象的话,至少也是在哲学研究中表现得更为突出的现象——与此形成对比的是,在自然科学的研究中,"思想实验"似乎很少(或者至少是不那么频繁地)扮演待解释"数据"的角色。如果上述情形仅仅是对"思想实验"案例扮演目标理论"反例"的"突破"的话,我们再来回顾一下我在评论开头部分所介绍的孟子的"孺子入井"的"思想实验"案例,可能就会发现,这一"思想实验"案例对于孟子的哲学理论主张不仅扮演着正面支持性"证据"的角色①，而且，该"证据"角色的实现似乎还是非推理性的。孟子通过"孺子入井"这一"思想实验"场景的设定，意在直接引发关于"怵惕恻隐""不忍人"的道德心理的现象性的（phenomenal）感受、体贴和体认，并不是基于反事实推理（乃至任何实质意义上的推理）关系而形成的认知型的判断，在这种意义上，孟子的这一"思想实验"案例似乎在推理和"反例"的双重意义上"突破"了关于"思想实验"的常规性的理论刻画。在此，需要强调的是，即使我们认为孟子的"孺子入井"作为"思想实验"案例不是以推理的方式起效，这也并不意味着该"思想实验"案例支持或者更倾向于支持某种关于"思想实验"的"理智直觉"的力量图景，这是因为在该"思想实验"案例中，我们被直接引发的是关于"怵惕恻隐之心"当下存在本身的感受与体贴，这种状态在最初也是最为关键的意义上，是"非判断性的"（non-judgmental）；或者说，我们形成关于"怵惕恻隐之心对人而言是普遍存在的"判断是派生于相关感受的生成之后的，或者是对"怵惕恻隐"相关感受进行反思之后而形成的对其普遍存在性的确认性的判断。如果希望更好地理解和把握孟子的"孺子入井"的"思想实验"案例的独特之处，我们可以将之对比于伦理学研究领域中引发"电车难题"的"电车案例"或者"人行天桥案例"——后面这些"思想实验"案例恰恰是在（反事实条件）推

---

① 当然，这里应该明确承认的是，如果"孺子入井"作为"思想实验"案例成立的话，那么，该"思想实验"案例确实对那些否认"人皆有不忍人之心"的与孟子学说形成竞争关系的理论构成相应的"反例"。

理的意义上关注作为结论出现的相关道德判断。

如果我在这里提供的上述关于哲学领域中的理论探究与理论建构的实践的描述是正确的，我们似乎可以从中归纳出关于"思想实验"在哲学理论研究中所扮演的更为丰富也更为复杂的方法论角色。而对于上述现象的思考，无疑也会加深我们对于威廉姆森教授关于"思想实验"理论思考的理解与体会。

总之，我们有理由期待也有理由相信，在针对相关问题的澄清与回应的环节，威廉姆森教授会为我们提供更为丰富、更为系统的解说、分析与论证，这些内容无疑会深化和丰富我们关于"思想实验"的方法论本质的理解与掌握。我在此衷心感谢威廉姆森教授在此次讲演中为我们带来的如此具有启发性的哲学洞见。

王洪光：第一个问题是，为什么不在发现的语境中评价想象和思想实验的作用？这个问题与对发现的语境和证成的语境的理解有关。据我所知，这个区分是心理过程和逻辑论证之间的区分，发现的语境涉及思想之间的心理关联，而证成的语境只涉及思想之间的逻辑关联。发现的语境是描述性的，证成的语境是规范性的。在威廉姆森的例子中，思想实验是一个模态论证，论证的主要前提是一个反事实条件句，条件句的前件是通过想象反事实地假设的场景。威廉姆森告诉我们，评估条件句时所用到的想象与人们进行日常决策时通过可能情景的思考没什么不同，而反事实条件句逻辑可以解释我们如何知道想象的场景是可能的。而根据证成的语境的规范性，逻辑告诉我们的是，想象的场景是可能的，以及我们能够/应该知道想象的场景是可能的。同样，逻辑告诉我们，我们能够/应该知道如何想象性地评估条件句。然而,上述与思想实验中如何使用想象无关。一个逻辑论证的确既不神秘,也看不出是哲学思维特有的,但推不出上述断言同样适用于论证所表征的思想活动。因此,我们当然也需要在发现的语境中对想象和思想实验做哲学研究。至少,通过研究,我们最终发现它们并不神秘。除非相关的哲学研究只能在证成的语境中进行。

第二个问题是,如何区分思想实验和纯粹的假设性/想象性推理?这个问题与对思想实验的理解有关。从术语的构成看,思想实验应该既有假设性/想象性的一面,也有实验性的一面。威廉姆森提到思想实验存在于古希腊、印度和中国哲学中。据我所知,中国哲学文本中有许多假设性/想象性推理,它们被研究者认为是思想实验,比如下面这段非常短但或许最著名的"孺子入井",孟子用它来论证人性本善:"所以谓人皆有不忍人之心者,今人乍见孺子将入于井,皆有怵惕恻隐之心,非所以内交于孺子之父母也,非所以要誉于乡党朋友也,非恶其声而然也。"如果孟子的这段推理被合理地看作思想实验的话,倒是例证了威廉姆森关于想象在思想实验中的作用与日常反事实思考相比没有任何特别的结论。但是,它作为思想实验,又似乎缺少实验性的一面:缺少在证伪的意义上去检验的东西。当然,如果我们为其加上这样的东西,使其成为一个当代意义的思想实验,是另外一回事。我认为在证成的语境中,这个问题更为迫切。

威廉姆森: 这些来自中国传统哲学的例子都很好,我很高兴地把它们归为思想实验。对于孺子将入于井,我们在大多数情况下都会出于本能地避免孺子入于井。但这并不是一个反例，除非它对如下断言构成反例，即人们不会感到仁慈。这个例子似乎更像是一种发现，即仁慈是人类的正常反应。我认为，这里确实有实验的因素，因为这里是在想象孺子向水井慢慢爬行的场景，然后判断人们在这种情况下的感受。我们可以说出我们自己的反应，即出于本能地保护孺子。这是一个不太典型的思想实验，但它毕竟测试了我们的反应是否仁慈。

　　回到李麒麟的评论。我也很喜欢他对迈克耳孙-莫雷实验的讨论。在通常的科学实验中，想象力也发挥了作用。我认为，发现的语境与证成的语境是一个有用的区分。在有些情形中，我们想象一个实验，然后思考这个实验的场景，再用数学化理论来计算将会发生什么事情，这是发现的语境。但在很多情形中，我们所面对的理论并不能得到完全数学化的表述。在这样的情形中，对将会发生的事情的预测除了计算外也会涉及想象力，这是证成的语境，因为我们是用思想实验来测试如下形式的预测，即如果这个理论是正确的，那么在这个实验场景中将会发生如此这般的事情。我认为，在不太形式化的情形中，我们需要这样做，并非所有理论都得到完全数学化的表述。我在讲演中对此谈论得并不多。但我认为，如果人们研究大量真实的科学实验，他们将会发现想象力在评价条件句时发挥了作用，即如果这个理论是真的，那么将会发生什么事情。这是一个非常值得研究的领域。

　　你的问题是，真理与共识之间的区分是否真的给实验哲学家带来麻烦。我认为，如果有人是完全的道德消除主义者，即把道德看作幻象，那么他们不会对真理问题感兴趣。当然，即使对这种道德消除主义的辩护也需要哲学论证。即使许多普通人都支持这种理论，这也不意味着这种理论就成立了。即使我们都支持这种理论，这也不意味着这种理论得到哲学论证的支持。如果你是道德演化论者，你不大可能把对与错本身还原到人们所认为的对与错，而是把对与错还原到是否有助于种族生存，那么这里仍然存在真理与共识的区别。我认为，即使是实验哲学家也承认，在普遍接受的道德原则中或许有错误。例如，即使大多数人认为吃肉是没问题的，人类对待动物的方式也仍然是一个可争论的问题，即这种对待方式在道德上是否合适。除了道德哲学领域，在认识论、行动哲学、因果等领域也有这样的问题。即使实验哲学家也很难取消真理与共识之间的差异。例如，他们或许认为存在关于知识的公共幻象，也就是说，存在所有人都认为是知识的命题，但这些命题却是假的。虽然实验哲学家通常是自然主义者，但自然主义也不能取消真理与共识之间的差异。实际上，自然主义者通常比其他人更愿意把普遍接受的信念看作假的。

你最后的问题是将思想实验用作数据库。你认为，思想实验的数据库支持了语境主义认识论，但我认为，这只是对反例的另一种运用。如果我们在最简单的模型中运用朴素证伪，即用反例来反驳特定理论，那么任何反驳旧理论的思想实验都会自动进入数据库，因为我们在寻找更好的理论，它不为思想实验数据库中的反例所反驳。如果这些思想实验按照德罗泽希望的方式起效，那么它们将反驳关于认知词项语义学的不变主义从而支持语境主义，因为语境主义可以更好地解释这些思想实验的结果。这确实是对数据库的运用，但我认为这实际上是把潜在地提供反例这一点变得明确了。

下面我回答王洪光的问题。把发现的语境看作心理学的，而把证成的语境看作逻辑的，这把问题简单化了，因为证成的语境也有心理学维度，所有的推理过程都会在心理学的范围内得到示例。你特别提到，对于思想实验来说，我们应该让逻辑告诉我们什么是可能的，但是逻辑在形式演绎的意义上并不能告诉我们什么是可能的。我们或许可以表明一个特定场景在逻辑上是一致的，但这并不意味着它就是可能的。例如，长庚星和启明星是金星的两个不同名称。如果我们认为长庚星不同于启明星，那么这在逻辑上完全是一致的，因为逻辑并没有告诉我们这两个名称是否指称相同的对象。实际上，虽然这在逻辑上是一致的，但并不被看作客观上可能的，例如克里普克在《命名与必然性》中的论证。我认为，虽然逻辑在我们对可能性以及条件句的判断上发挥了作用，但逻辑并不能帮助我们确定它们是不是真的。在我提到的例子中，关键的判断是这个谋杀是不善的，但纯粹逻辑本身并不能告诉我们这个谋杀是不善的，这个判断既有理性维度也有心理学维度。即使在发现的语境中理性也不是完全缺失的。我们经常在一个思想过程中获得一个想法，这本身也是理性的。因此，心理与理性之间的关系是非常复杂的，这在某种程度上是因为人类的理性不得不以心理学方式得到实现。

你的第二个问题是关于思想实验与假设性思维。我并没有在这两者之间做出重要区分。思想实验也涉及假设性思维。或许存在一些假设性思维的例子，它们太过简单以至于不被看作思想实验。但我认为，这只是复杂程度的区分。与思想实验相关的只是我们对条件句后件的判断，这不仅适用于复杂实验，也适用于简单实验。关键在于，当我们在想象中假定条件句的前件，我们可以引出一个判断，这个判断是这个条件句的后件，但这个后件并不是那个前件的逻辑后承。谢谢！

陈波：感谢威廉姆森教授、李麒麟教授和王洪光博士。威廉姆森教授的第五讲是"哲学与理论比较"，我们下周星期一晚上见！

第五讲　哲学与理论比较

时间：2020 年 9 月 28 日

陈波：大家晚上好！今晚，威廉姆森教授将做他的第五次讲演"哲学与理论比较"。欢迎！

威廉姆森：好的，谢谢。今天我要简单谈的第一个问题是，为什么哲学需要理论？并不是所有人都同意哲学需要理论。把哲学看作某种"澄清的事业"的人，事实上往往否认哲学是一项"理论建构的事业"。当然，他们承认过去的哲学家建立了所主张的理论，但他们认为这是基于对哲学应该做什么的某种误解。他们认为哲学只是用来澄清问题的，这似乎不是建构性理论的作用。在第三讲中，我认为对哲学澄清和其他澄清的需要，通常产生于理论的语境。如果我们把哲学当作一项并非纯粹实用的事业，那么由于我们处于理论的语境，就会产生对哲学澄清的需要。我还认为，对基本原理（fundamentals）的澄清，往往通过给出一个关于它们的理论来实现。所以说，理论的建构并不是理论的澄清，它们之间也不必成为竞争对手。事实上，建构理论在某些情况下是做出澄清的最佳方法。我使用了集合论的例子：我们根本没有给出"集合论"这基本术语的定义，而是给出了集合的一般基本原则，并将基于这些原则进行推理。但是对哲学理论而言，还有一个更基本的理由：它其实绕开了澄清的作用这个问题。在第一讲中，我指出哲学如何从天然的好奇心中产生。好奇心使我们提出各种各样的问题，而对这些问题的回答一定是理论，可以从字典中获得的定义并不是问题真正想要的答案。举个例子，如果我们问"什么是公正（justice）"，这是一个非常古老的哲学问题，我们需要一个关于公正的理论来回答它，这才是问题所需要的那种回答。同样地，要回答"什么是知识"，我们需要一个关于知识的理论，这些理论是对公正或知识的某种一般性说明。所以，对哲学理论的需要与哲学的起源和好奇心有非常直接的联系，因为这些理论将会是我们的哲学问题的答案。像"什么是公正"以及"什么是知识"这些都是好问题，尽管它们可能需要用各种方式完善，但从根本上说都是好问题。当哲学家对某个东西给出分析时——例如，关于知识的分析：知识是得到证成的真信念——我们知道那当然是一个间接分析，但仍旧是一个分析。这些分析自然被理解为给出了一个真正简单的知识理论，对"什么是知识"这个问题给出了一个真正简单的回答——在这方面，它与"水是 H_2O"没什么区别："水是 H_2O"是对"什么是水"这个问题的回答，也是对水的分析。分析并不是对理论的替代，而是一种特殊的理论。在给出理论时，这些分析并不是关于"知识"或者"水"这个语词。因为理论可以翻译成其他语言，但仍旧是同样的理论，比如"水是 H_2O"可以翻译成其他语言。

有些哲学家会提出另一种可能：它们不是关于"知识"或者"水"这个语词的理论，而是关于知识或者水的概念的理论。我认为，在水是 H_2O 的情况下，很明显这不是关于水的概念的理论，至少不是对这个概念的分析，因为你可以在对氢和氧一无所知的情况下拥有水的概念。人们有时认为，在进行哲学分析时，"知识是得到证成的真信念"可以被理解为对知识概念的分析。这样一种说明所需的概念理论其实是行不通的，因为大致来说，它依赖于概念性真理和非概念性真理之间的区分，而这个区分是有问题的。当问题可以通过谈论知识的概念来回答时，很明显，提出问题的主要理由便不是理由，因为我们解释过，知识的概念确切说与我们思考知识的方式有关。但是，当有人问"什么是知识"时，并没有假设我们已经用正确的方式来思考知识，而是允许我们可能以某种迷惑的方式来思考知识。假如我们谈论的是各种概念，他们可能会说，也许我们现在的知识概念非常糟糕，但真正需要做的是理解知识本身。事实上，知识本身是探究知识概念的一个更加普遍有趣的话题，因为知识对于任何有心智的生物及其环境之间的关系如此根本。因此，对所谓"哲学分析"最自然的理解，就是关于事物本身（比如，知识本身或者公正本身）的理论，而不是关于语词甚至概念的理论。当然，埃德蒙·盖梯尔（Edmund Gettier）对"知识是得到证成的真信念"提出反例，并通过反例表明它是个错误的理论。假如存在关于知识的正确的分析，那将是一个关于"什么是知识"的正确的理论。

　　当然，我不想说所有的哲学理论都是分析。例如，数学中的集合论并不是对什么是集合的分析，这些理论既不提供也不试图提供成为一个集合的充分必要条件，但确实告诉我们很多关于集合的信息。就更为主流的哲学问题而言，"知识是不可分析的"这一理论就是一个知识理论。但这显然不是对知识的分析，因为如果你获得了对知识的分析，那么它完全是自我挫败的。我认为"知识是不可分析的"并不是自我挫败的，从根本上讲，它是正确的。

　　以上只是初步概述有关为什么哲学需要理论，为什么哲学将会成为一项理论建构的事业的。今天我主要想说的是，我们如何检验一个哲学理论是否正确、如何在不同的哲学理论之间做出抉择。正如我一直所建议的，理论是对问题的回答，所以，要检验一个理论，自然的方法是将它与同一问题的回答进行比较，我们要找出这个问题的最佳回答。所以，这就意味着对哲学理论的检验被自然理解为比较的，我们将现有的理论都拿出来，然后问哪一种理论是最好的。举个例子，一个知识理论通常是对"知识是什么"这个问题的回答，所以，我们通过与这个问题的其他回答（也就是说，其他的知识理论）进行比较来评估它。你也可以有一个针对其他关于知识的问题而提出的知识理论，如果那些是关于知识的可选问题，如果那些是我们感兴趣的问题，那么我们就会将这个理论与对那些问题的其他回答进行比较。必须强调，理论评估的这种比较是哲学和自然科学所共有的。它不是哲学理论评估的某种独有的特征，事实上，它将为范围非常广泛的各种探究所共有。因为探究被理解为试图回答某个问题，所以每当我们在进行探究的时候，我们都会对同一个问题的不同回答进行比较，并试图找出其中最好的回答。所以，这只是理论评估的一个完全常规的方面，而并不是哲学的特别之处。

如果我们想要更详细地理解这一过程，那么我们就要问：理论是在什么维度上进行比较的？一个理论有各种不同的方式比另一个理论更好，或者更差。所以，在这一讲中，我要做的很多事情就是讨论比较理论的不同维度。在进入详细讨论之前，我要强调一点：在探究中我们真正想知道的是，问题的哪个回答是正确的。因此，我们感兴趣的不同维度背后，将是对了解真的总体兴趣。但是这些不同的比较维度与真之间的关系，并不总是简单或直接的。因此，有一个维度值得立即讨论，因为它关系到某个东西是不是一个问题真正的候选回答，它就是强度（strength）。在此语境中，强度有相当具体的含义，它与信息量（informativeness）有关。因此，理论应该是有信息量的，而不是没有信息量的，否则就不能充分地回答问题。举个简单的非哲学的例子，如果你问讲演是什么时候开始的，某人回答说是从 2020 年开始的。这个回答可能是真的，但它没什么信息量，以至于根本没有真正回答语境中的问题，这个问题在被提出时可能带着某种背景条件，关于什么程度的信息量才被视为完全回答了问题。好吧，就举一个哲学中不足道的例子，有人提出一个仅仅主张"知识是知识"的知识理论。这个理论是真的、是正确的，但它是没有信息量的，肯定不能算作对"知识是什么"这个问题的、满足语境中所隐含条件的回答。因此，有信息量的理论被称作强的理论，因为它说了很多，而没有信息量的理论被称作弱的理论，它几乎什么都没说。

值得一提的是，在某些方面，"强""弱"的使用与你所期望的恰恰相反，因为强的理论最容易受到驳斥，因为它们说得太多，很容易证明其所说的并非都正确。而那些没有信息量的、弱的理论，因为说得很少，而可能是相对安全的，就像"知识是知识"这种情况。因此，有强度并不意味特别安全、不会被反驳，意思正好相反。所以，"强"只是在这种很特殊的意义上而言。另一个澄清，无论怎样理解起来都是很自然的，值得明确的是，如果我们谈论的是关于主题 X 的理论，那么这个理论必须是关于 X 有信息量的。因此，如果只是在一个理论中添加大量不相关的信息，那并不能使这个理论更好地回答我们开始提出的问题。因此，接下来我们不会考虑不相关的信息，我们所讨论的各种比较都是针对相关信息的。正如我所说，这可能是你原本就该假设了的，但值得一提。

正如我已经指出的，强度本身可以说并不特别有利于真。一个理论可以既是强的又是假的。"水等于碳"这个理论是强的，但它也是假的。它的信息量很大，因为它说了很多，但它说的是错的。所以，我们并不认为强度本身就使理论更有可能为真。事实上，如果从概率的角度来考虑，我们使一个理论越强，那么在其他条件相同的情况下，它为真的概率就越小。但我们需要强度，部分是为了回答问题，还因为我们稍后将讨论的理论的其他优点也要求该理论相当强。因此，在强度的代价和效益之间存在一种潜在的张力，它会以各种方式显现出来，当我们在概率的语境中思考这些问题时，这种张力有时会变得相当尖锐。但我今天不打算对此说太多，我想再次强调的是，强度在哲学理论中的作用与其在自然科学和其他领域的理论中的作用非常相似。它并不是哲学的特别之处或例外之处。

关于强度，一个非常有用的思考方法是强度与排除多少可能性有关，而且说得越多，所排除的可能性就越多。一个强的理论排除了许多可能性。根据定义，一个假的理论排除了现实的可能性。这就很生动地说明了，为什么强度本身并不特别有利于真，实际上却更有利于假。这种从可能性的角度来思考的方法是有帮助的，尽管我们将会看到，它在某些方面可能会产生误导。因此，我们不应该把可能性看得太重，尤其是，这些可能性未必是形而上学的可能性。因为在数学和哲学中，我们所问的那些问题往往正确答案是必然真理。当我们问"知识是什么"或者"公正是什么"时，我们并不是在问关于知识和公正的偶然事实，比如在一个社会中有多少知识或有多少公正。我们问的是这些东西的必然本质。这意味着，从某种形而上学观点看，只有一种可能性是正确的。因此，对这些问题的任何其他回答，关于公正或知识的任何错误理论，实际上都将是不可能的，因为这将与知识的本质相矛盾。你可以将这些可能性当作认知可能性来讨论，尽管即使那样，可能性的概念也可能是有误导性的。我的意思是，即使许多人思考认知可能性的方式实际上是最恰当的理解，如果你有两个逻辑等价的陈述，那么它们会彼此排除相同的可能性，但也会彼此包含相同的可能性。你可以有许多回答，它们在认知上非常重要地对应同一组可能性，但是在语言上又彼此不同。例如，在数学中，某个平凡的数学真命题，比如"2加2等于4"，可能最终在逻辑上等价于某个非常深刻但困难的数学定理，比如花费数百年才被证明的"费马大定理"。因此，如果我们思考可能性的方式并不真正起作用，就必须认真对待这样一个事实，即我们并不总是意识到某特定陈述的逻辑后承。在数学中是这样，在哲学中也是这样。

我认为可以将这个排除可能性的讨论，看作关于混乱的认知现实的一种有用的、理想化的示例模型。我们处理的往往是看似可能性的东西，但不是真正的可能性，甚至可能不是真正的认知可能性，因为它们虽然看似可能，其实却在逻辑上被我们已经知道的东西排除。我们也可以谈论对同一个问题的不同回答，把这些可能性考虑为菜单上的选项之类。这种排除许多可能性、排除逻辑空间区域的想法是一种相当有用且生动的思考方式，尽管假如逼迫得过于用力，它就不会完美地发挥作用。但是，只要我们意识到它的局限性，它仍然是可以用来思考强度问题的一种有用的启发法（heuristic）。所以，我将继续用这些术语进行讨论，但是提醒大家这种思考方式的局限性。有一点很明显，那就是，强度是有程度的。因此，强与弱之间不是简单的二元区分，还有更强和更弱的等级。粗略地说，用这种启发法来解释，一个理论排除的可能性越多就越强；两个强的理论之间，一个可以比另一个更强，甚至一个理论可以比其他理论排除更多的可能性。

现在有一种可以让一个理论变得过强的具体方法。如果我们采纳了一个不一致的理论，它以某种方式隐含地自相矛盾，那么这个理论实际上排除了所有的可能性。由于它排除了所有可能性，从技术上讲，它算是具有极大强度的。假设我们认为自己接受的是经典逻辑，真理必须是一致的，从我们的观点看来，不一致的理论是糟糕的，因为它不能为真。所以，理想的不是极大的强度，而是排除了所有非现实的可能性，但不排除现实的可能性，然后只留下现实的可能性，即排除现实可能性之外的所有可能性的理论是最强且为真的理论。如果我们在考虑什么是理想的强度，那就是排除所有可能性，但只有一种除外，因为这基本上至少隐含地给出了所有相关问题的答案。所以，达到最佳强度的理论是最强的一致理论，这些理论在逻辑上有很大的意义，尤其是如果你关心像完全性证明之类的东西，它们被称作"极大一致理论"。

当然，我们不只希望我们的理论自洽，还希望它与我们的证据相一致。当我们开始谈论与哲学有关的证据时，人们往往想知道证据到底是什么。因为一个理论应该与证据相一致，这也是自然科学的标准。我们需要思考这个约束如何适用于哲学。在前一讲中，我谈到了证据的一个来源，即思想实验。我们从思想实验中可以了解到各种事实。但我不想说思想实验是哲学中证据的唯一来源，这肯定是不正确的。让我们以公正理论为例，考虑它们的证据是什么样的。很明显，如果一开始就对公正一无所知，那么根本无法发展出一个关于公正的理论。我们完全不知道在谈论什么，甚至无法真正地从一个公正理论入手。因为如果我们真的对其一无所知的话，那么就无法识别出公正和不公的情况，我们根本就没有真正参与到这个主题中来。但是，只要我们有一定的能力来识别出公正和不公，那么所识别到的便是我们探究的最初的证据来源。我们可以进行思想实验，来想象一个特定的情境以及在这个情境中什么是公正的和不公的。当然，我们通常拥有很多日常生活中的关于公正和不公的经验，不仅仅在法庭上，甚至在家庭和儿童之中。年幼的孩子也经常关心这个问题，就英语而言，他们不会用"公正"这个词，但会谈论"公平"（fairness），他们会说"这不公平"。孩子能识别出公平和不公平的情况。例如在生日派对上，如果负责切蛋糕的孩子给朋友切的比给其他孩子切的大得多，那么孩子们通常会意识到这是不公平的。我认为"不公平的"归根究底而言是"不公正的"。通过思考假设的例子（尤其是精心设计的思想实验）和真实生活的案例，我们对什么是公正和不公做出了许多判断。这些判断在许多情况下都颇有见地，表达了关于某件事是否公正的知识。因此，鉴于知识与证据之间的等价，我们的知识很适合作为重新评估不同公正理论的证据。我们可以比较这些理论对案例的看法，看它们与我们关于公正已知的东西是否相一致。当然，在这些关于"什么是公正（不公）"的前理论判断中，有些很可能是错的，它们不会都是知识。但探究仍将继续，我们很可能通过发展关于公正的理论，逐渐认识到一开始的判断是不正确的。这刚好再次体现了我在前几讲中强调的：所有证据来源都是可错的。一开始就对什么是公正或者不公做出大量的判断，这种做法是行不通的，这与什么是真正的公正或不公完全无关。如果我们一开始的判断就很离谱，那么就不能指望得到一个正确的公正理论，甚至也不能指望得到一个近似正确或倾向于正确的公正理论——我们会被完全蒙在鼓里。但只要我们一开始能够识别公正或者不公的情况，换句话说，能知道某些情况是否公正，那么我们对这些事的判断并非总是知识就不会太成问题。

再与自然科学做类比。如果我们的感觉与外部世界的实际情况完全无关，那么我们就无法真正开始自然科学研究，因为我们就不会接触到试图进行理论化的东西。事实上，我们甚至很难在一开始就提出问题。自然科学的出发点通常是我们能对环境有相当多的了解，但我们也会因为受到感知错觉之类的影响而犯各种各样的错误。因此，只要我们有获取感性知识的能力，那么这种能力就是会出错的，我们也会做出错误的感知判断。但科学可以通过最终根除错误的判断来解决这样的问题，我们不需要从不会出错的能力开始。我们需要的是从可以合理获取我们关于特定情形的知识的能力开始。于是，一旦我们能够识别出公正或者不公，那么这就是检验公正理论的一个基础了，我们可以看它与我们对特定情形中公正或不公的已有知识是否实际一致。

因此，"与证据相一致"这个要求非常直截了当的一面是，因为所有证据都是知识，而知识蕴涵真，那么所有证据都是真的。所以，如果一个理论与某个证据不一致，那么它就是假的，因为所有真理都是互相一致的。所以，鉴于证据必须为真，"与证据相一致"的要求就是完全自然的，尽管我们可能会弄错什么是真的以及我们的证据是什么。因此，如果我们直觉上误判了某个例子，比方说，我们认为一个例子是关于公正的，而其实它却是关于不公的，那么我们的原始判断内容，即"这种情况是公正的"就会被当作一部分证据，而它是假的，其实并不是一部分证据——"它是我们的证据的一部分"只是一种错觉。通过制定关于公正的更一般理论，我们最终会发现这个原始判断是假的，因此并不是证据的一部分。我们在谈的是一种自我纠正的探究，在其过程中会犯很多错误，但有一个纠错机制，这一点在哲学和自然科学中完全相同。

一个理论不应当仅仅与我们的证据相一致，因为一个非常弱的理论也很可能与我们的证据一致，所以，关于强度的问题实际上再次出现了。我们不仅希望理论与证据相一致，还希望它可以解释证据。再以公正理论为例，如果我们采纳了"公正是公正"这个不足道的理论，那它将与我们的所有证据相一致，因为它是真的，证据也是真的。但它不会解释我们的任何证据，也不会告诉我们，为什么有些情况是公正的而其他情况是不公正的。一般来说，如果证据告诉我们某个事实成立，那我们就想要一个解释该事实为何成立的关于该主题的理论。这是我们希望证据所具有的，在自然科学中也是如此，这些需求就哲学而言并不独特。这里只是重复我已经提出的观点。一个哲学的例子是，在一个场景中某个行为是不公正的，如果这是我们的一部分证据，那么一个理想的公正理论就应该解释它为何是不公正的。当然，需要说一下哲学中所讲的"解释"通常是"非因果解释"，我们并非通过给出原因来解释事情。因此，如果一个行为是不公正的，那么我们谈的并不是对"是什么导致了不公正行为"的解释。我们所需要的有时被称作"构成性解释"，至少在许多哲学中，我们需要对"什么构成了该行为的不公正""该行为为什么是不公正的""它有什么不公正之处"给出解释。所以，这是哲学中的解释和许多自然科学中的解释之间的一个差别。自然科学中的解释是因果的，但这不是一个全称概括，换句话说，不是一种普遍的差别，因为在自然科学中并非所有解释都是因果的。如果我们在解释规律时，用相对普遍的规律来解释相对具体的规律，这并不是说普遍规律导致了具体规律的成立，因为因果关系是事件之间的关系，而规律之为真并不是一个事件。像哲学一样，自然科学中也存在各种各样的非因果解释，我们不应该认为这些解释必须是还原的（reductive）。举个例子，如果我们问为什么某个公正的情形是公正的，比方说，为什么平分蛋糕是公正的，而孩子之间不平分蛋糕是不公正的？我们不能总是指望这些解释在形式上将公正等于其他东西，或者等于用其他更基本的术语规定的东西。因为我们处理哲学的基本原理时可能没有这样分析。我提到过一种可能性，例如，知识不能用更基本的术语来分析。当我们谈论一个关于知道或者不知道的例子，想要理解为什么是这样一个例子时，不能指望必须采用如下形式来回答问题：用更基本的术语对知识进行分析，用这些术语来解释为什么会是这种情况。但我们仍然可以期望许多单独的情况能被纳入富有启发性的概括之中。举个简单的例子，"凡是知道的事情都是真的"这一原则并不是对知识的还原分析，它只是知识的一个必要条件，但这个必要条件可以用来解释为什么各种各样的东西不是知识。如果有人相信地球是平的，我们要解释他们为什么不知道地球是平的，所要做的就是指出地球不是平的。在更有趣的层次上，还可以把几个概括统一到一个更广泛的概括之中。牛顿力学的一大优势应该是统一了地球和天体运动的规律，换句话说，在牛顿之前，我们已经有了一些地球运动规律和行星的运动规律等，牛顿所做的是将这两套运动规律都纳入涵盖两者的概括之中。这种统一对于自然科学中出现的较低层次规律是一种非常令人满意的解释。原则上，我们在哲学中也可以做到把许多明显不同的现象纳入更为广泛的概括之中。在评估理论时，我们就理论的解释力进行比较，看不同回答对同一个问题的解释力。这一点很重要，因为有些问题比其他问题更容易得到非常强的解释。我指的是自然科学中可用的各种解释，例如，也许我们无法得到像物理学中的某些解释那样丰富的解释，但在思考哲学的解释时，我们应该做的不是问它们是否跟自然科学中的解释一样好，而是问哪一个解释对给定的问题而言最好。因为在某些情况下，在我们正处理的领域中，解释的质量不如其他领域中的高，也许是因为有些现象更杂乱。

我一直在谈的与自然科学中常见的一种论证模式有关，它被称为"最佳解释推理"（inference to the best explanation）。其大致想法是，在相关主题的现有理论中，我们将接受那个最能解释我们证据的理论。这与一种被查尔斯·桑德斯·皮尔斯（Charles Sanders Pierce）称作"溯因"（abduction）的论证颇为相似。有些人声称"最佳解释推理"与"溯因"之间有很大差异。或许在它们之间是有一些细微差异，但是解释它们之间差异的现有尝试都并不令人十分满意，所以我并不清楚它们有多么不同。我将使用"溯因"这个术语，但它与"最佳解释推理"中发生的很多事情非常相似。这个术语或许至少同样适用于许多哲学例子。很明显，溯因是一种扩展式（ampliative）推理，这意味着它是非演绎的，因此前提并不逻辑衍推出结论。所以，我们讨论过的各种论证，完全有可能根据溯因或者最佳解释推理而是好论证，但其前提为真且结论为假。自然科学中的理论通常是这样推导出来的，因为证据通常在逻辑上与给定主题的许多可替选的理论是一致的。哲学中的情况也大致相同，举例来说，假设关于公正理论的证据包括下列事实：我们考察了许多出现公正或者不公正问题的案例，并且能识别出每个案例是否公正，这些数据并不唯一地指向单一的公正理论。有许多公正理论与关于这些案例的证据相一致，但是在其他案例的证据上却有分歧。所以，我坚持认为，哲学中的溯因与自然科学中的溯因一样合法，没有理由认为它在自然科学中是可行的，而在哲学中就不行了。当然，人们听到这句话时往往会想，如果哲学使用溯因的话，那是否意味着哲学一定要使用实验、观察和测量等经验方法来为溯因提供证据？我在某种意义上已经给出了回答：好的哲学证据的一个来源是思想实验，另外也来自对实际情况的观察，我们将这些情况归类为公正的或者不公的。哲学是一门溯因性学科，我们在哲学中如此进行理论评估，这并不意味着必须模仿自然科学的方法。事实上还不是很确定，有多少自然科学方法与我们在哲学中提出的问题有关，或者对问题有所帮助。如我在前一讲中提到的，当不排除使用通过这些手段所收集到的证据时，这些证据往往不是哲学中真正需要的。

还有一件事要考虑，但我今天不会说太多，可能会放在下一讲中。我还想讨论逻辑和数学中也包含着溯因因素。逻辑和数学并非一直都使用溯因方法，但它们在决定"第一原则"时会使用溯因，而不是通过做实验、观察和测量，这点是伯特兰·罗素所强调的。尽管从公理进行演绎推理是一个演绎问题，但决定我们应该依赖什么公理，却有溯因的因素。因此，数学也像我刚才所概述的那样，它是一个有限地使用溯因方法，不需要遵循自然科学方法论的学科范例，它为哲学开创了先例。

现在让我们进入下一个话题，审美标准在溯因中的作用。溯因也非常重视理论比较中的其他标准，尤其是简单和优雅。在其他条件相同的情况下，简单的理论胜过复杂的理论，优雅的理论胜过丑陋的理论。这是溯因的一个特性，虽然令人费解，但又很难想象，如果没有它，溯因会如何运作。从科学家们谈论优雅的解释和优雅的理论等，你可以看出它在自然科学中的重要性。当然，他们承认一个理论可能是优雅的，但却是错误的，但是优雅是一个理论的关键特性。但正如我所说，一开始很难理解这些审美标准有什么意义，因为似乎如果我们偏爱简单或者优雅的理论，那也不意味我们期望真理是简单或优雅的。因为问题是，我们对这种期待有何依据呢？我们知道，真理往往是非常复杂且非常丑陋的。所以，这是需要我们思考的问题。我不认为审美标准在自然科学中的作用得到了充分的理解，尽管在这方面已经取得了一些进展。也不应该期望，相比它在自然科学中的作用，我们能更好地理解它在哲学中的作用，但我们需要对它进行反思。我想强调的是，如果没有审美标准，科学中的理论比较就会失败，因为我们就无法实际区分无限多个相互竞争的理论。这就是审美标准的一个作用，它在科学中很重要，尽管不完全隐形，但很容易被忽略。因为它的作用往往是阻止科学家考虑各种可以被阐述的理论。我要举个例子，你们会看到这样的例子可以用更现实、更详细的方式加以阐述。

让我们假设，理论 T1 是我们所喜爱的物理理论，T2 是某个竞争的物理理论，与 T1 不一致。现在让我们考虑一种混合理论 T*，它主要类似于 T1，有点类似于 T2。尽管由于事物总是按照 T1 表现，除了在 2099 年圣诞节那天的伦敦市中心，事物将按照 T2 表现。你必须说出在那个时空区域与其他时空区域之间的边界上究竟发生了什么，但是原则上，你可以有一个这样的理论。可以说，T1 几乎总是起作用的，而 T2 只有在 2099 年圣诞节那天的一小块伦敦中央区域表现，这才认为 T* 是正确的理论。显然，物理学家甚至都不会考虑将 T* 作为 T1 和 T2 的竞争理论。如果有人在会议室中提出将这个混合理论 T* 当作一个竞争理论，那就只会遭到嘲笑。没有人会认真对待，也没有期刊愿意发表这个，除非当作一个笑话。T* 和 T1 似乎一样符合我们的证据，因为它们只是在未来才出现分歧。假设我们只是有相当多关于 T1 的证据，但并不知道 T1 是正确的。我们不知道 T* 是不正确的。由于我们的证据主要是关于过去的，T* 和 T1 对迄今为止发生的一切的预测都相同，所以 T* 和 T1 可能一样符合我们的证据。因此，T* 的主要问题似乎是某种审美偏见，我们可能会说它：太复杂、不优雅、丑陋、混乱，以及有特设性（ad hoc），等等。我已经给出了一个例子，但是人们原则上显然可以构造出无限多个像 T* 一样的可选理论，改变特定的时空区域，让事物在其中按照 T2 表现。物理学家会不会认真对待 T*，这点目前还不清楚。但是，如果他们必须认真对待像 T* 这样的理论，那么物理学将很难取得进展。因为没有被证据排除的理论过于繁多，物理学家会被大量他们将要从中做出选择的理论淹没。所以，这里有实用的考虑。T* 似乎是正确的理论，但实际上却不可能是。因此，我们将这些审美标准处理为与真有关。这有些令人费解，但如果物理学不这么做，就还会有更大的麻烦。

既然审美标准在自然科学中如此有用，那么它们没理由不在哲学中也同样有用。当然，你可能疑问是否会存在类似的问题，即泛滥的相互竞争的哲学理论。这种问题显然存在，让我们以哲学理论的范例——身心关系理论为例。假设 T1 是我们最喜爱的身心关系理论，T2 是它的竞争理论，我们尚不知它们之中哪个是正确的。而 T* 是这样一个身心关系理论，根据这个理论，身心关系总是按照 T1 所说的表现，或者不仅仅是表现，而是 T1 是一个正确的身心理论，除了在 2099 年圣诞节那天的伦敦市中心，身心关系将如 T2 所说的表现。举个例子，如果 T1 是某种与身心同一性有关的理论，T2 是二元论，那么将有身心同一性理论在任何地方、任何时间都是正确的，除了在 2099 年圣诞节那天的伦敦市中心有一点儿二元论的高光时刻。我曾说物理学家甚至不会考虑将 T* 作为 T1 和 T2 的竞争理论，哲学家也应该说，像 T* 这样的理论不会是一个关于身心关系的严肃的可选理论。即使 T* 可能和 T1 一样符合我们的证据，它们只是在未来才出现分歧。同样地，T* 的麻烦似乎在于审美标准：它太复杂、不优雅、丑陋、混乱，以及有特设性，等等。而同样地，原则上显然可以构造出无限多个像 T* 一样的可选理论。

所以，哲学与物理学在根本上具有相同的处境。当我们考虑这种情况时，对两者而言都泛滥着无限多的可选理论，这些理论与常规理论的数据相一致，但由于审美上的瑕疵，它们甚至不被哲学家考虑。为什么这些审美上的瑕疵会将它们排除在外，有点令人费解，但也似乎有道理。如果我们必须认真对待所有这些理论的话，我们似乎就会遇到大麻烦。

我想讨论一下马尔科姆·福斯特（Malcolm Foster）和埃利奥特·索伯（Elliott Sober）提出的关于简单性的作用的观点。我不认为这些观点能够完全解释简单性的作用，但我确实认为它们有助于理解简单性的一个作用。这些观点之所以有趣，是因为它们既适用于哲学，又适用于自然科学。这与自然科学中公认的"过拟合"（overfitting）问题有关，而这个问题的出现与自然科学中"曲线拟合"这个常见任务有关。曲线其实是解释一组数据点的底层数学方程的方法。我们收集到了一些证据，现在想通过某个关于不同变量的规律或者方程来解释这些证据。从数学上看，只要我们愿意使用足够复杂的方程，也就是技术上具有足够多非零系数的多项式，通常都可以找到一条曲线来完美地拟合这些数据点。假设我们测量某个量 Q 在不同时间 t 上的值，得到的是不同时间的数据点以及 Q 在这些时间上的值。这些都是数字，那么就会有一个完全可以精确地预测我们所观察到的数据的方程，而且该方程通常非常复杂。但是，这么做往往会产生不稳定的结果，因为当新的数据点加入后，就会得到一条非常不同的曲线，换句话说，需要新的方程来得到一个完美拟合。所以，尽管我们可以在任何一点上都得到一个完美拟合，但如果你追求完美拟合，那么一旦得到了新的数据，你就必须完全改变方程，得到一个给你完美拟合的新方程。但随着越来越多的数据加入，同样的事情还会发生。因此，尽管人们可能会认为完美拟合数据点是一种理想，但这实际上并不是一件很好的事情，问题在于完美拟合使得曲线对数据中哪怕是轻微的误差都很敏感。因此，在某种程度上，这种完美拟合过于关心数据，而没有意识到数据中可能存在的误差。因此，过拟合是指曲线拟合过于接近数据，然后由于数据的误差而导致不稳定的现象。在实践中，在拟合优度（goodness of fit）和曲线的简单性之间做一些调节，就可以得到更稳健的（robust）结果，因为它可以平滑数据中的轻微误差。如果我们坚持只允许用非常简单的方程，甚至只允许用线性方程，或者二次方程，或者其他只允许很少系数的方程，那么尽管在任何时间的拟合都不会是完美的，但在新数据加入时，我们能够有更大的机会坚持使用相同的方程。同样，前者仍然不会是一个完美拟合，但我们会得到一个近似的拟合，它在新的数据引入后仍能够保持稳健性。如果我们坚持一个完美拟合，我们就得不到这种稳健性，我们所使用的方程必须不断地改变。过拟合是科学家在实践中遇到的问题，悖谬的是，它被公认为某种过于重视证据的方法论问题。

过拟合也存在于哲学中，因为如此将有助于以同样的方式解释，简单性在哲学中有用，不仅仅是消减我们所考虑的可选理论的数量。我想指出，过拟合实际一直都是哲学中的问题，只是并没有被哲学家广泛认可，尽管它应该得到认可。例子就在分析哲学的研究项目中，即分析我们所感兴趣的各种东西，比如知识、因果关系、自由意志、公正，等等。为简单起见，我们可以将数据点看作由思想实验提供。这些实验告诉我们，你在这个案例中有知识、在那个案例中没有知识，或者在这个案例中有公正、在那个案例中没有公正，等等，所提出的分析起到了方程的作用。在实践中发生的是，随着考虑的思想实验越来越多，分析通常会变得越来越复杂、不优雅、丑陋且有特设性。所以，我们是从过拟合中得到所期望的东西，因为哲学家坚持认为分析必须预测结果，而分析是前理论地（pre-theoretically）对所有案例给出的，无论它们是否全都是关于知识的案例。因此，这些分析对其思想实验中的任何误差都过于敏感。你们还记得上次谈到思想实验时，我说需要某种超出思想实验方法的方法，来帮助捕捉思想实验本身所犯的任何系统性误差，这样的误差不是由个体的不足所导致的，而是与人类认知系统中的一些小故障或者缺陷有关，它们很可能只是我们在思想实验中用来做判断的某种可靠但不完全可靠的启发法的结果。所以，我们似乎得到了过拟合，因为我们得到的分析是不稳定的。有人会提出一种分析来拟合之前的思想实验。然后会出现一个新的思想实验，它对其给出了错误的结果。为此，一种更复杂的分析将被提出来，以应对新的思想实验。于是，进一步的反例将被提出来，我们会得到越来越复杂的分析。因此，这是一种不幸的倒退，它与科学中的过拟合非常相似。对于分析而言，这点尤其明显，但它不是唯一的，甚至当我们不以分析形式处理哲学理论时也是如此。不重视提出理论的标准已经成为分析哲学方法论的特征。所提出的理论具有特设性、复杂且混乱，这并不会被视为对它们的反驳，只会被视为"怕热就别进厨房"。意志坚强的分析哲学家不得不应对这种复杂性，但它的实际效果是对思想实验数据中的误差过度敏感，这就产生了我上次说的易错性（error fragility）问题。对审美标准给予适当的重视将有助于解决这个问题，因为它们将要求我们对这些复杂的理论产生怀疑，并回过头来想一想，我们在对数据的判断上有没有犯一些错误。

总结一下我的观点。在很大程度上，哲学采用一种溯因方法来进行理论选择，所以，我所说的很多都是对哲学中已经发生的事情的描述。但我也指出了一种方法，使我们更真心实意地遵循这种溯因方法论。通过更彻底、更自觉地运用溯因方法，我们可以做得更好，而且在哲学中进行理论比较时，应该更加重视审美标准。哲学家也许一直不愿意把审美标准当回事，因为他们看不出审美标准与真理之类有什么关系。人们可能感觉我们还没有完全理解审美标准的作用，但从自然科学的例子中也可以很清楚地看出，它们在理论比较中确实发挥了很重要的作用。而且如果我们不使用审美标准，就会陷入麻烦。哲学家有时会因为没有按照应有的方式去应用这些标准而出错。我怀疑，相比许多以过拟合的方式遵循分析方法的人，像柏拉图这样的哲学家对审美标准在理论选择中的重要性有更强烈的认识。

现在让我们期待第六讲，如果我没记错的话，它将在两周以后。很多时候，对哲学方法和哲学论证的描述经常暗示，我们使用的是一种演绎的而不是溯因的方法论。当分析哲学家谈到他们对哲学的态度时，往往强调你需要为所说的一切提供论证。通常你会看到，他们将论证主要看作演绎论证。我认为这些关于哲学方法的描述是毫无帮助的，因为它们没有告诉我们演绎的前提是如何获得的，而且也没有告诉我们推理的演绎规则是如何获得的。到目前为止，我一直在淡化演绎在哲学中的作用，但我确实认为演绎逻辑在哲学中具有重要的作用。在下一讲中，我将解释演绎逻辑如何融入一种全面的溯因方法论中。谢谢！

陈波：感谢威廉姆森教授的讲演。现在让我简短地介绍今天的与谈人和提问人。亚瑟·席珀博士（Dr. Arthur Schipper）是北京大学哲学系助理教授，他的专长是形而上学与哲学方法论，尤其是使真者理论、关涉性及其在哲学其他领域中的应用。我刚刚得知，席珀博士出生于北京，并在 1993 年至 1996 年居住于北京。徐竹博士是华东师范大学哲学系副教授，他主要关注与自我知识、行动哲学和社会哲学有关的问题。现在轮到你们两位了。

亚瑟·席珀：感谢邀请我回应威廉姆森教授这次讲演，我的评论和提问主要涉及四个话题。

第一，理论。第一个总的话题可以用一个问题来把握：理论究竟是什么？威廉姆森能否让我们更清楚地了解他对这个问题的想法？按照威廉姆森的说法，"一个理论是对问题的回答"。他还说，"并非所有理论都是分析"，因为"知识是不可分析的"理论是一个知识理论，而非对知识的分析。但是，比如"知识是得到证成的真信念"或者"水＝H_2O"这样的分析，按照威廉姆森的说法，是关于知识和水（而非"知识"和"水"）的理论。此外，他还表示，字典式定义"远远不够"。最后，他还说哲学解释和理论通常是"**构成性的**"和"**非因果的**"。首先提个小建议。以"问题-回答"来理解和区分理论的方法大有可为。我建议大家看看克雷格·罗伯茨（Craige Roberts）在语言学中提出的"讨论中的问题"（the question under discussion）这一概念，它对关于关涉性和主题的理论很重要，对帮助阐明这些理论也很重要。但是，根据威廉姆森的建议，理论"应该**解释**我们的证据"，我们可以推断，一个理论至少需要解释或者声称要解释关于主题的一些东西：如果想要理论可以用溯因和最佳解释推理方法来比较和评估的话，这是必要的。这对威廉姆森所论证的"哲学是一项理论建构的事业"、具有"全面的溯因方法论"至关重要。第一个问题是：为什么认为一切都需要解释？这对有关"哲学涉及什么内容"的观点而言尤为迫切，因为哲学家在过去做过，现在仍然在做的一件事，就是认为某些潜在的研究领域不需要解释。

第二，反理论（antitheories）。于是，一个更具体的问题就提出来了：威廉姆森如何看待所谓反理论，以及反理论又是如何融入他的哲学概念，即哲学作为理论建构和理论比较？例如，各种版本的唯名论和减缩论鼓励某种语义上溯（semantic ascent）。这些哲学家认为，就威廉姆森的例子，有关真理、公正和知识的**本质**的问题要求解释它们在**基本构成上**是什么，这样的问题不能也不应该得到回答。他们不认为，是由于威廉姆森自己给出的关于知识的理由，有知识这样一种东西，它不可分析并且不可还原为其他构成要件。（顺便说一句：把威廉姆森的观点称为一种"非知识论"，而非"知识论"，难道不是更合适吗?）相反，他们认为，是由于真的不存在真理、公正和知识这些东西。一个关于 X 的取消主义者（eliminativist）[而不是一个原始主义者（primitivist）]，将否认需要一个关于 X 的理论。例如，关于真理，有人可能会说："不可能有真理理论。我们只能给出对真谓词的解释，例如，做出如下概括，'斯特劳森在《怀疑主义与自然主义》（*Skepticism and Naturalism*）一书中所说的一切都是真的'，而不必逐句重复斯特劳森所说的一切。"对于一般的溯因方法论而言，这样的反理论的问题在于它们对许多人当作数据或证据的东西全盘拒绝，用威廉姆森的术语来说，这些东西需要解释。例如，支持符合论、融贯论和实用论的人，都假设了有某种东西需要解释，即真理和我们对真理的各种直觉（例如所谓"符合直觉"）。然而，大多数唯名论者和减缩论者拒绝所有这些，因此他们经常说他们拒绝所有的真理理论。事实上，他们经常明确地说，我们拒绝有必要解释。要强调的是，根据威廉姆森的知识论，知识是不可分析的，而且他接受存在需要某种解释的知识（尽管没有分析）。但唯名论者和减缩论者与之不同，他们拒绝存在真理：他们拒绝真理，并且拒绝有必要解释任何与真理有关的事——因为如果不存在 X，那么就不需要解释任何与 X 有关的事。我的一般性问题是，我们如何解释（或者更确切地说，威廉姆森打算如何解释）那些连对某个主题都完全拒绝解释的人？威廉姆森说，"[理论]应该解释证据"，并且他相信证据＝知识（E＝K）以及所有证据都是真的（第一讲）。但是，一个否认某种东西是证据的理论，也可能只是拒绝去解释它，并且拒绝有必要做这种解释。如果威廉姆森认为"哲学［只］是一项理论建构［以及理论比较］的事业"，我们就有两个潜在的问题：

（1）**反理论∈哲学**。如果根据威廉姆森的说法，这些反理论最终成为理论，并且在某种意义上是解释性的，不管这些观点的捍卫者怎么想，那么威廉姆森的"理论"和"解释"概念本身就有可能变得太过于模糊而没有意思。即使一个拒绝 X 理论的观点，最终也成了 X 理论！

（2）**反理论∉哲学**。如果这些哲学观点最终不是解释性的，如其捍卫者所称，它们是非理论的，那么根据哲学只**是**一项理论建设的事业的观点，将有大量哲学家最终将根本不是哲学家。这个结果无疑是有问题的，特别是考虑到前面讲演中最初非常可信的思想，即一个人之所以成为哲学家，是因为他严肃而真诚地参与讨论哲学家共同体的理论和论证。

然而，也许威廉姆森所提出的并不是描述性的，比如，**哲学就是这样**。相反，也许是**规范性的：哲学应该**这样做，而不管有些哲学家的实践和方法。然而，如果这一规范性修正是思考威廉姆森提议的正确方式，那么我们还有两种进一步的解释：（a）威廉姆森只是规定了许多不同可能的好的哲学方法论的一种，这些方法中没有哪种显然比另一种更好，或者（b）威廉姆森提出这种溯因观作为做哲学唯一的好方法。然而，如果关于威廉姆森的做法，（a）是对的，那么他如何将其与一直所主张的、溯因方法论潜在的中心性相协调呢？为什么要规定这种做哲学的方式呢？为什么不把它与其他好的哲学方法论（无论可能是什么）相比较，而不是仅仅把它与自然科学和数学，以及与失败的方法论相比较，例如他所选择的靶子：哲学仅仅作为澄清？因为他不做这些事，所以看起来（b）是个更好的解释。然而，如果是（b），那么威廉姆森提出的似乎是一个相当严格的或者至少是反多元主义的哲学概念。也许有人会认为，这是关于哲学理论的多元主义：**就让哲学理论百（或者更多）花齐放吧！**但是，关于哲学概念它是一元的：接受溯因范式（正如他在 2016 年的论文《溯因哲学》中所说的那样），否则你就只是在糟糕地做哲学。那么，这样做的问题是从一开始就会把许多完全值得尊敬的、好的哲学观点，比如唯名论、真理减缩论、心智消除主义，要么当作（i）糟糕的哲学观点和糟糕的理论，因为他们不打算解释任何事情（参见他的理论强度和符合证据的标准），而是拒绝解释的需要，要么当作（ii）糟糕的哲学观点，因为它们根本就不是理论，因而不能融于溯因主义范式。这是威廉姆森真的会认可的事情吗？如果是的话，这可能是一个潜在地令人担忧的结果。那么，我在这里讨论所提出的总体建设性问题是，我们应该如何看待"哲学是一项理论建构的事业"这一提议？在这里，理论不仅是通过演绎，还是通过溯因来判定的。在理解我们应该如何做哲学时，溯因方法论的预期范围是什么？

第三，与讲演和溯因提议有关的几个问题。以下是对威廉姆森讲演内容的一些更具体的担忧：

（1）他通过与自然科学（和数学）中的例子做比较，建立了他自己使用溯因和理论比较的案例。然而，（i）他没有提出任何严肃的哲学论证的例子，其中使用的论证是溯因论证，（ii）他没有给我们一个例子，说明两个解释性理论之间的哲学争论，可以依据简单性和审美考虑（例如，对优雅和优美的考虑）来判定。没有这些，就不清楚有什么理由认为严肃的哲学会使用（i）溯因或（ii）溯因的理论比较。此外，在当代哲学或者哲学史中，是否有一个决定性的、令人信服的、广泛接受的使用溯因推理的好例子呢？

（2）此外，在目前存在相对共识的简单争论中，溯因应该如何发挥作用？考虑下面这个简单但**真实的**例子：理论 1（K→T）说的是知识必然蕴涵真。有人提出了一种情况 C，在其中，S 相信 p，但 p 不是真的。根据 K→T，我们可以推断出 S 不知道吗？这真的是一种解释性推论吗？目前还不清楚。另外，还有人可能会认为，在这种情况下，S 确实知道 p，并且把 C 作为 K→T 的反例。然后，他们可能会得出一般性主张，知识不必然蕴涵真，从而产生另一种理论 2 ¬（K→T）。为什么会认为简单和优雅可以在 K→T 和¬（K→T）之间进行判定呢？究竟哪个更简单或者更优美，目前还不清楚。

就（1）而言，认为溯因范式是一种描述性提议，它不仅关于"哲学**应该如何实践**"的基本方式，而且关于"哲学**如何实践**"的基本方式的一种描述性提议，我认为这可能是合理的，特别是当我们将"宽容原则"（principle of charity）应用于哲学家所说和所论证的东西时。基本思想是这样的：许多哲学家认为他们已经给出了支持他们提议的演绎论证，事实上，运用一点点想象力并应用宽容原则表明，他们最好被认为提出了溯因论证。这是因为他们的所谓"演绎"论证最终证明是**无效的**，这很容易用一点想象力和一个更大的、更好的理论视野来表明。举个著名的例子，知觉的因果论者最好被解释为提出了一个溯因论证，而不是一个演绎论证来证明知觉关系的本质是因果的，因为还有可能将知觉者与知觉对象之间的知觉关系解释为一种非因果依赖（例如，构成性的）。此外，我在Schipper（2020）① 中认为，关于事态存在的使真者论证是无效的，并且最好将其理解为一种最佳解释推理，因为有明显的替代方案，比如特普（tropes）。那么，一个有趣的工作假设可能是，只要稍许宽容加想象力，过去的哲学论证一般都可以理解为溯因的。不过，这里出现了一个一般性问题：如果此工作假设是真的，那么对哲学来说不是一个好兆头。因为因果理论和使真者的案例表明许多论证缺乏说服力，并不如支持者所认为的那么强。同时，这也揭示了哲学中基本的溯因推理和其他推理的弱点，因为从来都**没有**被普遍接受的肯定的（positive）哲学理论（不同于数学和科学）。如果所有的哲学论证真的如威廉姆森所提议的那样，只是一个溯因论证，那么需要改革的可能是我们对溯因论证的使用。因此，也许我们必须把目光投向别处。

第四，归纳与审美标准。在威廉姆森关于理论选择的审美标准的讨论中，哲学家，而不仅仅是自然科学家（和数学家）都应采用这些标准。他把重点放在简单和优雅上，还很重要地提出了一个问题：为什么我们应该期望真理是简单或优雅的？威廉姆森用一个小故事来回答这个问题：通过比较两个例子，一个来自物理学，另一个来自哲学的同类。简言之，T1 和 T2 是竞争理论。T* 是一个完

---

① A. Schipper, "Aboutness and Ontology: a Modest Approach to Truthmakers", *Philosophical Studies* 177 (2020), 505 – 533. https://doi.org/10.1007/s11098 – 018 – 1192 – 6.

全类似于 T1 的理论，除了在 2099 年圣诞节那天的伦敦市中心，它的表现类似 T2。T* 与 T1 符合相同的证据（因为它们唯一的区别在于未来）。按照威廉姆森的说法，一个物理学家会立刻拒绝 T*，因为它"太复杂、不优雅、丑陋、混乱且有特设性"。而且，这个物理学家还会拒绝无数多个像 T* 这样可以构建出的理论。威廉姆森提出，哲学家也应该这样做，例如关于身心关系的理论。问题是，在这种情况下，对溯因推理的诉求究竟有多大？事实上，没有物理学家或哲学家会认真考虑 T*。但这真的最终是出于溯因和审美的理由吗？相反，为什么不是因为这些理论根本上就是**不可信的**（implausible），而非丑陋的呢？这种不可信从何而来？在丑陋和不可信之间的联系是什么？或许，丑陋是不可信的一个标志。这都需要解释，但是却没有得到解释：威廉姆森的小故事没有回答他最初的问题："为什么我们应该期望真理是简单的或优雅的？"至于这种理论为什么会被拒绝，以及溯因诉诸审美理由的终极依据，科学哲学家至少给出了两个主要回答。其一，这种理论并不是归纳上牢固确立的（inductively entrenched）：我们可以不使用这种理论，它们涉及了任意的、被不公正操纵的描述（Goodman）。其二，归根究底，审美标准只是启发法：对理论的审美属性的诉求的正当性地位的最终依据是**归纳**，因为更优雅、更简单的理论在过去给了我们为真的预测。在这两种情况下，尽管我们在某种程度上接受了一种溯因方法论，并为诉诸理论选择的审美标准给出了证成，我们所使用的最终证成和最终方法是归纳。因此，如果这些科学哲学家是正确的，那么威廉姆森关于将哲学视为理论建构事业的建议，可能更适合于一个"归纳范式",而不是他在其他著作中所称的"溯因范式"。此外,令人惊讶的是,威廉姆森迄今为止在他的哲学方法论讲演中根本没有提到归纳。这是为什么呢?如果威廉姆森认为溯因应该取代归纳,他能否给我们一些理由,特别是面对许多人认为归纳其实是溯因的核心?最后,如果归纳推理不是涉及审美属性的溯因推理的基础,那么什么是其基础呢?溯因推理本身?正如其他人对类似情况所提出的著名论断,那将是循环论证。

徐竹:感谢陈波教授的介绍和邀请,在此我想向威廉姆森教授提两个问题。第一个问题是,如果一个理论解释了证据,那么它是否更有可能为证据所证成呢?为什么?威廉姆森教授在讲演中指出,一个理论不仅要与证据相一致,而且还要解释证据,他声称这一点也适用于哲学理论。一个表明了某个行为不公正的证据,很可能证成一个公正理论,而这个理论将解释为什么这个行为是不公正的。在我看来,这与确证(confirmation)和解释之间的联系有关。威廉姆森似乎持有一种解释主义确证观,认为证据性证成可以从理论的解释关系中建构。相反,反对解释主义的人会说,即使一个理论解释了证据,也不足以合理断言它们之间存在证成关系。证据性证成应该以真理为目标,而解释力则是通过尝试理解来评估的。后者的成功并不总是意味着前者的又一次成功。例如,我参加了一场魔术秀,被魔术师的表演深深吸引。回到家后,我决定弄清楚魔术师是如何实现那些看似不可能的事情的。最终我自己也能做到同样的事情,就像我尽最大努力解开一个谜题一样。尽管魔术师的表演已经被我解释了,但要说我所发现的就是魔术师所做的,这点可能仍然没有被证成。即使我给出的解答使魔术师的工作更好理解，但这种成功并不能排除适用于这场魔术秀的其他可能。回到威廉姆森教授的例子：即使一个公正理论解释了一个行为为什么是不公正的，也不意味被解释项为这个理论提供了证据性证成，因为一个可理解的成功不能排除其他可能性，它们也适用于不公正的理由。

第二个问题是，关于溯因推理，审美标准是否可以理解为（至少间接或偶然地）与真理目标有关？在谈到溯因时，威廉姆森明确强调了理论比较中的审美标准，如简单和优雅。他的论证涉及两个主要理由。一是，如果不使用审美标准，科学家或哲学家可能会把时间浪费在与日俱增的竞争理论上。二是，科学理论和哲学理论可能会过拟合，并且对数据的不准确过度敏感，这使得那些分析越来越混乱且丑陋。为了解决这个难题，似乎有必要强调审美标准。然而，威廉姆森的论证几乎没有提到审美标准与探究的真理目标之间的关系，这似乎与溯因的某些重要的支持者不同。例如，彼得·利普顿（Peter Lipton）的"最佳解释推理"理论，更注重可爱性（loveliness）与可能性（likeliness）之间的关系。哲学理论建构采用最佳解释推理是合理的，因为根据审美标准，更可爱的理论更有可能是真的。这就是为什么最佳解释推理或溯因推理通常被认为是一种对实在论有益的策略，因为它确实试图获得真理，而不仅仅是可断言性。这种担心对于威廉姆森的论证似乎是不可避免的。为什么理论变得越来越混乱且丑陋是一件令人失望的事？如果在审美标准和真理之间没有特别的联系，那么仅仅以简单和优雅为标准，就认为一个混乱且丑陋的理论不可接受，这似乎也不够合理。但是如果我们试图给出这样一种联系，那么仅凭考虑审美标准，如何提供理论是否为真的指示仍然是个难题。这似乎煎熬着每一个溯因主义者，我想知道威廉姆森教授的看法。

威廉姆森：谢谢二位提出的精彩问题。我先回复亚瑟·席珀的问题，他问了很多，我的回答或许不能面面俱到。他的一个问题是怎么看待那些非解释性理论，他提出唯名论和减缩论作为例子。当然，在某种意义上，你可以说许多（并非所有）减缩论者称，没有"真理"这样的东西，因为抽象地说，没有真之属性这样的东西。当然，如果唯名论被认为是一种关于共相的理论，那么在某种意义上，唯名论者认为没有共相。但是，如果你看看唯名论者和减缩论者所做的事，就会发现他们的方法论实际上更接近于我所描述的。我们从减缩论者开始，保罗·霍里奇（Paul Horwich）在纽约大学写了一本名为《真理》（*Truth*）的书，所以他显然认为"真理"这个词在某种意义上是有意义的。你看看他在那本书中所做的，他提出了一个理论……好吧，我想自然而然是"真理理论"。但是如果我们现在想要避免抽象的话，可以说这是一个真谓词如何工作的理论。他在那本书中做的很多事情，其实就是为人们已经注意到的谈真表述（truth-talk）的运作方式提供解释，并且表明如何根据他的减缩论进行解释。所以，他考察了大量的现象，关于真信念在让我们得到想要的东西时所发挥的作用，还考察了人们提出的减缩论真理理论无法解释的现象，并表明这种理论如何解释这些现象，这是很重要的一部分。减缩论解释的简单性是减缩论者认为此观点具有吸引力的另一个部分。就唯名论者而言，当然，中世纪唯名论会让我们想到一个人，奥卡姆的威廉（William of Ockham），他用自己的名字命名的"奥卡姆剃刀"（Ockham's razor），即"如无必要，勿增实体"与"不要引入很多没有真正做任何解释工作的实体"这一解释的溯因标准密切相关。唯名论者在辩论中通常花费大量时间解释，对手所认为的在唯名论框架内无法解释的现象其实是可以解释的。因此，唯名论者和减缩论者不仅都提出了一种简单的观点，同时他们的理论还有一些典型的溯因的优点，他们都表明了（或者至少试图表明）如何解释与该理论的评估有关的大量现象。但是，我们不能将他们所做的事准确无误地描述为把现象解释成某个抽象名词。在我看来，他们实际在从事某种溯因的事业，他们的观点之所以吸引人，明显是因为具有溯因的优点。尽管这些理论最终是否在客观上获胜是另一回事，但我不认为它们代表了完全不同的方法论。其他人也提到理论是否可以解释一切的问题。当然，任何理论都可能有无法提供进一步解释的"第一原理"。我今天谈的尤其是对证据的解释，但是我认为我们的部分证据是存在某种东西，而不是什么都没有。有些东西很可能不能被解释，所以，我不认为不能解释一切的理论就会被我们干脆排除掉，应该是在其他条件相同的情况下，一个理论能解释的越多越好。还有人会拒绝把解释性作为标准，我当然不会说这些人不是哲学家，因为他们可能是公认的哲学家。所以，如果有人拒绝溯因方法论的话，原则上并不意味着这些人不是哲学家。同样，我怀疑拒绝溯因方法论的自然科学家能否很好地完成工作，但这不意味着他们不能被视为自然科学家。所以，我所提出的观点在某种程度上是描述性的。我认为哲学史的很大一部分，其实根本上是人们基于溯因理由而提出的理论，当然，他们并没有说"我在使用溯因"。在自然科学中也是如此。人们大致上遵循着溯因方法论，没有将所做的事描述为溯因或者最佳解释推理。但他们有时会指出使理论具有解释性和简单性（或者反之）的方法，这在哲学史中可以找到。所以，我特别要指出，即使一些理论，如唯名论和减缩论，在提出时并没有在意识形态上遵循溯因方法论，但它们事实上确实就是这么做的。

我还想谈谈"什么才算作一个理论"的问题。从科学哲学看，理论的传统定义是逻辑上的一组闭语句及其逻辑后承。它当然还包括很多其他情况，所以，我不认为应该对"什么算作理论"限制过多。"理论"这个词本身没有什么信息量，通常一个推测性的假设会被称为一个理论，所以，某个关于是谁刺杀了肯尼迪的推测性假设也会被称为一个理论。因此，没有必要限制对"什么算作理论"的看法。就哲学而言，无论提议还是假设，确实都具有自然科学中被称作"理论"的理论特征。它们很笼统，某种程度上从它们所依据的最初证据层次上抽象而来。就溯因和归纳之间的关系这个问题，我想我并没有用归纳为溯因提出某种奇怪的证成。如果你考虑很早期的古希腊哲学，很明显，在溯因方法还没有令人印象深刻的表现时，人们就已经被溯因的标准打动。所以，我们不是基于归纳的理由而接受溯因，但后续的归纳证据对溯因是有利的。我认为，溯因很可能是我们固有的东西，但这点肯定不会用作对溯因的证成，而且证成能进行多远也是有限度的……对不起，我说得太久了，应该就此打住。

接下来回答徐竹的问题。在我看来，第一个问题关于探究的不同目标以及真理和理解之间的对比。你认为有些探究的目标可能在于理解，而非真理。但这并不是我理解的与所说的真理和理解之间的关系。如果我们的目标是真理，那么我们真正的目标是想要知道真理。知道真理实际上就是，我们的目标是知识。所以，这是知识和理解之间的对比。你举了一个变魔术的例子，想出这些魔术的解法来达到理解。我认为，问题在于魔术师是如何操作的。想要理解魔术是怎么变出来的，只有给出与魔术师的实际操作相匹配的解释。但是，如果我们感兴趣的仅仅是怎么变出魔术，而不关心魔术师实际上是如何做到的，那么我们给出的方法与魔术师的实际操作是否相符就无关紧要了。这并不是因为真理无关紧要，而是因为问题不同了。因此，我们感兴趣的最起码是给出"魔术是怎么变出来的"这个问题的真正答案。因此，我也不认为真理和理解之间存在某种对立。首先，它是关于知识和理解的问题，但不是真正的对比。因为我们试图理解的，是一件事实际上如何做到或者如何能够做到，这与知道实际上如何做到或者如何能够做到几乎一样。所以，我会拒绝真理和理解之间的对立，因为没有不关心真理的理解，你必须留意所有实际回答的问题中的真理。

你的第二个问题是关于真理的审美作用。你对比了我说的以及彼得·利普顿在他关于最佳解释推理的书中所说的内容。彼得·利普顿可能是我在哲学上最好的朋友，我们是研究生期间的同学。我对最佳解释推理感兴趣，纯粹因为他的博士论文就是写的这个，我们曾经用很长时间去讨论它。我并不认为他的方法与我的有实质分歧，我说的有些内容与他书中的内容不符，不过并不是真的不同意他。我们之间最大的区别是，他写了一本书，而我做了一场一个半小时的讲演，因此，他能比我更详细地阐述"可爱性"与"可能性"之间的关系。这不是说可能性的问题与哲学无关，我们都希望将提出的假设可能为真。我们的方法论假设将可爱性作为可能性的指示。它是如何起作用的呢？很难说。我认为，可能性暗示了一种概率方法论。范弗拉森（van Fraassen）等人论证了最佳解释推理对决定先验概率分布可能起一定作用，因而主张在最佳解释推理和概率方法论之间存在某种张力。我不反对利普顿对此提出的质疑。我不觉得概率框架有多大帮助，目前我们还不能把概率放在哲学方法论讨论的有关假设上，所以，范弗拉森等人的主张解释不了什么。尽管要解释溯因方法论如何与某些概率方法论结合并不容易，因为比方说，强度与其说支持概率的（pro-probabilistic），不如说反对概率的（anti-probabilistic），但这两种方法论之间最终并不存在深层张力，因为它们都与科学探究方法有很大关系。把科学探究放在概率框架中比把哲学放入其中更有启发性，因为科学探究的领域中存在自然概率，而人们仍然在用溯因方法论工作，很明显，它们并不冲突。当然我同意，提出一个很好地解释它们如何结合的整体框架是非常棘手的任务。好吧，我还是到此为止吧。我知道有些内容没有说，但还是不说了。

陈波：非常感谢大家！感谢威廉姆森教授、亚瑟·席珀教授和徐竹教授。我要对后续的讲演安排做一点说明，接下来是我们的国

庆节和中秋节小长假，因此系列讲演不得不中断将近两周，然后在
10 月 12 日重新开始。接下来还会有五次讲演，它们都是非常有趣
的主题：哲学与逻辑、哲学与哲学史、哲学与其相邻学科、哲学与
模型建构，以及哲学及其未来。欢迎大家届时继续参加后面这五次
讲演！祝大家晚安！假期快乐！

第六讲　哲学与逻辑

时间：2020 年 10 月 12 日

陈波：大家晚上好！今晚是威廉姆森教授的第六次讲演"哲学与逻辑"，这是一个非常有趣的题目。欢迎！

威廉姆森：好的，谢谢。今天我要谈的是哲学与逻辑的关系。许多分析哲学与逻辑之间存在着很密切的关系，这一点似乎很清楚。但要解释这种"密切的关系"到底是什么，并不像人们所以为的那么容易。你会发现，尤其是分析哲学家，他们常常坚持自己的分析方法是独特的，因为他们对自己的观点进行论证，而不仅仅是断言。但问题是，他们心中的论证是什么样的呢？我认为他们心中通常拥有一个哲学论证的演绎模型，论证有明确确定的前提和结论，并且每个前提和结论都用一个单独的句子表达。当然，你有时甚至会发现，前提和结论实际上以某种方式编号或者标记，有时只是用一个方块，但常常很清楚它们是什么。通常情况下，一个论证在演绎的意义上是有效的，其结论从前提逻辑地得出，所以，在某种意义上，一个有效论证不可能前提为真而结论为假。这种逻辑有效性和演绎有效性往往以一种非常简单的形式得以实现，即从一些前提开始。如果它们本身在逻辑上不足以得出结论，那么你只需要额外添加一个前提，其形式为：如果其他的前提成立，那么结论就成立。于是，这个新添加的前提再加上其他的前提，就会以一种逻辑有效的方式给出结论。因此，在这种意义上达到逻辑有效性是相对容易的。

很少有哲学家会对具有这种形式的论证的有效性提出质疑，我是说，不是完全没有人质疑。我们所讨论的这种基本的推理规则，通常称作"分离规则"（*modus ponens*），它是一种从前提 P 和另一个前提"如果 P，那么 Q"得到结论 Q 的推理形式。哲学家（其实是逻辑学家）范麦吉（van McGee）对"分离规则"有效性的质疑是一个例子，他的质疑尤其针对一个条件句嵌套于另一个条件句，得到像"如果 P，那么如果 Q，那么 R"而言。还有认为存在着"真矛盾"的双面真理论者（dialetheist），比如格雷厄姆·普利斯特（Graham Priest），他们质疑实质条件句的"分离规则"。在实质条件句中，"如果 P，那么 Q"等价于"非 P，或者 Q"，他们质疑是因为这是避免"矛盾导致一切"的方法。所以，还是有人质疑这种形式的论证，但他们很大程度上是少数派。即使对于实际质疑它的人来说，也可能有一些方法来确保哲学论证的有效性，只是他们所接受的各略有不同：哲学论证也许并不需要完全采用范麦吉所拒绝的形式；或者可以尝试使用一种不同的条件句，来获得从前提到结论的蕴涵。因此，如果有哲学家想要质疑一个有效论证的结论，如果他们接受这个论证是有效的，那么他们要做的就是质疑其前提。他们被期待以一种特殊的方式做到这一点：说出质疑的是哪个前提。因为如果论证只有一个前提的话，那么很明显要质疑的就是那个前提了，而如果有很多前提，那么他们必须说出质疑的是哪一个。我应该指出，这里并不允许"有时你可能有一组空前提"的特殊情况。你的论证可以没有前提，那么结论将是一个逻辑真理。关于这一点，有些事情要讲，我后面讲的会与之相关。但我们当前并不需要担心这种情况，因为在哲学讨论中，论证的结论只是一个简单的逻辑真理的情况非常罕见。所以，我们将集中讨论的情况是，结论不是一个普通的逻辑真理，而且假设了一些明确的前提。

哲学家应该说出质疑的是哪个前提，但这一期待的合法性并不完全自明。因为你似乎可以说，每一个前提本身都是合理的，但它们的合取并不合理。在某些情况下，这样才是讲道理的做法。假设掷了一个骰子，骰子六个面的数字分别为1、2、3、4、5、6，我们不知道结果是什么。如果我们得到一个论证，其前提是，骰子朝上的那面不是1，骰子朝上的那面不是2，骰子朝上的那面不是3，骰子朝上的那面不是4，骰子朝上的那面不是5，但骰子朝上的那面确实是1、2、3、4、5或者6。那么，我们可以从这些前提中有效地演绎出"骰子朝上的那面是6"的结论。这些前提都有很高的概率，由于任何一个特定的结果都有可能不是如此，所以，前五个前提的每一个概率都是 5/6，而结论的概率却仅仅是 1/6。事实上，我们甚至可以把"骰子朝上的那面不是 6"作为一个额外的前提，然后得到一个矛盾作为结论。所以，并非如果论证的每个前提都有很高的概率，那么结论也有很高的概率，这是我们通过"彩票悖论"（lottery paradox）所熟悉的东西。而假如我们实际遇到了这个论证，在这种情况下，我们并不知道骰子哪一面朝上。因此，让我们说出哪个前提为假，这种做法是不讲道理的，因为我们就是不知道。但与此同时，我们也很可能不会接受这个结论，因为骰子朝上的那面是 6，这也不大可能。

对哲学论证而言，我们不应该只停留在对前提的一般性怀疑上，质疑论证的人通常应该提名一个要质疑的前提，然后就这个前提继续争论。这其实是哲学家们玩的逻辑游戏的规则，与我在第二讲中讨论的两个规则非常相似。所以，为了进行富有成效的讨论，质疑者应该决定将他们的怀疑集中在哪个前提。当然，虽然你可能很难说出你确信哪个前提为假，就像掷骰子案例一样，但通常情况下很容易找到并不明显正确的前提。而当我们的论证有了一个哲学上有趣的结论时，情况尤为如此。攻击这个论证的哲学家并不需要坚持前提一定为假，他们可以说"我看不出有什么理由接受这个前提"，然后认为就可以阻断这个论证。当然，按照逻辑游戏的规则，辩护人可以对有争议的前提给出一个演绎论证。但类似地，有争议的前提也不会是一个逻辑真理。在正常情况下，为有争议的前提给出的演绎论证，本身就会包含一些并非逻辑真理的前提，它们并不是完全显而易见的，然后质疑者就可以攻击其中一个。很明显，我们正面临着无穷后退的危险：我们只是继续提出进一步的论证和进一步的质疑，却没有真正取得什么进展。这清楚地表明，演绎不可能是故事的全部，可能是故事的一部分：演绎论证在解释对结论的支持上可能起到一定作用，但仅仅靠它本身是不够的，因为存在着明显的"证成倒退"问题。在大多数情况下，论证的辩护者会说"前提是自明的"，而如果对手真的在挑战前提，他们就很难这么说了。

所以，我们可以换个方向：该论证的辩护者可以尝试用溯因论证来支持论证的每个前提。于是，我们会得到一个在整体结构上有许多前提的演绎论证，而每个前提都有一个支持性的溯因论证。但这么做并不真正符合溯因精神，因为溯因是想要达到某种统一的立场，对由它所得出的东西给予支持。我们为演绎论证的一个前提与另一个前提所给予的支持可能并不一致，甚至我们在支持一种情况时所说的话与支持另一种情况时所说的话可能并不一致。因此，找到这些前提一起的溯因支持以表明它们属于统一的图景，这可能更符合溯因的精神。如果发生了上述情况，也并不意味演绎没有用。演绎仍然可以帮助我们规划安排具体的结论替选方案的逻辑空间，部分原因在于，不同方案对应着拒绝不同的演绎前提。所以，根据所拒绝的前提，或者甚至可能拒绝演绎有效性，我们就有了一种提出结论的替选方案的方法，它至少可以让我们更好地了解逻辑空间的相关区域的布局等。

我现在从演绎和溯因相结合的角度来思考这些论证。纯演绎模型的问题在于，它产生了演绎论证的无穷后退。但是，将溯因支持和演绎相结合并不能真正帮助我们解决这个结构性问题，因为它会面临一个类似的问题：产生溯因论证的无穷后退。因为溯因论证本身就有前提，那么我们必须支持这些前提等，所以，你可能会担心我们并没有真正取得什么进展。更具体地说，溯因论证的前提是溯因论证的结论所要解释或统一的各种证据。即使我们完全理解一个溯因论证，但如果这些证据受到质疑，我们可能还需要为它们提供溯因论证。这并不如你想象的那么令人担忧。其中一个原因是，在实践中，溯因论证的前提（换句话说，就是这些要被解释的证据）比得出相同结论的演绎论证的前提，可能在逻辑上弱得多。例如，我们对"所有 F 都是 G"这一形式的结论感兴趣。如果用一个有效的演绎论证来得出全称结论（在结论本质上确实具有全称形式的情况下），通常我们需要某种全称前提来获得结论的普遍性，这样我们的全称前提就显得很容易受到挑战。但是，如果用溯因论证来处理相同结论，溯因论证通常可以处理非全称前提。例如，如果我们处理的是简单归纳，那么非全称前提的形式就可以是"这个 F 是一个 G"。这使我们很容易找到令目标受众接受的溯因论证的前提。这并不是说，溯因论证的前提通常在本质上不可否认，这样的标准看起来太高了。这些前提可以是我们试图说服的目标受众所接受的，尽管它们不是自明的。如果我们试图说服的人确实接受这些前提，那么至少就该讨论和受众而言，前提是可否认的也没有关系。当然，对于一个给定的结论，有时也能找到目标受众所接受的演绎论证的前提。但如果我们面对的是有些怀疑的受众，要找到足够证据为他们所接受的结论提供一个演绎论证，那可就难得多了。尝试给他们一个溯因论证，那么事情会更容易办成。

　　当然，还可能会出现一种反驳。事实上，它确实出现了，我们可能会遇到溯因方法的反对者。确实有这样的哲学家，在科学哲学中，巴斯·范弗拉森一直是溯因和最佳解释推理的反对者；在更有限的范围内，你甚至可以在当代形而上学家泰德·塞德尔（Ted Sider）身上发现这一点。我认为他愿意接受基本形而上学中溯因形式的论证，但他认为，溯因在这里的可行性与你处理的是"本质上非常自然的关节"之类的东西有关。他更怀疑对溯因在非基本领域中的说服力，比如说就像演绎那样使用。所以，哲学家可能拒绝溯因，这一点是真正可能的。这些拒绝溯因的哲学家，有时想要以某种不同的方式来理解一个非演绎论证。所以，如果你给他们一个被自然而然地描述为溯因论证的东西，他们在某些情况下会接受，但会以一种不同的方式将其合理化。例如，范弗拉森在这种情况下可能会用某种概率论证（probabilistic argument）来将其合理化。所以，他们拒绝溯因本身这一事实，并不意味着他们将会拒绝被"溯因支持者"描述为溯因的论证，这里有时有某种回旋的余地。但我们也可能会遇到一位更为极端的哲学家，他系统性地拒绝溯因论证，并且不提供任何非演绎的替选方案。我担心我们可能会遇到这种人，这种人几乎是完全拒绝理性的论证，因此并不值得与之争论。我是说，我们原则上会遇到这种人，因为毕竟你可能会遇到一个关于理由的怀疑论者，其完全否认有任何事情是其他事情的好理由。如果你认为有好理由存在，并且试图用好理由去说服他，他将以"假定论题"（question-begging）拒绝，他会说："好吧，你正在给我理由。但我的立场是，没有任何好理由。所以，我显然不会为任何考虑所打动。"所以，我们面对的似乎是一种完全的、绝对极端的关于理由的怀疑论者。从哲学的角度看，我们在处理这些问题上是无能为力的。当然，我们可以问他们："是否有好理由支持这个立场？"但他们可能说的只是"没有"。我不认为这是好理由，因为我们并不考虑一个拒绝所有推理的人。你还可能遇到的是某个拒绝非演绎推理的人，但是要与这样的人进行讨论，仍然很困难。当然，他们如果只喜欢演绎论证，那么他们就无法给出一个拒绝溯因的纯粹的演绎论证。他们也许能够演绎地证明溯因论证不是演绎的，但并不意味他们能够演绎地证明应该拒绝任何非演绎的论证，即无法通过演绎推导出这个结论。因此，他们也就不能为其观点提供强有力的理由，尽管他们给不出强有力的理由这一事实，也没有为反对他们的立场提供纯粹的演绎论证。我们肯定会遇到这样一类人，对于一个结论有说服力的论证或者有说服力的理由，他们的看法如此严格，以至于再与他们争论毫无意义。我们只能接受有时会陷入这种境地的事实。当然，哲学家总体上非常包容，他们往往想要用各种方法说服反对者，无论反对者有多么不同。我认为我们只用考虑那些可行的、可以想象的怀疑论。显然，我们无法在一些反对者那里取得任何进展，但这并不意味我们的立场有什么缺陷，因为出于相对微不足道的原因，我们不可避免地不能说服所有反对者。我们不应该以是否具有这种能力来评判观点。事实上，如果这是一种普遍的能力，那么期待它是完全不合理的，因为当我们试图坚持这样一种全能的辩论能力时，实际上只是让我们自己陷入怀疑论之中。在这里，我们处理的虽然不是这种关于推理的极端怀疑论，但正在处理的事情与之相当接近。所以，我们可能不得不接受：如果与一个人打交道，他认为除了演绎推理之外，不接受任何一种推理可以支持结论，那么我们可能已经无话可说了。即使他们在原则上声称接受理性的、非演绎的论证，因而可能会说，他们并不将自己限制在演绎论证上，但如果我们在实践中发现，他们通常拒绝任何所面对的理性的论证，那么仍然不值得与他们争论。有些怀疑论者会说："如果你给我一个理性的论证，那么我会很乐意接受它。"然而，无论你给他们什么论证，他们都认为是不合理的。很明显，他们将自己锁定在一种倾向里，拒绝任何向他们提出的理性的论证。再说一次，和他们争论是毫无意义的。说得更笼统一点，有的人可能完全将自己置于无可救药的境地，他们拒绝回答哲学问题所需的那种认知，而且拒绝我们试图给予的任何形式的帮助。我们只能说，这在某种程度上是他们的问题，而不是我们的问题。由此引出的重要寓意是，无论他们的怀疑论倾向如何，我们都不应该凭借其说服他人的能力来评估哲学立场。因此，值得考虑的是同样的问题在自然科学中如何展开。

那些以类似方式拒绝非演绎推理的人，可能会让自己远离自然科学，这看似合理。因为他们不愿意进行所需要的那种思考，尤其可能拒绝溯因论证。他们可能不会简单地因为不喜欢理解非演绎论证的方式而拒绝溯因论证，但是，如果他们也拒绝其他的非演绎论证，比如概率（贝叶斯）推理，那么这些科学家可能几乎是拒绝理性的论证了，我们不值得与之争论。所以，并不是因为我们哲学家是教条的，而科学家则不是，就说哲学有什么独特的地方。我认为，总体而言，哲学其实是很了不起的，它愿意认真对待这些极端的立场。但不能参与所有形式的怀疑论，这只是探究的一个更普遍的特征，也就是说，即使我们试图在任何一种探究中非常包容，都可能存在让我们对其无话可说的、各种极端的怀疑论。而且，我们不应该过分浪费时间去说服他们，也不必因为同情怀疑论的理论没有给我们资源去说服怀疑论者，因而去说这些理论的坏话，这不是应用的合理标准。以上只是一些不太系统的评论，关于演绎在哲学论证中所起的作用，我可以稍后再说一些。

可能有所帮助的是，稍微远离哲学，继续思考类似的情况。在前几讲中，我已经建议过自然科学，尤其演绎在自然科学中所起到的作用。首先要说的是，在自然科学中，演绎通常用于来自理论的论证，而非得到理论的论证，也就是说，我们不该期望从无前提或者从本身不构成理论的前提中推演出一个理论。当然，如果我们有一个理论，有时可以从中推演出另一个理论，例如，在一个理论统一了许多更具体的理论的情况下。但如果我们首先考虑的是如何得到一个理论，那么在自然科学中一般不会是通过推演得到。尽管如此，由于我们可以从理论中推演出一些东西，所以演绎确实起了重要的作用：预测是由理论加上辅助假设推演出来的。至少在给定辅助假设（比如，关于测量装置如何工作的假设等）的情况下，如果假设被证伪了，那么理论也就被证伪了；但如果预测被证实了，那么理论就被客观地确证了。演绎在溯因和溯因方法论中因此发挥作用。当然，它也可能涉及证伪，这意味着至少在一种非常简单的证伪中，演绎对拒斥理论也有更直接的作用。所以，值得探讨的观点是，演绎在哲学中的作用与在自然科学中的作用类似。还有一种观点认为，即使将哲学理论说成预测会有点奇怪，演绎在哲学中的作用与在自然科学中的作用也应该是类似的。只要一个人明白，在足够广泛的意义上，什么是预测，这就说得通。例如，我们有一个关于公正的理论，它可以预测某特定类型的行为是不公正的。当然，在思想实验中发生的事情尤其具有这种结构：如果我们想象某种情形，那么一个公正理论将预测，在那个情形中法官的做法是不公正的。因此，我们谈论的只是从某种普遍原则或者包含一些普遍原则的理论中推演特定情形的后果。你可能不愿意称其为"预测"的一个理由是，预测一个行为类型是不公正的，其本身涉及了公正的概念。如果你有一种刻板印象，认为科学预测是就纯粹的感觉而言的（或许是颜色、形状等），那么在这个意义上判断一个行为类型是不公正的，就不能算作预测。但这种意义甚至与科学中的情况也不相符：预测通常不是通过纯粹的感觉品质（sensory qualities）做出来，而是通过某种物理变量将有的值做出来。这一点必须通过测量来确定，而测量又依赖于"测量装置如何工作"等各种理论上的假设。我们在这些情况下所做的，其实利用了我们具有判断特定情况的能力这一事实。因此，它尚未假定我们认为理所当然的那种理论。这在关于公正的例子中也不是那么不可信：我们有能力判断特定行为是否公正，而无须从一个一般性的公正理论推演得出。一般性的公正理论是后来才有的，但我们已经具有了关于特定情形的某种知识。所以，即使有时不能提出一个一般性的公正理论，我们也能认识到不公正。似乎就像遭受不公正的受害者往往意识到自己是受害者，却无法清楚阐述任何理论来解释为何他们遭受的待遇是不公正的。

我们需要多谈一些逻辑和科学理论之间的关系，因为它们之间其实很亲密，但彼此又不在一起。我们在为科学理论引入预测时使用基本的逻辑原理，这些逻辑原理其实是"包裹"的一部分。当理论得到客观确证时，这个"包裹"便得到溯因上的确证。举个例子，我们从一般性理论推导预测时，必须使用很多从"每个 F 是 G"到"这个 F 是 G"的全称示例（universal instantiation）推论。这些逻辑原理用来"解包"科学理论的内容，但实际上很难将其与科学理论本身相分离，因为我们需要它们说出理论本身在说什么、理论的内容是什么。"解包"哲学理论的内容其实也一模一样，逻辑原理很难与哲学理论相分离。事实上，人们有时会说，一个理论不仅是第一定律和基本定律，而且是它们以及所有逻辑后承的集合，整个集合将会是理论。所以，在某种意义上，我们是把逻辑、科学定律或者哲学原理捆绑在一个包裹里。不过，从溯因论证的观点来看，这是没问题的，因为被确证的是整个"包裹"。通常，无论在自然科学中正使用哪种具体的理论（比如物理理论），我们依赖的都是相同的逻辑原理。当其中一个理论被否证（disconfirmed），这些原理也不会受到特别的威胁。因为如果一个理论被否证了，我们很可能会切换到基于相同逻辑原理的另一个理论，所以，我们通常不会放弃这些逻辑原理。这是正常情况，但有一两个例子对此提出质疑。例如，希拉里·普特南认为，量子力学中的双缝实验否证了"从 P 和（Q 或 R），我们可以得到（P 和 Q）或（P 和 R）"的经典命题逻辑分配律。这与互补原理（principle of complementarity）有关，也与下列想法有关：一个系统中两个不同的互补变量不能得到完全明确的测量。我现在不关心普特南论证的细节，但是他并没有提出，拒绝分配律是理解这些实验中现象的最好方法，使你能够对实验中的物理现象有更现实的理解。我看不出"拒绝分配律"这种做法在方法论上有什么不合法的。原则上，它不能被任何先验论证（transcendental argument）排除，但实际上这种做法并不奏效，人们普遍认为，拒绝分配律并不能帮助我们理解双缝实验中的物理现象。普特南本人后来也确实改变主意，不再支持量子逻辑了。这是个复杂的情况，因为人们在提倡量子逻辑时，其实只是根据有关量子力学的数学空间给"或"这个词或者析取符号一个非标准的含义。如果只是改变"或"的含义，这就不是对分配律的有趣的拒绝，而只是一种流于言辞的举动，但普特南并不打算把他所做的事当作纯粹的流于言辞的举动。在一般原则上，我们并不能排除"逻辑定律是自然科学中的预测所溯因地确证或否证的一部分"的想法，但实际上，我们还没遇到好的例子，还没有出于自然科学中的原因而反对修改逻辑的判决性先验论证。

　　我认为这也适用于哲学，它涉及我们对经典逻辑本身有什么样支持的问题，因为经典逻辑是哲学家主要使用的逻辑。这又回到我在前面所说的两种情况。一种情况是，哲学家实际上质疑论证的逻辑。他们抱怨，虽然一个论证根据经典逻辑的标准可能有效，但这些标准是错的。另一种情况也许是前一种的特例，论证没有前提，而只有一个结论。根据经典逻辑，该结论是一个逻辑真理，但它仍能被想要挑战经典逻辑的人质疑。正如我所强调的，对论证的逻辑方面的这种质疑不会随着使用溯因而消失，因为必须还要考虑经典逻辑（或无论什么逻辑）对于从理论得出预测的作用。因此，根据我们用哪种逻辑与一些假定的基本物理定律结合以推出后承，我们会得到非常不同的"理论包"。所以，如果我们思考经典逻辑的地位，显然不会为经典逻辑寻找演绎论证。因为如果演绎论证实际上使用了经典逻辑，那么某种意义上这就是"假定论题"。不过，经典逻辑的溯因支持就很容易找到。经典逻辑在数学中起着绝对的核心作用，数学千百年来实际上就是这么发展的。数学以证明和用经典逻辑的标准来证明为核心，是人类历史上（如果说地球历史上，我也没意见）最成功的演绎事业。数学为经典逻辑提供了巨大的溯因支持，因为它几乎完全由经典逻辑完成。不过，人们也不是从来都没有提出过其他备选的逻辑，甚至比如直觉主义逻辑，数学在某种程度上是沿着这条路线发展的。但总体上看，与经典逻辑和标准数学的作用相比，这是个相当小并且有点边缘化的数学史事件。数学本身及其在科学中的应用如此成功，我们似乎已经得到了对经典逻辑很强的溯因支持。经典逻辑具有通常的溯因优点，它是一种很强的逻辑，而人们考虑的大多数备选逻辑并非更强的逻辑，它们并非适用于全部经典逻辑原理，因而弱化了经典逻辑。经典逻辑同时还是一种极其简单的逻辑。所以，这确实是一个得到强有力的溯因支持的范例。

我将要谈谈逻辑与哲学之间的关系。在这里我们开始把逻辑看作哲学的一部分。我们已经看到了这方面的一些动向。我们看到，当你提出一个带有哲学概括的哲学理论时，需要某种逻辑来推导出这些概括的后承。如果没有后承，这些概括告诉你的东西就很少，当然，这么做的一个结果是它们无法得到溯因支持，因为如果没有逻辑，它们将不会做出任何可以独立证实的预测。一些哲学家和逻辑学家认为，逻辑在形而上学（以及哲学其他领域）中的作用类似于中立的裁判，它在相互竞争的形而上学（或其他领域的）理论之间进行仲裁，但本身不具有任何形而上学内容或其他实质性内容。当然，如果只考虑经典逻辑，那么看起来就非常像是，任何人都只用经典逻辑与哲学理论相结合，而且如果人们在实践中都接受经典逻辑，那么它就是哲学中立的。然而，经典逻辑并不是真正中立的，因为即使人们实际上一直接受它，也有可能以哲学上的理由（例如，以形而上学的理由）拒绝它。因此，它不是一个能被所有形而上学家都认为中立的裁判。事实上，你会发现，几乎每个逻辑原理都被一些哲学家以形而上学的理由（或者非形而上学的其他哲学理由）拒绝过。让我们来考虑一下形而上学的理由，这里有一些经典的例子可供思考。最著名的、有争议的经典逻辑原理可能是排中律：情况要么如此，要么并非如此。它的一个有争议的地方与开放的未来有关。换句话说，许多哲学家认为，如果我们处理的是某种未来偶然性，那么对其使用排中律会带来不正确的结果。著名的例子是亚里士多德论"明天的海战"，明天可能会有一场海战，也有可能不会有海战。如果你说："明天将会有一场海战，或者并非明天将会有一场海战"，那么，这句话在某种程度上是不正确的。

明天是否有海战尚无定论，所以，析取式并不成立。以上是人们拒绝排中律的一个形而上学的理由。另一个是数学哲学中的构造主义（constructivism），它涉及某些认识论的理由，而这些理由以某种方式建立于关于数学对象本质的看法中：数学对象在某种意义上只是心智构造物，只有我们为它们的构造编写了决定事情这样或那样的规则，它们才能被确定。简言之，如果我们的规则还没决定事情是哪样，我们就不能说事情是哪样。这种数学形而上学的构造主义图景导致了对排中律的拒斥。还有一个经典逻辑原理，它被称作"（不）矛盾律"，或许没有什么帮助。我们可以把它看作禁止断言任何矛盾。前面提到的双面真理论者，像格雷厄姆·普利斯特等人，他们确实接受矛盾，所以也拒斥对矛盾的拒斥。让他们这么做的一种情况就是悖论，比如说谎者悖论、关于真假的语义悖论，有时还有模糊性悖论，以及集合论中关于"所有不是自身成员的集合的集合"的罗素悖论。他们认为逻辑空间中存在着一种类似黑洞的奇点（singularities），事情在那里照样继续并且矛盾成立。他们提出，矛盾律受限于这种黑洞。补充说明，我并不赞成对经典逻辑的这些反驳，但有趣的是，这些反驳已经被提出来了，在讨论中不能完全避免。例如，格雷厄姆·普利斯特会说，罗素集，即所有不是自身成员的集合的集合，既是又不是自身的成员。他并没有说所有的矛盾，他的意思是存在矛盾在其中成立的这些特殊的奇点。可能还有更极端的情况，涉及了同一律，这是所有事物都与自身同一的一个原则。受到分析哲学熏陶的哲学家经常认为，这是一个不证自明的主张，没人能拒斥它。但是，我认识一位哲学家，他与许多非分析哲学家在一个系里。他惊讶地发现，许多同事都认为没有什么东西与其自身同一。他们关于事物变化的现象（比如在一个时间坐着，在另一个时间站着）的想法，涉及了自我同一的某种缺失。但我认为，这种缺失正是因为对象在不同时间具有不一致的属性。因此，这些反驳也是稀里糊涂的。尽管如此，还是有一些不同的形而上学观点拒斥经典逻辑的原理。

当然，我们在前面也看到了，人们对"分离规则"（即从前提P和前提"如果P，那么Q"到结论Q）和分配律（普特南在量子力学的案例中拒斥了它）的拒斥。因此，似乎所有逻辑原理都可以基于形而上学的理由而被拒斥。当然，事实是，有人可能会以形而上学的理由拒斥它，并不意味着它实际上是错误的，但这确实意味着逻辑原理并不具有通常被宣称的那种中立仲裁者的地位。有时你看到的是，人们选择了这些经典逻辑定律中的一个并且发现它不是中立的。他们认为，尽管它不一定是错的，但不应该是逻辑定律，因为逻辑应该是中立的，所以，它也可能是形而上学定律，而不是逻辑定律。他们只做这么一次，就让这听起来是合理的。但是，一旦看看使得经典逻辑原理基于形而上学的理由而被拒斥的这些案例的范围，就会发现，如果我们排除所有这些原理（它们在哲学上是不中立的，因为有可能基于形而上学的理由或者某些其他实质性的哲学理由而被拒斥），那么就不会有任何逻辑原理剩下了。因此，哲学家用于逻辑原理的中立性标准完全是不合理的。所以，更有道理的是把逻辑本身看作哲学的一部分，这样当有人在哲学中提出一个理论时，所提出的一部分是他们用来阐述该理论的逻辑，通常是经典逻辑，也可能是一些非经典逻辑，它们不会在方法论上被排除，因为逻辑没有中立的地位。

我再简要地讲一个例子，因为在这种情况下，形而上学的内容相当明确。有一个涉及量化模态逻辑（quantified modal logic）和模态形而上学的争论，实际上我喜欢称之为必然主义（necessitism），即"必然地，一切东西都必然是某个东西"（$\Box \forall x \Box \exists y x = y$），以及偶然主义（contingentism），即"可能地，某物可能什么东西都不是"（$\Diamond \exists x \Diamond \forall y x \neq y$）这两种观点之间的争论。我来稍微解读一二，让你们感受一下这两种立场。如果"存在"（existence）这个词仅仅用来表示"是某个东西"（being something），而不是特别用来表示"是具体的东西"（being concrete），那么必然主义观点认为"存在是非偶然的"，偶然主义观点认为"存在是偶然的"。换言之，偶然主义者认为，存在的东西本可以是不同的、本可以是其他东西，而必然主义者则认为，存在的东西不可能是其他东西。我之所以喜欢这个例子，是因为必然主义和偶然主义在非模态层面上与经典逻辑一致，但又对应了截然不同的关于模态实在的看法，并且每个看法都可以通过（广义而言）只包含逻辑常项的公式来表述。由于我们只是出于讨论的目的而将其当作常项，所以你看到的两个盒子或方块（$\Box$）只代表某种形而上学必然性，而不可能是其他。我们有倒立的"A"（$\forall$）和反向的"E"（$\exists$）这两个量词，其范围是不受限制的任何东西，这是对它们最纯粹的一种逻辑解释。然后是等词（＝），它也是一个逻辑构造物。如果一个逻辑真理是无论如何改变其中的非逻辑常项（普通的谓词和名字等），它都是真的，那么按照逻辑概念和非逻辑概念的自然划分，必然主义和偶然主义都完全不用非逻辑常项来表达，它们使用模态算子代表绝对的形而上学必然性，使用不受限制的量词，使用等词，然后使用变项将其阐述出来。从这种观点来看，必然主义和偶然主义之间，如果其中一个是真的，那么它将是逻辑真理，因为没有任何东西改变，它将空洞地为真。然而，你改变的是对非逻辑常项的解释，偶然主义实际上等价于必然主义的否定，反之亦然。同样，如果我们假设经典命题逻辑，那么必然主义和偶然主义之间有一个是真的，无论哪个为真，都是逻辑真理。然而，这两种观点似乎都不是形而上学中立的，它们都涉及关于模态实在的看法，其中一个是对另一个的否定。这种情况下，关于形而上学模态、存在和同一的逻辑的一部分在某种意义上是非中立的逻辑真理，而按照对逻辑的这种理解，逻辑自身将告诉我们一些形而上学上有趣的东西。所以我一直在说的观点是，对于一个完善的形而上学而言，逻辑形成了其中心结构的内核，因此逻辑并不是用来与形而上学观点相结合的一些中立性辅助，而是形而上学观点本身的奠基部分。逻辑很自然地与形而上学的其他部分一起在溯因上被确证或否证，这是因为确实没有合适的方法可以证明逻辑是形而上学中立的，也没有办法提取出逻辑原理的某些基本内核，它们在形而上学上是没有争议的。那我们该怎么办呢？我建议，逻辑的作用一方面是给我们形而上学上有意义的主张。就模态形而上学而言，它给我们必然主义或偶然主义。即使看似不证自明的同一律，即所有事物都与自身同一，也不是形而上学中立的。它是关于同一的主张，在关于同一的感性形而上学中起着奠基性作用，但在其他一些形而上学中是被否认的。逻辑的作用的另一方面是阐明形而上学原理的后承，就像逻辑在物理理论中用来阐明假定的物理定律的后承一样。但这两种作用有些不同。因为阐明其他的理论原理的后承，通常是推理规则的作用，例如一个推理规则允许我们从全称概括推出其实例。而阐明形而上学原理的后承，实际上是陈述形而上学上有意义的真理或者声称是真理的东西，它与推理规则无关，而与逻辑真理有关。不过这两者最终都与一个完全阐明的逻辑相连，它们是逻辑所起的两种作用。在建构哲学理论的过程中，陈述关于实在的一些基本的结构性原理以及阐明其他原理的后承，这两种作用都是形而上学（或者其他种类的哲学理论）"理论包"的一部分，可以根据其后承在溯因上确证或否证。在某些领域，所有对立理论考虑的唯一的逻辑是经典逻辑。而在哲学中，经典逻辑的替选逻辑在过去的一个世纪里得到相当大的关注，在溯因确证和否证中发挥了比在没考虑替选逻辑的科学和数学中更积极的作用。当然，即使在这些情况下，经典逻辑作为理论包的一部分也有功劳，如果我们取得了大量的溯因成功，那它就在溯因上成功了。但就哲学而言，这些理论间的差异得到了更积极的评估，因为我们实际上考虑了各种非经典逻辑。在我看来，经典逻辑在这些情况下表现得更为优越，非经典逻辑的典型问题是它们太弱了，以致它们确实不能很好地从基于它们的理论中得出结论，结果是，理论在溯因考虑下表现得相当差。因此，这些都是演绎逻辑在哲学的理论评估中所发挥的作用，它们在哲学理论的溯因比较中发挥了积极的作用，这足以说明演绎逻辑在哲学中极其重要的作用。但是，它们并没有真正发挥哲学家在谈论他们的工作时表现出的那种作用，哲学家以演绎的方式来修饰论证，而真正的哲学行动发生在其他地方。因为对于非逻辑前提的状态，我们永远无法得到一个真正令人满意的说明。因此，以演绎的方式来表现哲学论证或许很方便，不过，这有些误导，因为它并没有很自然地与理论实际被评估（或应该实际被评估）的方式联系起来，而这种评估是溯因的。

　　我来说说下一讲我要做什么。在过去的六讲中，我们经常回顾哲学史上的一些片段。我刚才也是这么做的，回顾了哲学逻辑史上关于修改经典逻辑的各种提议，例如，总体来说相当近的普特南的提议，尽管关于排中律的作用以及开放的未来的问题可以追溯到更远的时候。这使我们很自然地要问，哲学的过去在帮助我们建设哲学的未来时能起多大的作用？这就是我下次要讲的内容。谢谢大家！

　　陈波：感谢威廉姆森教授的讲演！现在让我简要介绍一下今天的与谈人和提问人。张留华博士是华东师范大学哲学系教授，他的研究专长是逻辑、逻辑哲学和逻辑史，尤其是查尔斯·皮尔斯研究和美国实用主义。徐敏博士是华中科技大学哲学学院教授，他的研究专长是形而上学、逻辑哲学和语言哲学。现在轮到你们两位了。

　　张留华：感谢陈波教授悉心组织本次活动，也感谢威廉姆森教授的精彩报告。正如此前他每一讲一样，本讲内容依旧信息量大，富有启发性。威廉姆森教授对于哲学方法的解释，深入浅出，同时又不失前沿性。

在聆听"哲学与逻辑"以及该系列中其他报告的过程中，或许是我曾多年浸染皮尔斯著作的缘故，我很多次联想到美国哲学家、逻辑学家、实用主义奠基人皮尔斯的相关思想。譬如，当威廉姆森提到"常识（common sense）是我们认识/探究的出发点，而非终点"时，这似乎是皮尔斯"批判常识论"的当代回响。当威廉姆森论及"哲学是一门非自然科学，其在某些方面类似于数学那样的科学"时，皮尔斯用以命名哲学的"cenoscopy"一词闪现在我的脑海中。根据皮尔斯的科学分类法，哲学作为一种科学，一方面，其不同于数学，因为它关注我们的经验生活世界；另一方面，其关注经验世界的方式又不同于物理学、心理学等所谓"自然科学"或"社会科学"门类，因为它对于世界的观察方式是所有清醒正常人共通的，无须借助于专门的工具或仪器。他把哲学称作"cenoscopy"，正是为了强调哲学之于"自然科学"或"社会科学"等所谓"idioscopy"：两者共有的词根"-scopy"表明它们都关注我们的经验世界，前缀 ceno-与 idio-分别意为"共同"和"专门"，是为了显示它们对于世界的观察方式不同。除此之外，威廉姆森与皮尔斯还共有一个显著的主题，那就是，abduction（溯因法，或译为"外展"）。我们都知道实用主义强调"效果"在方法论上的地位，但鲜有人知的是，皮尔斯喜欢把自己的实用主义直接称作"溯因的逻辑"（the logic of abduction）。在当代哲学家中，威廉姆森对于溯因之作为哲学方法论的价值，有着多方面的深入论述，他甚至强调，对于逻辑理论的建构，也应遵循溯因法的思维方式，即我们选择哪一种理论作为我们的偏好，取决于哪一种理论能更好地（包括更简洁地）解释我们所关注的种种现象。

我指出这些有趣的相似性，并不是要证明威廉姆森只是在跟随皮尔斯的脚步，那顶多属于"家族相似"。事实上，我们在两人之间不难发现一些重要差别。一个有意思的例子是，威廉姆森把理论的简单性视作一种美学标准（aesthetic criterion），而皮尔斯则认为那属于一种经济考虑，是他所谓"研究经济性"（Economy of Research）的重要方面之一。另一个明显的差别是，皮尔斯虽然弘扬溯因法的地位，但并不会像威廉姆森那样把"溯因法"与"归纳法"等同使用，而是主张演绎-归纳-溯因的三分法。尽管如此，威廉姆森与皮尔斯两位逻辑学家兼哲学家之间的共有见地，仍给我留下了最为深刻的印象。它们至少表明，威廉姆森报告中所呈现的若干关于逻辑及哲学的貌似"非正统"观点，不仅可以在当代哲学家中找到共鸣者，也可以在历史上（至少是 19 世纪的皮尔斯那里）发现先行者的足迹。就本人而言，我非常欣赏上述提到的威廉姆森那些基本主张，并从他对于这些主张的独特诠释和机智辩护中受益良多。

接下来，我想提出两个"何谓"（what is）问题和一个"证成"（justification）问题。三个问题都在一定程度上与溯因法相关。它们算不上我对于威廉姆森相关思想的质疑，更多只是我个人当前比较关注的点，因而希望威廉姆森教授能在前面的报告之后再多讲一些。

问题一：何谓现代意义上的逻辑？必须承认，这样的问题，在当代学术界，常常因为被人当作"纯粹的语词之争"而搁置起来。

然而，威廉姆森反复强调溯因法在逻辑中的重要地位，使我感到有必要更清晰地了解何谓逻辑，或至少是何谓威廉姆森所谓逻辑。

作为一门现代学科，现代逻辑在今天既作为数学分支又作为哲学的一部分。与之相适应，在当代分析哲学中，"逻辑"一词主要用来指一种形式化的语言、系统或理论，这在很多学者那里甚至属于标准用法。我认为，当威廉姆森教授谈及"经典逻辑""量子逻辑"以及其他非经典逻辑时，他正是在此意义上使用"逻辑"一词的。不过，除此之外，威廉姆森似乎也在其他意义上使用"逻辑"一词。譬如，他曾在有些地方说道，"经典逻辑关注的是'并非'、'而且'、'或者'、'所有'、'有的'和'是'的逻辑"。"并非"等这些小词的**逻辑**？这里的"逻辑"该做何解？在一种情况下，它似乎暗指这些小词在我们言语中的**实际**用法。在另一种情况下，它又可能是指我们**应该**如何使用这些小词，不论你和我实际上如何使用它们。在第三种情况下，它似乎可以是指某一共同体内的人们**想要**在特定意义上约定运用这些小词，不管共同体之外的人如何使用它们。我还注意到，即便威廉姆森强调溯因法在哲学方法上具有不可或缺的重要地位，但他未曾使用"溯因逻辑"（abductive logic 或 the logic of abduction）之类的表述。通常来说，"在做逻辑时使用溯因法"与"以逻辑的方式研究溯因法"并不一样。这是否意味着威廉姆森会向波普尔那样说"不存在任何关于归纳或溯因的逻辑"，或者会像卡尔纳普那样说"溯因法应归在逻辑的方法论中，不能称作真正的逻辑"呢？有鉴于以上疑惑，我希望威廉姆森能进一步阐明他对于"逻辑"一词的倾向性用法。在我看来，一位哲学家对于

"逻辑"一词的倾向性用法，是他逻辑观念的一种外化。

　　问题二：何谓推理？在此，我假定英文中的 inference、argument 和 reasoning 在无差别地表达逻辑学以及哲学上所谓"推理"。而且，我相信威廉姆森教授今晚报告中也没有在概念上区分这三个英文词。关于逻辑，有一种比较大众化且具有历史传统的观点是，逻辑的研究对象是推理，而推理类型包括演绎与溯因（归纳）。（这里我们姑且遵从威廉姆森的用法，在广义上把溯因与归纳等同使用。）这种看法，听起来相当自然。因为，如果演绎是从前提推向结论的话，溯因（归纳）则是反方向的推理，由"结论"去解释"前提"。然而，就推理进程而言，在演绎法和溯因法之间有一种重要差别。演绎的前提只是一些"设定"（assumptions），推理者视之为真或假设为真的一些说法。相比之下，溯因法的前提却是一些"信念"（beliefs），或按威廉姆森的用语，是一些"证据"。与"设定"不同，这些"信念"是推理者实实在在拥有、内心倾向于认同的。一方面它们显得有些弱，因为它们不像"设定"那样被作为百分之百的"真理"对待，而是存在"出错"或"后来被放弃"的可能性；另一方面它们又显得比较强，因为它们不允许只是"设定"那样的人为任意假设，必须是一种真实相信的状态。我认为，欧弗（D. E. Over）在 1987 年发表的一篇回应麦基所提出的"肯定前件式"（MP）反例的文章《设定与所谓肯定前件式反例》，其主要贡献就在于，使更多的逻辑哲学家清晰地看到了演绎法前提之不同于日常信念的地方。或许，正是因为许多现代逻辑学家和分析哲学家注意到了演绎与溯因之间的上述差异，有些"崇尚演绎"的学者倾向于把溯因法（其中涉及人的信念）排除在推理范畴之外。于是，如果我们坚持逻辑乃关于推理的一种学问，那么，就应当坚持认为，我们只有演绎逻辑，并不存在什么溯因逻辑。即便在某些场合下，我们必须承认存在所谓"或然性推理"，但此种推理中唯一可以从逻辑上加以理解的只是某种类似贝叶斯概率的东西。后者属于一种或然性**演绎**，是演绎的子类，但并非什么新型**推理**。同样是为了凸显演绎与溯因之间的本质差别，一些"崇尚溯因"的哲学家却转而持有另一种"非传统"的推理观念。哈曼（Gilbert Harman）主张，人类推理本质上是"观点的合理之变"（reasoned change in view），其中关键的是我们信念的修正，因此，人类推理的范例是在溯因法那里，而不在演绎或证明之中。在演绎法（尤其是数学证明）中，重要的是蕴涵，而非"信念修正"意义上的推理。由此来看，虽然很明显存在着演绎**证明**，但究竟是否存在所谓"演绎**推理**"，就不是那么显而易见了。于是，我们看到哈曼的一个貌似惊人的结论：现代意义上的逻辑并非一种关于推理的理论。即便可以论证说现代逻辑跟我们的推理具有某种关联，但这绝非意味着它跟人类推理有什么特别的相关性。现代逻辑与人类推理的相关性，并不高于物理学等一些"非逻辑学科"与推理的相关性。如上，我们已经看到，在当代逻辑哲学领域，就"谁（演绎还是溯因）才是（真正）推理的范式"，存在一种争论。我期待威廉姆森教授能对这个关于"推理"的语词之争说些什么。威廉姆森在报告中似乎把溯因法视作当然的"非演绎"推理，并在此基础上竭力论证溯因推理在逻辑上的重要地位。然而，一位怀疑论者或许会说：为什么对溯因法如此大动干戈？在某种意义上，它不过就是我们的观察或知觉力，或是谨慎的猜测或假说，抑或某种实用性考虑，说得再正式一点，顶多不过就是类似古德曼"反思均衡"的某种东西。毋庸置疑，溯因法中包含着某种重要的东西。但这并不意味着我们应该将其抬升为某种新型**推理**。因为，正如之前所提到的，在演绎推理与溯因法之间似乎存在某种质的（而不仅仅是程度上的）差异。我很想知道，威廉姆森教授会如何回应此种思路。

问题三：我们有希望利用溯因法证成"经典逻辑是现存诸种逻辑理论中最好或最为稳健的逻辑"吗？威廉姆森似乎想要告诉哲学家们：基于溯因方法论，经典逻辑是一种具有强解释力的最佳科学理论。他还提到，这种逻辑是简单而精致的。威廉姆森曾在某些地方提到：量子逻辑、直觉主义逻辑以及弗协调逻辑并非如疯子一般的不理智。对此，我理解为：他对于当代逻辑学界的逻辑多元论现象抱有一种宽容的态度。但是，某种非经典逻辑的倡导者所追求的远不只是被人在卡尔纳普"宽容原则"的精神下得以同情理解，他们渴望进一步表明：某种非经典逻辑一定优于经典逻辑，甚至应该是唯一正确的逻辑。当然，威廉姆森已经尝试对这些非经典逻辑进行了一些驳斥。但是，我很好奇，他有信心基于溯因方法论证成经典逻辑的正确性吗？在某种意义上，经典逻辑是简单的，但很多学者怀疑它是不是稳健的（robust）或足够稳健。譬如，有些直觉主义逻辑学家已经把经典逻辑处理为直觉主义逻辑的一种特例。在此意义上，直觉主义逻辑似乎可以说比经典逻辑更具一般性。而通常而言，更具一般性的理论应该更容易适应于各种各样的新情况，即更为稳健。威廉姆森同时还强调的似乎是，改动经典逻辑，具有太大的代价，而保持经典逻辑却总是有很大的益处。然而，当我们决定采用此种成本收益分析法时，难道不应该把我们选择逻辑之时的目的任务考虑在内吗？我有理由猜测，威廉姆森与某些非经典逻辑倡导者对于逻辑研究的目的存有分歧。至今看到有人声称的"目的任务"至少有这样几种：（1）逻辑研究旨在评估日常和科学语言中的论证，即从中区分出好的论证；（2）逻辑作为一门学问创立出来，是为了以一种系统的方式刻画（或表达出）我们人人都用的本能逻辑（logica utens）；（3）逻辑研究的目的是借助于形式模型来解释我们在某个领域关于某种主题的实际论证活动何以可靠或不可靠；（4）逻辑学旨在为数学这门被誉为包含最严格思维的学科提供一种根基。我并不想说这些"目的任务"彼此无法兼容，但我猜测它们之间的侧重点明显有所不同，而当它们其中之一在某位逻辑学家那里被特意强调时，一定会对他的逻辑哲学思考（包括何种逻辑才是更好的）产生潜在影响。不难设想的一种情况可能是，当威廉姆森针对既定的某逻辑理论（譬如经典逻辑）做出他的成本收益分析时，在"逻辑研究目的"上与之存在分歧的其他逻辑学家很可能会得到相差甚远的成本收益分析。毕竟，关于经典逻辑的同样一种结果（譬如"实质蕴涵怪论"或"爆炸原理"），有人视之为大代价，其他人则可能视之为不足道的代价，甚至是某种优势。正如我们在很多版本的实用主义理论那里所看到的，"效果"评估，是哲学论证中很要害的地方，也是容易引起高阶分歧之处。我猜威廉姆森或许已经把经典逻辑视作某种知识，但考虑到其中实质蕴涵怪论、爆炸原理等"反常识"结果的存在，许多研习逻辑之人通常不会将其视作常识型知识（common-sense knowledge）。就此而言，面对业已出现的种种非经典逻辑理论，经典逻辑似乎需要得到一种证成。但是，一个随之而起的难题是，由于我们无法在逻辑研究中通过开展像自然科学中那样的真实实验以获取某一逻辑理论的可预见经验效果，更重要的是，由于逻辑学家们甚至无法就"哪些现象才是逻辑理论所需要解释的数据"达成一致意见，我们有希望成功达到对于经典逻辑的合理辩护吗？或许，一些悲观主义论者想要说：经典逻辑之所以在今天被视作"标准逻辑"，不过是人类社会进化的结果而已，但此种结果并不意味着"最优"，它只是我们在特定社会阶段所选择的人类约定之一。谢谢！

徐敏：我的第一个问题涉及哲学论证演绎模型的所谓"无穷倒退"难题。您认为这是该模型的一个巨大的代价或者说不足吗？我觉得，这个模型并非显然有误，纵使它面临这样的无穷倒退。如果我的哲学只承认演绎论证，那么，我必须说，为了对一个观点进行终极的论证，一定会遭遇无穷倒退。但是，这不是什么灾难性结果，因为出于一些实际的理由，我们可以选择不去做进一步的论证，我们可以选择在某个层次或者在某个点停下来。比如，停止于我们共同承认的某个常识，或者停止于某个实际所需的足够深的层次。简言之，我的问题是，您认为这个无穷倒退是恶性的吗？

第二个问题，如果我对您的观点理解正确的话，您认为哲学论证的正确模型可以被描述为"演绎＋溯因"。如果是这样的话，一个问题来了，为何不是"演绎＋归纳"或者"演绎＋溯因＋归纳"？

您认为演绎推理和溯因推理是基本的推理类型，但归纳推理不是？还是说，您认为它们都是基本的，但是归纳推理在哲学中不会用到或者不会经常用到？

第三个问题，如果哲学论证的正确模型是"演绎＋溯因"，那么，这似乎隐含着在诸如经济学、物理学、心理学等其他领域，情况会是不同的。您有这样的隐含吗？您真的认为哲学论证的模型会与其他领域的论证模型有什么不同吗？还是说，逻辑是中立的，能够普遍地应用到其他领域，无论是演绎的逻辑还是归纳的逻辑？

如果我还能再问一个问题，我希望您能更多谈谈最佳解释推理，毕竟对许多哲学家而言，最佳解释推理是最重要的哲学方法论。我们知道，最佳解释推理某种意义上是溯因的，但是，它们并非完全相同。谢谢您。

威廉姆森：谢谢你们提出非常好的问题，对此我有很多内容要回应。我首先回答张留华的问题。第一个问题关于逻辑和溯因的关系。首先是形式系统的逻辑和自然语言的逻辑之间的关系。当然，"逻辑"一词被广泛地用于许多不同种类的探究。人们可以只做各种未解释的形式系统的元逻辑，它实际是数学的一个分支。事实上，人们在研究模态逻辑时，通常并不记着对模态算子的任何特定解释。但我今天讲的不是未解释的形式系统的元逻辑那种逻辑，当我谈论"形式化逻辑"（formalized logic）一词时，我仍然把逻辑常项当作被解释的、有意义的符号。因此，它与关于自然语言的逻辑并没有很大不同，在自然语言逻辑中，我们也在处理被解释的符号。所以问题是，在自然语言的逻辑小词（logical particles）和我们在经典形式系统中所研究的那些东西之间可以有多大分歧？我所关心的并不是主张它们必须完美匹配。就拿条件句来说，如果事实证明，英语中的条件句和实质蕴涵有不同的含义，那这并不一定意味着它们的含义和自然语言有什么问题，也不一定意味着我们应该在有区分地使用它们之前先学习。事实上，我确实认为自然语言中逻辑小词的指称与经典形式语言中相应的符号非常匹配。特别是我在书中为自然语言中的"如果"（if）辩护，认为它与经典逻辑的实质蕴涵等价。但这并不是我关于哲学方法论的核心观点，因为自然语言和形式语言之间如果存在分歧，对它们来说并不是一场灾难。或许形式语言的表达比自然语言的表达更适合系统的理论化工作。事实上，我认为自然语言的表达已经可以胜任了，但如果能使事情更精确的话，我不反对应该用形式语言来表达逻辑理论的想法。例如，我同情高阶逻辑，它们在自然语言中并没有很好地得到表达。我们想要用一种形式语言来给我们的逻辑理论一个典范的表达，这让我想到"是否存在溯因逻辑"的问题。原则上我并不反对这个想法，但并没有足够的形式结构给我们带来什么特别有趣的东西。

　　所以，这就把我带到你的第二个问题上，这个问题关于溯因和演绎的对比，与哈曼关于推理（inference）和论证（argument）之间区别的观点有关：推理即主体的认知转移，论证则在某种意义上强调结论。你要对比的一个方面是，演绎证明把前提当作假设，由此得出结论，但是前提并没有移动。而在溯因中，前提被当作信念或证据，因此是我们已经认可的东西。我有点怀疑这是不是溯因和演绎之间的根本区别，尽管它们确实经常被这样谈论。人们在谈论演绎论证时，往往只是从已经相信的东西中想到演绎论证，他们也可能会勉强承认，还有来自假设而不是信念的演绎论证。而我们也不太习惯从假设进行溯因的想法，但我认为我们可以从假设进行某种形式的溯因推理。比方说，我们有时会说："如果他不在派对上，那么是因为如此这般。""如果－那么"陈述本身基于某种来自一个假设的溯因推理，而不是"他不在派对上"的信念，然后我们在这个假设下，推理他为什么不在派对上。既然我们可以从假设转移到对他为什么不在派对上的想象，那我们就有权断言"如果他不在派对上，那么是因为如此这般"这个条件句。我们可以进行这种置换性推理，甚至是带溯因的。我赞同哈曼对推理和论证的区分是重要的，但我们可以在溯因和演绎两方面都做出一些区分，而且如我所言，每个区分都可以关于假设和信念做出。我想特别指出一点，我绝对不想用"反思均衡"来思考溯因。"反思均衡"是一个关于正在发生的事的内在主义概念，它与内在融贯性有关，而与在我看来必须为真的证据无关。因此，我不想用"反思均衡"来描述溯因，这个概念不如你所提的建议那么好。我们可以增加溯因和演绎的置换性版本，还可以将这些推理与关于前提的假设相结合，而这些前提或者是被相信的，或者是作为证据的，以上才是更接近于信念变化理论（theory of belief change）的东西。

你的第三个问题关于溯因对经典逻辑的好处，我实际对此很有信心。你认为，我们期待逻辑所执行的任务的不同，可能会出现不同的逻辑。总的来说，这并不是我在非经典逻辑的哲学方面的经验。人们有时提出的非经典逻辑，是从一个模型论或者某种非常有限的、形式化的东西中将得到的逻辑。而我在非经典逻辑哲学中的主张是，把非经典逻辑作为比经典逻辑更能胜任一系列任务的东西提出来。因为我在讨论中部分地提到，我们期望逻辑为我们做不止一件事。我认为，一个很大的问题是数学的作用。但非经典逻辑的拥护者谈论总体上放弃经典逻辑的理由时，他们通常说，有些情况适用于直觉主义，但他们说，这些问题不会在数学中产生，因此可以使用数学的经典逻辑特例，尽管按照他们的说法，数学的特例在更广的范围上并不有效。我认为，这与应用数学所涉及的错误看法有关，但没有时间在这里深入讨论细节。我们在自然科学和社会科学等领域中应用数学，是从对物理和社会实在有关的数学定理进行实例化入手的，上述实在中的现象导致了各种限制，因此，从人们给出的转向非经典逻辑的理由来夸大经典逻辑，这个想法是行不通的。通常情况下，这些非经典逻辑在理解数学方面确实遇到了麻烦。我不认为逻辑是人的约定（convention）。像"和""或""如果""并非"这些词意味它们所做的事，这是人的约定。考虑到这些词有意义，哪些是真的不是由我们来决定的，如果我们认为这些是人的约定，但不认为所有语言都是人的约定，那么很难理解逻辑在自然科学中是如何发挥作用的，因为是人赋予了我们语词的意义。

上面是我对张留华的简要回复，其实我还有很多话要说，现在我来回应徐敏的问题。第一个问题有关哲学上的"无穷倒退"问题。我完全同意他的观点，即原则上无穷倒退并不意味这种演绎在实践中一定是无用的。日常生活中，我们经常可以找到一些共同的前提，然后从中进行演绎的论证，而不是演绎在现实生活中起巨大的作用。因此，无穷倒退问题原则上不一定是恶性的。我所担心的是，在哲学争论中，双方经常用演绎的方式互相争辩，但与此同时，他们并没有取得进展。因为他们从来都没有找到一个共同的前提，其中一方实际上总是很容易拒斥他们的一些前提。所以，我们没有条件创造"恶性后退"，因为我们不会回去检查前提。所以，哲学上的争论常常是扭曲的，而且往往朝着徒劳无益的方向发展。因为作为推理的人，好像他们的工作是找到某种击倒对方的论证，尽管他们知道这个期望并不现实。对我们来说，更有成效的是用更接近于为有争议的哲学立场实际提供支持的方式来论证，这种支持通常不被认为是演绎，而更像是溯因。

　　第二个问题关于推理的"溯因＋演绎"模型，应该说，这并不是我首选的支持哲学立场的方式，我首选一种完全溯因的概念，而演绎的作用更多是得出哲学理论的后承，粗略地说，是为了做出可以被确证的预测。所以，我实际上并不是提倡这种混合观点，只是将它考虑为一种人们可以从演绎模型出发的可能性，但是演绎模型本身往往不是很有帮助。你第二个问题的第二部分是问题的另一个方面，即归纳在这里可能发挥什么作用。至少为了简单起见，我在论证中一直默认假设归纳可以被纳入溯因或者吉尔伯特·哈曼推荐的方式。他认为归纳是一种很好的论证方法，其成功实际上基本可以由溯因来解释。如果这是错误的，那么我们可能不得不将归纳添加为哲学中的另一种非演绎论证。对我而言，归纳不是一种非常普遍的哲学方法。如果我们只是在谈论简单归纳，那些来自许多实例的归纳确实有时被用在哲学中。例如，我自己有时就用它来表明，知识并没有像人们一直寻找的那样被分析为信念、真和其他要件。因为有很好的归纳证据显示，那些分析并不成立。因此，我并不反对使用归纳，但我首要的观点是归纳可以被纳入溯因，如果不能纳入的话，我们可能要把它添加到溯因中。

我所说的那种关于"溯因＋演绎"混合的观点并不是我真正的观点，我认为第三个问题的回答有关哲学是否与其他科学不同，因为它们不遵循那种"溯因＋演绎"的混合模型。我认为，哲学与其他科学没有什么大不同，但基本的哲学论证并不是这种特殊的混合类型。

第四个也是最后一个问题关于"最佳解释推理"与溯因的关系，这在文献中有很多讨论。我知道，一些皮尔斯学者认为，最佳解释推理并没有真正捕捉到皮尔斯所说的"溯因"，但我从未发现他们对两者差异的解释很有启发性。当然，皮尔斯自己也用各种不同的方式谈论溯因。所以，我对它们还没有进行系统的区分。我猜想，认为"解释"并不是一个清晰的哲学术语的人，可能想要谈的是"溯因"，而不是"最佳解释推理"。但正如我所说，关于它们之间的关键区别，我还从来没有看到一个真正有说服力的解释。在我印象中，哲学界大多数人或多或少都互换地使用它们，但肯定有一些人，特别是一些（也许不是全部）皮尔斯学者想要去区分它们。但当他们进行区分时，通常把"溯因"用于某种更具体的推理形式，这是皮尔斯偶尔谈到的一种形式。我并不想以那种非常具体的方式使用"溯因"，它对我的需要而言太具体了。所以，我倾向于使用"溯因"一词,而如果你用"最佳解释推理"来解释"溯因"的话,也不会误解我的意思。

好吧,我知道还有很多话需要说,但上述是我对问题的简要回答。谢谢你们提出的非常好的问题!

陈波:感谢威廉姆森教授!他提出了一个非常新颖的关于逻辑的描述:逻辑不是中立的,它是哲学的一部分、可以受到来自不同理由的挑战。哲学本质上是溯因的,而不是演绎的。所以,本次讲演内容丰富并且很有启发性,张留华和徐敏也提出了很好的问题。感谢你们三位,威廉姆森教授、张留华教授和徐敏教授。下一讲是非常有趣的话题"哲学与哲学史",今天就此打住吧,让我们周四晚上再见!

第七讲　哲学与哲学史

时间：2020 年 10 月 15 日

陈波：大家晚上好！今晚，威廉姆森教授将给我们一个非常有意思的报告"哲学与哲学史"。众所周知，"哲学就是哲学史"。黑格尔提出的这个口号在中国哲学界影响很大。在某种意义上，几乎是控制了中国的哲学研究。今晚，威廉姆森教授也许会给我们讲述另外一个故事，会给出一些新的思想。欢迎威廉姆森教授给我们做报告。

威廉姆森：谢谢！今天我将讨论哲学与历史之间的各种不同的关系。我将涉及哲学的历史以及（在某种意义上）历史的哲学。不论黑格尔是否正确，我都确定会讨论哲学与哲学史的关系。所以，我的第一个观点是，产生哲学的那类问题是由大多数人（至少当他们是孩童的时候）通常都有的那类好奇心驱动的。这类问题通常不是关于历史的问题。它们是这样的问题，比如"什么是公平？"、

"什么是知识？"以及"什么是时间？"这类问题。它们并不是为了历史或哲学史。它们就是哲学问题，而不管对诸如公平、知识、时间等的回答多么复杂。由此可见，哲学不是历史研究。至少它关切的大多数问题不是历史问题。

我刚才提到哲学起源于好奇心驱动的问题，这多半不是关于历史的问题。我认为也可以这么说，过去大多数杰出哲学家并不问关于历史的问题。我认为这不只适用于西方传统，同样适用于其他我所知道的传统。像什么是公平这样的问题是所有传统都感兴趣的问题。而这些不是历史问题。

当然黑格尔是一个著名的反例。并且他在某种意义上把哲学等同于哲学史。而且正如陈波介绍本次讲演时所说的，这种等同影响很大。我前些年在莫斯科国立大学做报告时，有人问我是否同意哲学是一门历史学科，当我回答"不"的时候，我能看出提问的人非常失望。我将会在本次讲演中给出这个否定回答的某些原因。我很确定，在分析传统中，把哲学与哲学史等同，或者把对哲学的研究等同于哲学史研究通常是被拒绝的。当然有一两个例外，比如匹兹堡的罗伯特·布兰顿（Robert Brandom），他接受黑格尔这种同一的某种版本。但我认为这在分析哲学中是比较少的。

现在我要说一下历史哲学。因为根据定义，历史哲学关心的是一些关于历史的问题。在此意义上，它不同于哲学关心的问题。在分析哲学中，历史哲学中被问到的那类问题，通常是研究真实的过去人类行为的历史的问题（即历史编纂学）。它们不是关于真实的过去人类行为自身的问题，而是关于我们如何能理解这些行为是什么，以及他们意图实现什么，为什么他们采取这些行动，等等。所以，至少在此方面，历史哲学在分析哲学传统中倾向于过去人类行为的研究，而不是过去人类行为自身，其原因在于有人怀疑真实的过去人类行为是否太过偶然，难以一种适合抽象哲学反思的方式被严格划分出来。怀疑论者认为历史的过程在某种意义上只是偶然成为哲学研究的适当对象的。人们可能接受的模式并不在哲学家特别感兴趣的一般层次上。我认为没有多少分析哲学家会把历史整体（人类过去的实际过程）当作有某种哲学意义的。

当然，形而上学家对过去感兴趣，并且他们会问"过去是否存在"或"是否只有现在存在"这样的问题。但这不是真正的历史哲学，因为在问这些问题的时候不只问过去人类的行为，还问所有过去的事件，而且是在一般性层次上问的，这种一般性如此之大，以至于它并没有真正打算对历史哲学产生任何特殊的影响。

如果我考虑其他哲学分支如何影响历史，会考虑心灵哲学和认识论，因为心灵哲学家和认识论学家对记忆和证据等感兴趣，而这些对过去的知识是至关重要的。但是，那些哲学家对记忆和证据的兴趣太过宽泛，以致不能算作历史哲学。继续这个话题。对过去行为的具体问题感兴趣的道德哲学家和法律哲学家对过去行为的责任感兴趣，但也是太过宽泛，以致不能算作历史哲学。

因此，历史哲学在任何一种意义上都是现代分析哲学的一个很小的分支。很少有人做历史哲学，我想它可能被忽略了，这也许是因为另一种科学——自然科学——确定了很多分析哲学的方向。我感觉它是该复兴了，但是，至少按照分析传统的理解来说，它不太可能成为哲学的中心。它很可能只是哲学的众多分支中的一支，它们研究的是对世界的特定探索，即对历史的探索。

当然，如果我们考虑哲学与历史的关系问题，即使假定哲学问题在很多或大多数情况下不是关于任何事物的历史的问题，历史可能依旧提供了什么是正确答案的相关证据。对此，一个很自然的例子来自政治哲学，似乎完全有理由通过询问社会是如何以近似这些理论的方式组织的，它们对所发生的事是如何说的，是否成功，等等来测试政治哲学中关于人类社会如何组织的理论。

我的意思是任何实际的人类社会都不能完美示例政治哲学中的任何理论，但是有的比其他更接近。所以，通过做某些与示例那个理论相似的事情，以及它实际上是怎么运作的，它们确实提供了某些信息，这些信息关乎社会应该如何被组织起来的某些观点是否可信。

但是如果我们谈论历史与哲学史之间的关系，其中一个方面是哲学史是历史的一部分。特别地，过去的哲学是过去人类行为的一部分。毕竟写书是一个行为。所以，原则上哲学史在历史研究中有一定作用。当人们这样认为的时候，它通常被归为思想史的一部分。这是历史学家研究哲学史的时候经常使用的说法。很明显，这完全是历史的合法部分。当然，它并不是完全孤立的部分，因为思想的历史会对其他历史产生影响，因为思想有影响，至少人们对那些思想的接受会有影响。

可以想到的一类例子是人权思想的政治影响是什么。人权的理念来自哲学，来自约翰·洛克等哲学家。当人们相信这些思想的时候，它就会在政治上有些影响。比如，它与美国和法国的革命有些关系，更不要说最近的政治了。精确地说，这种关系究竟是什么关系本身就是历史研究的事情。但这就是哲学思想有时有很大影响的一个例子。马克思主义是另一个例子。以中国为例，我认为儒家哲学在中国历史上有重要的影响。为了完全理解中国历史，虽然我对此并不了解，但是我认为作为完全了解的一部分，人们需要了解一些儒家哲学的影响。所以，在这些方面，历史哲学对历史很重要。

但是，如果我们看一下哲学史本身的研究，而不考虑它对广泛历史的影响，我会同意研究历史本身就是有价值的。伟大的哲学作品是伟大的文化丰碑，即使其中的哲学是错的。比如，伟大的寺庙，它们可能是没人信奉的宗教的寺庙，但是，在某种意义上，它们依旧是人类精神的伟大成就，并因此值得被研究。所以，人们不需要认为一种哲学是真的以便认为它是值得研究的。

接下来我将聚焦于哲学与哲学史的关系，它们都与本次讲演的主题相关。为了好掌控，我将讨论两个对其区别很重要的问题。一个问题是，"哲学对哲学史的贡献是什么？"另一个问题是，"哲学史对哲学的贡献是什么？"

如果你认为哲学与哲学史没有区别，那么实际上，它们都在问哲学对自己的贡献是什么。但是如果不认为哲学和哲学史是一回事（我已经提过了这种等价，它完全不符合很多哲学），那么我们应该区分这些问题，因为那样它们问的就不是相同的东西了。我猜，如果你认为哲学最终变成了所有哲学问题都有令人满意的答案，而所有对这些回答的反对都被解决了，所以哲学就没有什么可做的了。

但是，除了哲学史之外还有很多事情要做。如果你了解当代哲学的发展，你就会很清楚哲学中还有很多的问题我们不知道其答案。事实上，对于大多数哲学问题我们不知道答案。

因此，在某种程度上，一种澄清的方式是通过把有关哲学和哲学史的关系的两个问题放入下面的形式，或者至少问问紧密相关的两个问题。所以，与"哲学对哲学史的贡献是什么？"相对应的问题是：

（a*）一个好的哲学史家必须是一个多好的哲学家？

与"哲学史对哲学的贡献是什么？"这个问题相对应的问题是：

（b*）一个好的哲学家必须是一个多好的哲学史家？

我要花很多时间思考和讨论后两个我标了 a* 和 b* 的问题。我们先讨论的问题是，一个好的哲学史家必须是一个多好的哲学家？

当你研究过去的哲学家时，不管他是谁，称他为 x，你需要理解 x 说了什么。你需要理解某些哲学，但似乎你不需要知道 x 说的是不是真的。你应该知道他们在说什么，而不需要知道那是否为真。现在，如果你感兴趣的这个过去的哲学家论证了某些东西，那么如果你研究这个哲学家，你就需要理解其论证是什么。但可能你不需要知道这个论证是否有效。

这里要谨慎一点。一个极端的例子是，你要想成为一个好的足球历史学家并不需要成为一个好的足球运动员。你可以是一个不会踢球的人但依旧可以是一个好的足球历史学家。所以，哲学和哲学史之间关系的一个极端模型就类似于足球与足球史之间的关系。所以，我擅长足球和擅长足球史是完全不同的事情。

　　这在哲学上可能太极端。现在我们考虑一下原因，如果与足球的极端类比是正确的，那么哲学史应该留给历史学家而不是哲学家。因为如果这个类比是正确的，那么做哲学史就不需要特别的哲学技巧，你只需要熟悉过去人们有什么哲学理念，不管它们多疯狂。现在，历史学家在哲学方面擅长的是提供过去哲学的文化语境，比如过去的人们是怎么成为哲学家的，哲学家的生活包含什么，哲学与当时文化的其他方面是什么关系，等等。

　　但在实践中，如果哲学史是由历史学家写的，那么就有掏空哲学趣味的危险。一个例子是，过去常常按历史导向来研究中世纪欧洲经院哲学。这不是我的研究领域。但是，作为对形而上学感兴趣的哲学家，有时候我试图找出某些伟大的中世纪哲学家（比如奥卡姆的威廉或其他人）对某些问题是如何想的。因此，我试图查阅书籍，它们大都不是哲学家写的，而是作为历史学家研究中世纪哲学的人写的。很难从哲学意义上理解他们所描述的中世纪哲学家的观点。实际上，他们所做的只是在字面上把拉丁文著作翻译成英语。而那些英语其实是无意义的。很明显，写这些东西的人不是哲学家。他们不知道如何使哲学成为通俗易懂的，所以，我认为要理解过去哲学家的工作，只记住他们的语词或者在字面上翻译为你自己的语言是不够的。

　　在理解古代文本时，需要对它进行解释，特别是要在不同解释之间进行选择。这也经常适用于理解当代哲学，经常很难弄懂一个当代哲学家的新文本中说的是什么，经常要在其多个不同解释中找出哪个是正确的。但这也适用于对那些用我们大都不再熟悉的哲学术语、基于我们可能不熟悉的假设书写的旧文本的理解。

但是，在不同解释之间进行选择，要求找出它们哪个最有哲学意义，哪个使过去哲学家所说的东西的一致性、合理性等最大化，因为如果在解释的时候，我们没有这样的标准，比如广义地说可以归于其下的宽容原则，那么如果我们在解释的时候不使用宽容原则，我们通常不能在不同解释之间找出哪个是对的。

我想，即使哲学史家也会从最历史的角度承认那些可能的哲学家是非常聪明的。所以，如果我们把完全混淆的思想归于他们，我们很可能误解了他们。我不确定，因为很难在哲学中避免混淆。但是，总体来说，那些使文本成为好的哲学的解释比那些使它成为不好的哲学的解释更合理。区分好哲学与坏哲学的标准也是，尽管它们在某种程度上确实随着时间而改变，但我们必须工作在自己的时代里，我们试着理解这些人在说什么。如果我们最终把它们归于你自己，而这几乎是无稽之谈，那么我们很可能错了。毕竟，如果他们谈论某些近乎无意义的东西，我就可能有理由研究它们。因为即使无意义的东西的历史也是历史。

但是，如果他们说的有道理，就不会有那么多理由研究它们了。所以，我认为解释中的某类宽容原则是在某种程度上支持它们的，但有些这样的原则确实不是可讨论的。没有它我们就无法操作，因为没有它我们就没有能力在不同的解释中做出选择。因此，将宽容原则应用于解释，你需要接受良好的哲学训练。你需要有哲学思维，确实理解什么在一起是融贯的，什么不是。

当然，如果即使有这样的哲学训练，这些观点仍然没有任何意义，那么我们可能就很难对它们做出任何稳定的解释。但我认为，经验表明，受过良好哲学训练的人通常能理解这些过去的文本并揭示出它们而不需要太多扭曲文本，揭示它们包含了各种有趣和聪明的哲学思想，可能是明智的哲学观点，令人信服的论点，等等。

我认为，一旦我们得到一个既尊重文本，又有哲学意义的解释，那么它就比哲学意义不大的解释更有可能是正确的。所以，我认为我们得到了对这种哲学训练的支持，以产生对过去哲学魅力的合理解释。我不是哲学史家，但当我听到接受过哲学训练的人去解释古代的哲学文本时，会觉得那是一个很美妙的经历。他们能够解释一些最初似乎完全模糊的东西中究竟发生了什么，使得人们可以看到，这个文本包含了非常聪明的哲学家在这方面做出一些非常聪明且明智的举措。

从他们使用的知识框架可以看到他们所使用的哲学技巧，这仍然可以被认为是哲学技巧。比如，在我提到的例子中，我看到过这些中世纪哲学家的文本，它们之所以能被看到，是因为有一些大量阅读这些文本同时又被训练成哲学家的人使其成为可理解的。我也看到过类似事情。比如，我对古代印度哲学和伊斯兰哲学有一点经验，同样，在这里融合了各种技术的人能够给这些文本以生命，并展示了某些哲学上很有意思且深刻的东西。

然而，我认为我在研究传统的时候，经常会遇到的危险有，在某些情况下，主导这些传统的是那些对文本的其他历史和语言方面更感兴趣的人。他们大量地学习了这些方面的内容，但没有接受过哲学思维的训练。这种处理的结果是，他们扼杀了作为哲学文本的所有学术文本，他们只拥有语言技能。如果这些文本是由那些不懂现存哲学的人来研究的话，那么他们就把这段文字变成了死掉的哲学文本，只值得从历史角度来研究，而不是从哲学角度来研究。就像我说的，我的印象是，这样被杀死的文本事实上是可以被赋予生命的文本。但是，要赋予它们生命，你自己必须要有哲学技巧，才能找到一个合理的、哲学上融贯的解释。现在，举个例子，在古希腊哲学的研究中，人们在多大程度上可以使用当代哲学来研究古希腊哲学？因为，当一个人做这样的事情时，会有时代错误的危险，就像通过当代的眼睛看过去总会以某种方式扭曲过去的文本一样。

但是，我想如果你试着把所有当代哲学放在一边，并以一种幼稚的方式看待这些过去的哲学文本，比如我们忘记你所有的哲学训练，如果你不是一个像最初创作这个文本的哲学家一样好的哲学家，那么你很容易归给它们一些很自然但很粗糙的哲学错误或混淆，而这是他们自己可能会避免的，因为他们要想这样就得跳过哲学技巧。不管哲学技巧的本质是不是完全永恒的，我认为要成为一名优秀的哲学史家，需要很多哲学技巧。

正如我所说过的，把宽容原则用于古代文本（一个更公正的、更古老的、不合时宜的文本）总是有潜在风险的，要防止把最近的思考方式投射到古代文本上。但是相关的预防措施是通过对注意文本细节的历史背景的认识来控制的。所以，我们知道，如果有人对一篇文章进行解读，却没有涉及书中所写内容的细节，那么这似乎是把现在的思考方式过多地投射到过去的思考方式了。但如果它能解释为什么哲学家以他们的方式写作，那就很好地证明了这种解释是正确的。这种对历史背景的意识和对文本细节的关注，并没有使哲学技巧成为多余的。毕竟，某些人知道现代哲学产生的语境并对纸上的文字非常细心，如果他们没有这些技巧，他们就不能正确理解现在的哲学文本。这同样适用于过去的哲学文本。所以，我一直在说的是，要成为一名优秀的哲学史家，你必须拥有良好的哲学技巧，以及其他技能。

你可能不需要太多的是哲学的原创性。为了能够对一些有问题的古代文本想出一个新的解释，你可能需要有一点原创性。但是这并不意味着，你需要有能力去提出没有出现在你熟悉的任何文本中的新的哲学观点。因此，对原创性的需求也减少了。但是，其他类型的涉及评估立场的一致性的哲学技巧是需要的，所以，在研究哲学的技巧和研究哲学史的技巧之间存在某种程度的联系。而这之间的桥梁主要是宽容原则和解释。

但即使应用宽容原则，人们仍然需要区分两个不同的问题。一个是"x说了什么？"，另一个是"x说的是真的吗？"，所以，尽管宽容原则要求我们不把它们解释为毫无价值的，但它并不是那么苛刻地要求我们必须把某人说的都解释为真的，因为毕竟一般来说，当我们解释其他人的时候，我们需要有某种程度的宽容，但这并不意味着我们必须认为每个人说的每件事都是真的。

现在有一类哲学著作，把两个问题混在一起，从来没有明确区分这两个问题。这尤其适用于当把过去偶然出现的哲学家 x 当作大师的时候。某些哲学家比其他人更容易受到这种对待，比如康德和维特根斯坦，即使在分析传统中也会被这样对待。哲学历史学家（进行这种注释写作的人）无法通过不区分这两个问题来忽略这些文本的细节和哲学上的异议。

所以，这类作品通常是哲学性的。它与文本的具体内容不是很密切相关。但它也没有回应那些不那么富有同情心的哲学家可能会提出的反对意见。所以，通常会发生的是，如果你开始追问这个观点的文本基础是什么，那么提供这个观点的人就会转到哲学问题上。但是，如果你用哲学上的反对来逼迫他们，他们就会转回文本问题"x 说了什么？"。如果你向他们提出与"x 说了什么？"这个问题有关的反对意见，那么他们就把问题转换为"x 说的是真的吗？"，如果你提出与什么是真的有关的反对意见，那么他们就会转向"x 说的是什么？"这个问题。我的意思是，他们没有任何欺骗的意图，但是我认为把这两个问题混在一起，会使这种混淆变得容易。所以，结果是它既不是好的哲学也不是好的哲学史。如果 x 说了什么，它就自动是真的，那么我们就真的不需要区分"x 说的是什么？"以及"x 说的是真的吗？"这两个问题。

我认为几千年来的哲学经验已经非常清楚地表明了一件事，哲学是一门极其困难的学科。因为这是一个非常接近人类能力极限的学科。所以，说错了也没什么丢人的。有时，在哲学中，在哲学史中，没有哲学家伟大到不会犯错误，就像过去伟大的自然科学家经常犯错误一样，我们也不应该把任何一个哲学家看作绝对正确的，把他们当作大师或永远正确的人并不是真的做好事。因为这样做的结果就是扼杀了围绕着他们的讨论。于是，他们的想法就不太可能产生创造性和富有成效的影响，因为我们不允许他们的想法有问题。我认为这正是当我们与过去的哲学进行对话时，我们质疑过去的哲学家以及他们所说的是否正确的地方。也许经常能得出这样的结论，我们可以用建设性的方式来运用他们的观点，因为我们正在恰当地处理他们感兴趣的哲学问题。他们通常对解释的问题不感兴趣。粗略地说，他们感兴趣的是关于世界的问题。如果我们想继续他们开始的工作，我们就应该有同样的方向。这包括我们不只要排除他们所说的是完全正确的。我认为，很明显，一个人应该清楚他是在研究哲学还是哲学史，他是在问一个与历史无关的哲学问题，还是在问一个关于那些哲学思想的历史问题。这两件事都是完全合理的探究。但是我们应该清楚我们问的是哪个问题。这都与一个问题有关，要成为一个好的哲学史家，你必须是一个多好的哲学家。

现在我想转到另一个问题上去，也就是一个好的哲学家必须是一个多好的哲学史家？这是与前一个问题相反的问题。这显然是一个涉及哲学教育的问题。

当然，在很多国家，哲学教育主要是哲学史的教育。即使在欧洲大陆和欧洲以外的大多数国家也是如此。这种在哲学教育中对哲学史的强调在英语国家整体上少得多。英语国家的哲学教育中，教学大纲多是由学科领域组成的，比如，认识论，形而上学，道德哲学，政治哲学，心灵哲学，语言哲学，等等。即使在这些领域中，就像人们说的那样，也是按照问题导向组织的。它与问题有关。假设我们在研究形而上学，它会涉及时间之类。如果你喜欢非历史的形而上学问题，它不是按照形而上学史来组织的。哲学中还有一个领域同样很少强调历史，这就是逻辑教学。在世界上大多数国家，逻辑课都不是关于逻辑史的课程。显然，数学与逻辑在某种程度上是相似的，数学教育不是数学史的教育。当然，即使在英语国家，教学大纲中也有很大一部分是关于哲学史的。而且在按照学科领域划分的课程中，也需要有一些哲学史的知识，尽管这可能是一些间接知识，比如，如果你在上道德哲学的课程，很可能会有关于休谟和康德道德哲学观点的讨论。如果你正在上语言哲学的课程，你很可能会听到弗雷格的语言哲学和罗素的语言哲学观点。尽管不是以一种历史的方式，但是你仍然希望知道他们对这些事情的看法。其原因是，在这些领域，那些哲学家的观点仍然很有影响力。当然，也有一些同样重要的竞争者至少是接近真理的。而且在几乎所有以分析哲学为导向的课程中，也有些部分是最近的，大致来说是1960年后的哲学史。

所以，我认为在相关论辩中人们经常忘记的是，哲学史一直延续至今。同样，对于我们这些从1960年到今天写作的人来说，在某种程度上，我们在讨论哲学史。如果我们在讨论政治事件，这一点就会更加明显。所以，很明显，如果我们谈论1960年后发生的事件，我们可能是在谈论政治，但是，我们也在谈论历史。

但在这种情况下，近期哲学史的作用往往会被遗忘。因为当哲学史被当作哲学史来讲授时，它往往是更早期的哲学史。但是在某种程度上，问题不在于是否教授哲学史，而在于我们教授的是近期哲学史还是更早的哲学史。奇怪的是，很多捍卫哲学史在哲学教育中的重要性的人，都有一些反历史的倾向，因为他们没有对近期哲学采取历史的观点。

当然，必须说，近期哲学的选修课通常是关于形而上学或宇宙学或道德哲学之类的。它通常是建立在与当前争论相关的基础上，而不是一般的历史意义基础上，它通常并不试图提供一个历史概述。但这些文本是因为与当前的争论相关而被选择的，这确实意味着他们以一种哲学的方式被教导，并且是作为哲学家而与我们谈话。而如果没有这种基于与目前的争论相关的选择，那么后果就如之前提到过的那样，会扼杀其他的哲学兴趣。

现在我们只是在与其他主题的关联中考虑这个问题。我已经提到过数学教育主要不是数学史的教育。当然，这也适用于许多其他学科。物理学教育并不主要是物理学史的教育，生物学教育并不主要是生物学史的教育，经济学教育并不主要是经济学史的教育，语言学教育也不主要是语言学史的教育。不好意思，我一直在说这个问题，但是它与一系列领域有关。所以，当我们思考这个原理的时候，我们就不明白为什么哲学应该不同于其他学科，比如数学、物理、生物、经济学、语言学。事实上，我的这些讲演都倾向于强调哲学在很多方面与其他学科的相似之处。现在讨论了很多英语国家的分析哲学，但也许更一般的问题是关于更广泛的哲学史知识（包括非西方传统的）如何能提高当代非历史的哲学。

哲学史家提出的观点是如果你对哲学史有更广泛的了解，你就会有更广泛的理论视角可供选择。它能让你识别并质疑当前的假设。原则上，学习其他传统比我们的传统会更有利于这些目的，因为可能有更好的机会学习与我们过去的工作（比如古希腊哲学）截然不同的东西。我的意思是，这在某种程度上也适用于哲学知识以及其他提供了类似优势的当代文化。所以，它只是在探索哲学史的优势是什么。

另一种不同于我们刚刚建议的优势是，在一段时间内让一个想法有效的不同尝试（而不是对某个特定版本的致命反驳）通常是反对这个想法的更好证据。一个例子是逻辑实证主义。参见维也纳学派以及在20世纪二三十年代持类似观点的人。他们持有一种被称为证实原则的观点，大致来说，任何句子的认知意义要么是分析的或者是不一致的，要么是经验上可证实的或者是不可行的。这个想法可以追溯到经验主义传统中。休谟在观念的关系和实际的事情之间有一个二分法。他的观念的关系对应于分析的或不一致的一面。而实际的事情对应于经验上可证实或证伪的一面。因此，逻辑实证主义者提出了这一证实原则。问题是当他们把它精确化的时候，很容易找到反例，或者导致一切都将通过其测试，所以，你最终无法排除任何可能性。如果他们把要求提得更高，那么问题就会是它最终排除了所有的东西，比如科学规律或可证实的科学规律以及认知意义。所以，他们无法找到某种折中的方法来避免这些问题。

我认为如果我们只看这个原则的一个特定版本和一个反例，这个例子可能对特定版本有决定性的影响，那么人们会很自然地认为，如果你能找到一些巧妙的方法来修改它，那么你就能克服那个特定的问题。你可能会认为一个特定版本的例子并不能说明问题。但我认为，这些使它变精确的努力都以失败告终的记录表明，这个想法有更深层次的错误，而不仅仅是在试图表达它时出现了一些不幸的小故障。

是的，我们有一些非常聪明且具有强烈动机的人，他们有各种理由找到这个原则的最佳版本，但却找不到一个好的版本。这么多的努力都是为了寻找一个正确的、精确的证实原则。他们都以失败告终。他们付出了努力，有充分的动机去寻找它。他们非常聪明。我认为这是很好的证据，但这是一种历史证据，它是这个想法的历史记录。你需要知道很多人都在尝试做这件事，他们都是聪明人。

另一类例子是关于哲学史如何对当代哲学产生影响。比如对大卫·刘易斯的模态实在论的讨论，这是他的著名的、有点疯狂的观点，即我们用来评价（如果事情不是这样会怎么样的）反事实主张或者关于什么是必然或可能的模态主张的其他可能世界，是和我们的世界一样真实的世界。它们是实在的、时空中的、像我们这样的，但与我们的世界完全不相关，以至于它们是完全不同的世界，它们都是同样实在的。大卫·刘易斯非常巧妙地试图争辩说，尽管他的模态实在论听起来很疯狂，但实际上是与常识一致的。

我认为有时在这些辩论的过程中思考一下大主教乔治·贝克莱类似的主观唯心主义观点非常具有启发性。大致说来，他声称一切事物或者一切我们能感知的事物都由观念构成，没有外在的物质，只有不同的精神和一些观念。乔治·贝克莱也声称他的主观唯心主义与常识是完全一致的，如果他认为这是一种捍卫常识的方式的话。另外，顺便说一下，他是为宗教辩护，反对当时的科学或者反对那些被科学深深打动的哲学家。在这两种情况下，我们都得到了一个观点，它看起来很疯狂，与常识极不一致。然而我们有一位哲学家，他非常巧妙地认为，事实上，他们可以理解并重新解释人们说的所有常识，使之与他们观点相一致。我认为在理解论辩关系中的一方时考虑剩下的一方是很有用的。我个人的观点是，这与反对刘易斯的模态实在论的观点类似，因为很明显，贝克莱的主观唯心主义是一个非常糟糕的想法，尽管他并非没有为其辩护。但无论如何，即使你不想从中得出那个模型，鉴于这些论辩之间的结构相似，确实可以根据过往的消除现在的。

这样你就知道，在哲学教学大纲中，人们可以提出各种令人信服的观点来支持哲学史的重要性。但最重要的是要记住哲学教学大纲是有局限性的，即对学生学习哲学课时的限制。因此，我们所关心的是对教授和学生的时间、精力这些稀缺资源的竞争。所以，不可避免的是，过去的哲学教得越多，现在的哲学教得就越少，因为我们的教学大纲中有这些限制。我们也限制了哲学共同体，它有一个相对固定的大小，如果一个好的事物我们拥有越多，另一个好的事物我们就拥有越少。我们在考虑这些问题时不能不权衡利弊。我认为同样值得强调的是，研究哲学史的思维方式不同于研究非历史的哲学的思维方式。哲学史的思维方式是问这种形式的问题：某位哲学家说了什么，或者说他们所说的是什么意思？这是关于解释的问题。很多时候我必须告诉学生们，当他们学习哲学史的时候，不要介意这是不是真的，我们看的是这位哲学家是什么意思。我的意思是，有一种说法经常出现，尤其在西方，但肯定不仅仅是在西方，现在，很多学生和他们的教授都是无神论者，而他们研究的哲学家都相信上帝的存在。所以，你必须告诉学生们，好吧，我们可能不相信上帝，但这位哲学家相信。所以，我们只需要在理解他们所说的话时，记住他们有一种有神论的世界观，而我们可能没有。然而，如果你在学习非历史的哲学，你不会想要关注某个哲学家说了什么或想要表达什么。你只会把注意力集中在一个问题上：上帝真的存在吗？这不是你简单地花一定的时间做一件事然后再花一些剩下的时间学习另一件事。而且，一种研究让你问的问题和另一种研究让你问的问题是不同的。我们必须记住这一点。我们必须决定这些资源应该如何在哲学史和非历史的哲学之间分配与划分。

在我看来，哲学史家在努力保护他们的课程时，有时夸大了它对当代哲学的潜在价值。粗略地说，对非历史的哲学问题的当代讨论的重要贡献很少来自哲学史家。通常，即使一个新的哲学想法有一个更早的先例（他们会说某个过去的哲学家有类似的想法），这个想法必须在通过回顾理解先前的想法之前，在现代背景中得到独立发展。一个例子是被称为1960年代左右的可能世界革命，当时在克里普克、大卫·刘易斯、斯塔尔内克等人的著作中，"可能世界"突然在分析哲学的哲学讨论中扮演了核心角色。

这在过去是有先例的，也就是在几个世纪前的莱布尼茨哲学中起作用的可能世界。当然，这是绝对正确的。我认为所有这些哲学家都在呼唤可能世界，尽管他们完全意识到莱布尼茨谈论过它们。事实上，在卡尔纳普早期著作中，他更喜欢模态逻辑，他谈到了状态描述，但他很清楚并提到了莱布尼茨中的先例，但并不是莱布尼茨的工作激发了可能世界的革命。毕竟，可能世界革命本可以发生在人们意识到莱布尼茨的工作的任何时候，因为它已经存在很多个世纪了。可能世界革命发生在需要模态逻辑的语义技术的发展起到特定作用的时候，而起到特定作用的这个事物也就自然被当作可能的。

但这可能会独立于莱布尼茨而发生。我不认为这需要莱布尼茨。事实上，我认为其中一件重要的事情是将这些可能世界和时间进行类比，这和莱布尼茨是完全不同的。所以，一旦引入了可能世界，就可以解决模态逻辑中最初的技术性问题，但是后来，一些哲学家意识到它们可以被广泛地应用于探索哲学思想。然后人们看到了莱布尼茨所做的事情的价值所在。但这并不是因为他们读了莱布尼茨的著作才产生了这些观点，只是回过头来看的时候，才能够明白莱布尼茨所说的意义，当然莱布尼茨本人也不知道这些应用。

我认为另一个例子可以证明同样的观点，它涉及各种悖论，比如说谎者悖论，一个人说他现在说的是不真的。然后怎么问呢？他说的是真的吗？无论你回答是或否，都会陷入自相矛盾。我认为一旦人们（比如塔尔斯基等）开始认真思考真和假的形式属性，语义学和相关的认知悖论在现代哲学逻辑中就变得非常重要。这当然是有先例的。据我们所知，这些悖论最早出现在古希腊。但是中世纪的经院逻辑也用非常复杂的方式来处理它们。但并不是中世纪的讨论造就了语义悖论研究的繁荣。在现代逻辑中，起作用的是对形式真理论的研究。回过头来看，我们可以看到中世纪经院逻辑学家在处理这些悖论时非常老练，对此有一些非常有趣的观点。但这并不是因为人们对经院逻辑有了新的认识，因此才出现了关于说谎者悖论和其他悖论的研究。它无论如何都会出现。所以，是由当代问题激励的当代工作，才使我们能回顾中世纪经院逻辑学家一直在做什么，看到他们不是抛弃一些枯燥无味的逻辑，而是用一些非常聪明的方式深入地处理了非常困难的问题。

第三个例子是我自己的，这是某种程度涉及自身的例子。如果你了解关于知识的现代认识论，就会知道我在《知识及其限度》中曾经主张而且现在依旧主张的知识优先认识论是有先例的。如果你看过威尔逊（John Cook Wilson）的作品，他是一战之前牛津大学的一名教授，就会知道他肯定有一种知识优先的思维方式，这在他的作品中很明确。我读本科的时候也读过一点。但当时我并没有多想。我了解知识优先认识论的方式完全不是通过历史的方式，而是通过对哲学逻辑的思考，以及对知识在可辨别性中的作用的思考，以及对其他很多类似的线索的思考。我的意思是虽然我在回顾的时候可以看到有这样的先例，但历史先例并不是如我所看到的那样意义重大。

所以，我认为这些历史先例通常都是我们在回顾时看到的。它们本身并没有能力引发革命。因为当代哲学所需要的是达到某种发展状态，在这种状态下，某些动作开始变得有意义，然后采取行动，而不管人们是否考虑历史先例。

把这些不同的线连在一起，我的结论是，研究哲学史本身是有价值的。这绝对值得做。我们一定要有足够的哲学史基础。但它不是最优先考虑的，因为不同的哲学分支都在开发自己独特的技能和智力资源。

哲学最核心的问题不是历史问题。在资源分配方面，还有比历史问题更重要的。例如，"什么是公平？"是一个更重要的问题。然后问题是，过去的哲学家们是如何看待公平的呢？"知识是什么？"这个问题比以前的哲学家对知识的看法更重要，尽管以前的哲学家的看法并不是无关紧要的。他们中的一些人肯定有同样重要的见解。但最重要的是，我们已经开发出来的那种独特技能和智力资源，它们在思考这些问题时仍然被证明是有用的。在这方面，哲学类似于其他学科，能够取得一些进展。

我们可能会求助于哲学史的情况是当我们觉得一部分哲学进入了死胡同的时候。我们需要先回去，然后才能前进。所以我认为，当我们觉得哲学领域并没有取得什么进展的时候，我们可以做的一件事是从哲学史中寻找资源来帮助它。但在我们确实取得了一些进展的领域，我们不需要这样做。哲学史并不是我们最优先考虑的问题，尽管我们所使用的思想很可能是从哲学史的悠久传统中发展而来的。在本次讲演中，我们一直在讨论哲学和历史之间的一些关系。下次讲演，我将讨论哲学和其他学科的关系，哲学可以从其他学科学到什么，以及可以教给其他学科什么。我将会强调很多与哲学接壤甚至重叠的不同学科。非常感谢。

陈波：非常感谢，威廉姆森教授。你的讲演非常有趣，令人激动不已。我们从你的讲演中听到的与我们在中国的哲学课堂和讲演中听到的完全不同。但它仍然存在争议和挑战。所以，我们有两名教授，他们会给出评论和问题。让我来做一个简短的介绍。南星博士在德国慕尼黑大学获得哲学博士学位，现在他是北京大学哲学系助理教授，他的研究兴趣包括现代哲学史，特别是康德，以及当代哲学史上的许多重要问题。刘小涛博士，上海大学哲学系教授，他专门研究认识论、早期分析哲学及语言哲学。好的，现在是你的时间，南星。

南星：好的，很荣幸受邀对威廉姆森教授的精彩讲演进行评论。作为一名哲学史学者，我认为威廉姆森教授的讲演清晰且富有教益，他对哲学与哲学史之间相互关系的阐述十分公允，我对他的主要观点都很赞同。不过，有一些细节上的问题或许还可以做一些商榷。在接下来的评论中，我将分三个部分来与大家分享一下自己的想法：首先，我将直接针对威廉姆森教授讲演中提到的几个观点和例子提出自己的质疑与回应；其次，我将尝试简短地解释一下，为什么哲学史在当下的哲学教育和研究中占有如此重要的地位；最后，我将尝试表明，尽管威廉姆森教授关于人们对哲学史过分热衷的批评是不无道理的，但哲学史研究依然能够对哲学本身的发展有所贡献。

威廉姆森教授在讲演中提到，哲学史家关心的问题是"x说了什么？"，而哲学家关心的问题是"x说的是真的吗？"。用另一种十分常见的表达来说，人们对于前一类问题只有一种"单纯历史的兴趣"，而对后一类问题则有"真正哲学的兴趣"。尽管这一对立十分常见，但我认为它是很成问题的。当我们捧起一部过去的哲学经典并为之吸引的时候，吸引我们的无疑是其中的内容，即作者想要传递的哲学思想和论证。只有在这之后，某些特定的读者才会对这部经典展开"历史性的"研究；但即使在最纯粹的历史性研究（如文本考订）当中，他（或她，下略）依然会受到其哲学动机的引导。事实上，即使一个人没有明确地就一种哲学观点的正确与否发问，但当他试图理解这一观点时，他就总是无可避免地要关注这个问题，否则他阅读一本哲学书或考虑一种哲学观点的动机就是无法理解的。况且对于一些重要的哲学观点和论证而言，人们很难简单地用对、错、真、假这些词来对其进行评判，而是往往会对其中表现出的理智上的深刻性、新颖性和原创性等感到赞叹乃至折服。我想，在这种情况下，人们的关切无论如何也不是单纯历史性的，而是领略到了哲学本身最大的魅力。

我们不妨借用威廉姆森教授讲演中提到的一个比喻来阐明这一点：假如我看到一座不复存在的宗教所遗留下来的庙宇（如埃及的太阳神庙）并心生赞叹，那么我产生这种感情的原因不大可能仅仅在于这座庙宇是一件历史陈迹，而是在于它展现出的宏伟的建筑风格、精湛的装饰技艺等。当我们想到这座庙宇是先人留下的遗迹时，我们的赞叹之情也许会进一步放大，并对他们如何在当时的历史条件下完成这样的杰作感到好奇。但这种关于历史的好奇心一般而言是后于并且依赖于我们对这座庙宇的某些非历史的审美特征的直接把握的。此外，即使这座庙宇所代表的宗教已不存在，但人们在观赏它时，往往会尝试追摹古人在设计和建造这座庙宇时的心境。人们相信，这种心境以及用建筑和装饰艺术将其表现出来的方式并未随着这一宗教一起消亡，而是对我们当下仍然保持有一种活生生的在场感。总之，即使在这种情况下，我们的兴趣尽管是与历史息息相关的，但却绝不是"单纯历史的"。在阅读和解释哲学史上的经典文本时，我们的心态无疑是与此类似的。当然，这并不意味着哲学和哲学史之间不存在任何界限，也不意味着我们应该将两者完全等同起来。我所反对的只是过于简单地将哲学与哲学史对立起来，并主张两者关心的是完全不同且彼此无关的问题的做法。此外，威廉姆森教授在讲演中强调，当我们在学习包括数学在内的科学时，我们并不会特别强调学习该门科学的历史的重要性。由于威廉姆森教授在一系列的讲演和著作中都强调哲学与数学之间的相似性，因此可以很自然地推出，哲学史对于哲学而言也不具有特殊的重要地位。然而，哲学在多大程度上应当被看作一门与数学相类似的科学，这一点却是极具争议的。按照更为通行的看法，哲学似乎被认为处于科学与艺术或科学与宗教之间的某个位置。而人们无论是试图理解艺术或宗教的一般性质，还是想了解某个特定的艺术品或教派的特殊意义，都注定离不开对它们的历史的考察。事实上，对历史的重视与否似乎构成了人文学科［或德文所谓精神科学（Geisteswissenschaften）］与数理科学之间最为重要的分野之一，而如果我们把哲学看作一门人文学科，或至少承认哲学中有一部分与人文学科更加接近，那么我们似乎就有理由承认哲学史对哲学来说有着至关重要的意义。

　　以上是针对威廉姆森教授本次讲演的一些直接回应，接下来我将尝试对哲学史之所以受到普遍重视的原因做出简略说明。正如威廉姆森教授在讲演一开始所提到的，对哲学史的特别推崇与黑格尔的学说密切相关。事实上，在黑格尔之前，哲学和历史可以说是正相对立的两个概念：前者关心的是永恒必然的真理，后者关心的则是时间中偶然的事情。尽管当时已经出现了对过往哲学学说卷帙浩繁的概要和摘录，但人们并不强调哲学史对于哲学自身而言的特殊重要性。黑格尔对哲学史的强调建立在他独特的形而上学的基础上：粗略地说，黑格尔持有一种"精神一元论"的形而上学主张，认为世间万物都是精神自身发展的结果，而哲学作为精神的自我认识，则是这一发展过程的顶峰。因此，哲学通过认识自己的历史，也就认识到了精神乃至世间万物运行的一般规律。人们也许很难接受黑格尔的这一形而上学主张，在当代尤其如此。然而，这一主张的一些较弱版本，如对人类精神及其连续性的强调，对哲学与其他精神创造活动之间的关联的设想等，在许多人看来却还颇有道理。这一点从上面提到的"精神科学"的概念以及艺术史的例证中都能明显地看到。如果哲学的确应当承载某种类似于黑格尔赋予它那样的文化功能，即对人类精神本身的演化进程加以理解，那么哲学史的重要性就是不言而喻的了。

　　除了这一学理上的原因外，近两百年来学术制度的发展也为人们对哲学史的重视做出了不可忽视的贡献。我们知道，在康德和黑格尔之前，最重要的哲学家大多并不是大学教授，最重要的哲学著作往往也不是艰深晦涩的学术专著，而是面向一般有闲的知识阶层撰写的读物。而自康德和黑格尔之后，深入的哲学研究似乎成了大学教授们的特权，这一点在今天可谓愈演愈烈。大学教授们为了显示出自己研究的专业性，势必要积累一些一般爱好者所不具备的专业知识，而在高度技术化的分析哲学崛起之前，丰富的哲学史知识无疑就是专业性的最好体现。因此，我们可以看到，19 世纪的许多重要哲学家（特别是德国的新康德主义者们）都撰有大量的哲学史著作，其中有些在时隔一个多世纪之后仍然堪称经典，并为人们广泛阅读。他们自身的哲学思想的发展与他们对哲学史（尤其是康德哲学）的解释和分析是密不可分的。不过，需要强调的是，这些哲学家们并没有把哲学问题和历史问题混淆起来，并没有从康德支持某种观点直接推出该种观点是正确的。他们的研究方法是高度批判性的。新康德主义大师文德尔班的名言"理解康德就意味着超越康德"，可以说代表了那时诸多哲学史家的普遍共识。这种从历史上最为重要的极少数哲学家出发，力图站在他们的肩膀上以获得更好的哲学洞见的工作方法，也许是推进专业哲学研究最为有效的途径之一。在分析哲学传统中，彼得·斯特劳森的名著《感觉的界限》（*The Bounds of Sense*）可以说就是以这种途径推进哲学研究的典范。

接下来，我想用两个具体的例子来简要说明一下，哲学史研究对于哲学研究而言如何能够做出实质性的贡献。第一个例子是有关自由意志的争论。两千多年来，这一问题始终是困扰哲学家的一大难题。尽管在不同的思想语境下（如基督教背景、近代科学革命、当代社会科学和神经科学的兴起等），这一问题会突出不同的侧面，但问题的核心却保持相当的稳定性——用该领域著名学者罗伯特·凯恩（Robert Kane）的话来说，人们所关心的无非是自由意志与决定论的相容性以及自由行动在自然秩序中的可理解性这两大问题。因此，通过批判性地研究前人的相关论述，并将其与当下的论争联系起来，一个人完全有可能在这一问题上提出自己独树一帜的观点和论证，从而引发人们新的热情。事实上，我们可以看到，这一领域中许多较新的重要文献都会以某种方式回到哲学史上那些经典立场上去。

第二个例子是道德哲学。罗尔斯在其《道德哲学史讲义》中认为，我们之所以对（道德）哲学史感兴趣，其根本原因在于并没有永恒不变的（道德）哲学问题，也不存在关于如何解决一个哲学问题的公认标准，因此也很难说在（道德）哲学中有什么明确无疑的进步。罗尔斯并没有由此推出我们应当接纳一种简单的相对主义，而是强调我们应当注意到在表面上相似的哲学问题背后，往往隐藏着历史上不同哲学家所预设的十分不同的整体框架。在我看来，构成这些框架的除了一些隐而不显的信念之外，更为重要的是哲学家们所使用的一整套专业语汇，而历史上最伟大的哲学家往往同时也是一整套哲学语汇的发明人，这一点在柏拉图、亚里士多德、康德和黑格尔那里表现得尤为明显。因此，研究历史上这些伟大哲学家的学说体系，有助于从整体上反思我们当下的哲学语汇和基本预设是不是唯一正确的。威廉姆森教授在讲演中也谈到，哲学史知识会为我们在面对哲学问题时提供更多的理论选项，但我想特别强调的是，问题的关键或许不在于（或至少不完全在于）就某个具体问题而言，前人提供了哪些可能的解决方案，而在于人们需要就哲学问题及其解答所应采取何种形态这一更深层次的问题展开反思，而哲学史的研究恰好有助于人们展开这种反思。具体而言，我们知道20

世纪上半叶的分析哲学家普遍认为哲学的唯一任务和方法就是概念分析，但在 20 世纪下半叶，随着罗尔斯引导下的规范伦理学的复兴，以及认知科学取得的各项进展，这些一度被普遍接受的教条遭到了强烈的反叛。这一反叛当然不是哲学史研究所产生的结果，但人们如果有一些哲学史视野下的反思，无疑会更容易理解和接纳这种哲学范式的转变。总之，无论人们是否认为哲学处理的是一些永恒不变的问题，对哲学史的批判性研究都能对哲学本身的发展做出实质性贡献。

最后，请允许我总结一下自己的看法：我完全赞同威廉姆森教授的两个主要观点，即哲学问题一般而言并不是历史问题，以及原创的哲学研究完全可以独立于哲学史研究而展开；但与此同时，我还希望能够辩护另外两个观点，即哲学史对于哲学的文化功能而言具有至关重要的作用，以及批判性的哲学史研究可以对原创的哲学研究做出实质性贡献。谢谢！

刘小涛：谢谢威廉姆森教授，谢谢你的有趣讲演。感谢陈教授的介绍。作为一个分析哲学的从业者，我对您的观点很赞同。考虑到"哲学与哲学史的关系"这个议题曾经引起的学术讨论，我有两个问题向您请教：

第一个问题，设若我们区分两个不同的历史主义论题，强历史主义和弱历史主义。强历史主义论题主张：哲学和哲学史没有区别；弱历史主义论题主张：哲学史对于哲学有特别的重要性。诚如您讲演中所言，强历史主义论题有些悖理的地方。不过，设若有人主张弱历史主义论题；他们认为，我们不能从字面上来理解"哲学就是哲学史"，因为它强调的是哲学史对于哲学的重要性，而不是表达一个等同陈述。同情这个论题的学者可能会进而为两个实质性的观点辩护：一是元哲学观点，哲学史是哲学的本质性的或者构成性的部分（区别于数学史之于数学，或者科学史之于科学）；二是认识论观点，要了解或学习哲学，必须了解或学习哲学史（同样地，也区别于数学和科学）。这种弱历史主义观点比起您在讲演中表达的立场要强一些，如果我理解得对的话。那么，从您的观点来看，这种弱历史主义立场究竟有哪些可疑之处？

第二个问题，分析哲学，特别是早期分析哲学，有非历史（a-historic）的特征；粗略地说，这一特征指的是分析哲学家不太重视哲学史。尽管近些年情况有点变化，越来越多的分析哲学家注意到当代哲学观念和哲学原则与哲学史的联系（比如，您提到过可能世界语义学和德国哲学家莱布尼茨之间的联系）。不过，设若有某位亲近历史主义论题的哲学家，批评分析哲学家的非历史特点，认为他们一般会倾向于忘记哲学观念、原则的历史源头和历史语境。您会怎么回应这一指责？谢谢！

威廉姆森：好的，谢谢你的两个问题。你们都提出了一些有意思的问题。

我先来回答南星的问题。是的。你的很多评论都是关于哲学和人文学科之间的联系的。所以，我会给它们一些个人的评论。一个是，过去伟大的哲学作品和现在被抛弃的宗教的庙宇之间的类比。你提到庙宇里可能有很多我们仍然可以作为艺术来欣赏的艺术。我们也可以了解建造庙宇时使用的一些技巧。这种技巧与当代建筑技巧有关。

我当然同意这两种说法。在与庙宇里的艺术的关系中，你认为我们可以把休谟当作文学作品来读。当然，他是一个自我意识很强的设计师。人们仍然可以欣赏休谟的风格，即使不同意他的很多哲学观点。是的，事实上，这是我阅读休谟的立场。建造庙宇时的技巧也可以在过去的哲学理论的建造中看到，就像把所有不同的部分放在一起很合适一样，等等。所以，我接受这个类比的这些方面。

但这仍然是一种非常不同的关系，比如说，一个这样的建筑和一个我们仍在使用的建筑之间的关系。我认为人文学科涵盖了很多方面。我用通常被认为是人文学科的一部分的东西做一个类比，即哲学和语言学之间的类比。因为语言学被认为是人文学科的一部分，但是研究语言学并不主要涉及研究语言学史。它涉及对当代语法、语义、语音学等理论的研究。所以，我认为哲学并不是完全不同于其他的人文学科。关于与文学的比较，我这又回到了一个事实，那就是人们当然要阅读哲学作品，了解它们的文学风格和结构等。但这与他们最初的写作相比，其参与度大大降低了。当然，某些反分析的传统强调哲学和文学之间的联系。在这种传统中，他们会拒绝这样的观点：文学是虚构，而哲学不是虚构，即使哲学是错的，它也不是虚构的。

但是，我认为当我们涉及大多数的哲学时，正如它们已经被写下来的那样，哲学试图说一些真的事物。我认为这确实会带来一种截然不同的参与感。我们对哲学作品的理解要比我们对文学作品的理解更深刻。有时一些文学作品以这样或那样的方式体现哲学思想。但我仍然认为,如果我们从哲学的角度去看待它们,那么我们也需要把它们放在一种可以批判它们的形式中。

关于哲学的文化功能,我认为这在不同的文化中是不同的。举例来说,在英语世界里,没有哪个哲学家能像孔子在中国文化中扮演的角色那样重要。但是我认为哲学的文化功能可以包括,比如,现在的医院有伦理委员会。这些伦理委员会可能会评估各种伦理上可能有问题的研究,或者非常困难的问题,比如,当孩子的父母因宗教原因反对输血时,是否要给孩子输血之类的问题。这些伦理委员会曾有一些宗教人士本是英国圣公会的牧师,但现在他们都是典型的应用伦理学家。这是哲学的一种文化功能,但与哲学史并没有什么关系,而与哲学家对一个必须做出的具体决定能够说什么有关。例如,实验是否可以继续进行,或者孩子是否应该接受输血,等等。

所以,你也提出了这样的问题,比如新康德主义者,他们通过对康德的批判研究来研究哲学。正如你所说,斯特劳森在《感觉的界限》中做了一些类似的事情。所以,你认为这可能是研究哲学最有效的方法。这正是我所怀疑的。我的意思是,当然不是说在任何时候都不是。因为从事情的发展来看,可能曾经有一段时期更接近康德的时代,那时批判康德是研究比如认识论和形而上学的有效方法。但我不认为我们现在还生活在那样的时代。逻辑学、数学和自然科学都发生了翻天覆地的变化,使得康德完全无法辨认它们。我认为尽管我们可以从康德的研究中得到一些东西,但我不认为这是处理问题的最有效方法。斯特劳森的《感觉的界限》事实上对后来的形而上学并没有太大的影响。我认为这与先验论证的作用有很大关系。我认为，斯特劳森通常没有对他曾用过的这类先验论证的批判给出有效回应。

我很怀疑，对很久之前哲学家的批评研究就足以成为思考哲学问题最有效的方式，不管这些问题是不是广义上永恒的。因为像"什么是公正？""什么是知识？"这些问题，柏拉图肯定参与了。我认为所有哲学传统中的人都参与了这些问题。但是它们的形式非常不同，这取决于特定的传统在哪里。我认为，通常情况下采用这些形式是有原因的，人们用自己的立场上最能理解的方式问问题。我只是不清楚，最有效的方法是回到哲学史上去。也许有很多例子表明这样做是正确的。但我认为，事实上，哲学中并不普遍认为这是正确的做法。

然后我来回应刘小涛的问题。我并没有充分展开，但明确地说，我并没有建议把哲学史留给历史学家。我确实认为哲学史需要由哲学家来撰写。我想也许我们都同意这一点。

我们把弱历史主义考虑为一个系统，它结合了元哲学的主张和方法论的主张。前者认为哲学史是哲学的核心或组成部分，后者认为要了解哲学就需要了解哲学史。我认为这很大程度上取决于一个问题，即有多少哲学史。我认为你想说的是弱历史主义受到了一些真正的冲击，因为即使弱历史主义也适用于哲学，但相应的东西在数学中就不正确了。就数学而言，就像哲学一样，你需要了解的很多历史都是近代数学史。所以，要成为一名有专业能力的数学家，你必须知道的事是你必须知道很多关于到目前为止被证明的东西，目前的数学状态是什么，什么结果已经被证明了，什么问题已经被解答了，以及至少了解其他数学分支发展到何种状况，有什么资源，等等。

实际上，如果你试着去想象一个对最近数学史一无所知的数学家，我觉得这很难理解。我想最接近这个标准的应该是一个印度天才拉马努金。他自己做出大量的数学研究，后来被带到剑桥，在那里他不幸地度过了短暂的余生。但即使是他这种情况，实际上他已经得到了一些他已经掌握的基本的教科书。然后我认为他需要去剑桥，从某种意义上说，去了解近代数学的历史，这样他才能知道有什么问题没有回答，证明标准是什么，一个数学问题的何种解决方案应该受到尊重，等等。所以，即使像数学这样具有非历史意义的学科，也需要一定的背景知识，至少是近代史知识，这是专业能力的要求。你可能会遇到一个不了解数学史的人，他没有听说过欧几里得，但仍然能够在数学的某些特定分支中做出出色的工作。但我们会认为，那个人的数学视野中缺失了一些东西，因为他们对过去完全无知。

我认为，虽然我不想说哲学就像数学，但我不认为哲学和数学有什么不同。我想如果我们讨论的是哲学逻辑，这可能是哲学中最接近数学的部分，有些人可能在哲学逻辑方面做了很多重要的工作而对哲学史却一无所知。但是，作为一个哲学家，我们会觉得他们缺失了一些东西，因为他们对这个主题没有更广泛的认识。我认为就像数学上的例子一样，如果我们开始问一些更宽泛的问题，他们的无知就会显现出来。

　　第二个问题是关于分析哲学的历史特征的。再一次，正如我强调过的，这些东西真的主要是一个程度的问题，因为分析哲学确实有它自己的过去（尤其是它最近的过去）的意义。如果你不了解近代史，不了解你所在领域的近代史，不了解遥远的历史人物，不了解仍然有影响力的遥远历史人物，你就无法很好地研究它。

　　我认为当一个人开始思考哲学从何而来时，就像我在之前的一些讲演中所做的那样，我不是指分析哲学从何而来，而是指任何一种哲学从何而来，我认为它来自好奇，而好奇很明显是一种非历史的特征。我的意思是，这些问题不是历史问题。人们想要的答案也不是历史的。我的意思是，他们不想被告知一些关于历史的事情，他们想被告知一些与问题直接相关的东西。但他们会问"什么是公正？"或者"什么是知识？"等问题。

　　的确，如果我们想帮助这样的人更深入地了解这些问题，我们很可能会推荐一些读物。有时它可能是一部经典作品。但我们经常推荐一些最近的作品，因为它是用更容易理解的语言写的。而且它不会涉及可能包含在内的假设，例如，它将是世俗的，而不是像许多旧书那样，假定基督教上帝的存在。

　　我想起了罗伯特·穆齐尔（Robert Musil）的小说《学生托乐思的迷惘》中的主人公。他是一个处于青春期的男孩，他在一个问题很多的学校上学。但是他学了一些关于复数的东西，涉及 -1 的平方根之类的虚数。他发现这些是非常令人费解的。他去找他的一位老师，请他帮助理解虚数是什么，他的老师推荐他阅读康德的《纯粹理性批判》。

对这个 16 岁左右的男孩是如何阅读《纯粹理性批判》的前几页的，以及他所感到的困惑，书中有一段精彩的描述。所以，如果能给他一些今天的东西，当时已经有些东西是最近写的，如果他能够掌握虚数，他会比从《纯粹理性批判》得到更有帮助的知识。

是的，但我认为这不是分析哲学的历史特征。这确实符合哲学的起源。所以，我认为举证责任在那些声称哲学也有历史特征或者必须有历史特征的人身上，他们需要论证哲学与自然而然产生的其他问题是如此不同。我认为这种非历史的特征实际上是一种很自然的特征，它是哲学的一种特征，在很多不同的历史传统中都有。

我可能没讲明白弱历史主义。我认为我的观点大致是这样的：如果你淡化了在元哲学和方法论主张中所要求的哲学史的内容，如果你减少了足够多的哲学史内容，那么弱历史主义就是真的。但几乎所有知识探究都认为一些非常弱的历史主义将是真的，因为任何形式的探究从根本上都涉及这样一些知识：最近的探究进展到哪？相关调查如何进行？所以，对过去纯粹的无知既不可能也不可取。

要设置适当的哲学史知识水平，这是个棘手的问题，特别是应该有多少古代哲学史知识，应该有多少近代哲学史知识。好吧，像往常一样，还有很多话要说，但是，再次感谢你的好问题。

陈波：非常感谢！感谢威廉姆森教授，感谢南星教授和刘小涛教授。你们的评论、问题和回答都激动人心，值得深入思考。当然，答案必须由我们自己去寻找。今天就到此为止。让我们一起期待下次讲演"哲学与其相邻学科"，下周一晚上见！

第八讲　哲学与其相邻学科

时间：2020 年 10 月 19 日

陈波：大家晚上好！今天，威廉姆森教授将做第八次讲演。题目是"哲学与其相邻学科"。欢迎大家！

威廉姆森：好的，谢谢你！我今天要谈的是哲学与其相邻学科之间的关系。你将会看到，有许多学科和哲学接壤，甚至存在重叠和交叉。对这个问题感兴趣的众多原因之一，是从更一般的哲学方法论的角度思考哲学是否有进步。因为在有些人看来，哲学是没有进步的，哲学并没有随着时间的推移变得更好。通常当人们这么说的时候，他们的目的是抱怨或批评哲学，因为它没有取得进步。但人们并非总是如此，有些人把哲学比作文学。他们认为哲学没有进步就像文学没有进步一样。我不确定文学就是没有进步。我自己的看法是，大概是文学会有起起落落。可以肯定的是，在 3000 年前写的文学作品中，仍然可以有质量非常高的作品不会完全被现代文学取代。但在哲学方面，我们可能希望情况有所不同。

因为我一直在向你介绍的哲学观是，它在目标和方法上与其他科学很类似，因此，也按类似的方式取得了进展。当然，你可能会怀疑这一点。我认为评估这些怀疑的一种方法是考虑哲学与其他学科非常接近的领域。我认为可以使用那些相互交界、彼此接近甚至相互重叠的领域。我想我们可以看到，在哲学和它们如此接近、如此相似的时候，断言其他科学总是在进步而哲学没有进步，这是非常难以置信的。当然，如果你非常多疑和悲观，你可能会认为这些科学都没有进步。但我不认为那是一种很合理的观点。我认为更有可能是其他科学取得了进步。因此，我们可以预期哲学也在取得进步，因为它与它们类似。这就是我接下来要提出的一种论证。

正如我所说，我们将会去考察，哲学和其他科学相邻或重叠的领域。自然，总的来说，这些领域将倾向于更加关注其他科学的理论方面，而非实验或数据收集方面。这并不令人惊讶。事实上，当你想到一些自然科学时，就会发现它的某些部分会比另一些部分和哲学更相似。比如，物理学中的理论物理学就比实验物理学和哲学更相似。事实上，当你考察这些与哲学存在交叉或重叠的领域，就不难发现，有些人在哲学和其他科学方面都受过非常严格的训练。比如，我就认识一些既有哲学博士学位又有物理学博士学位，或者既有哲学博士学位又有生物学博士学位的人。这并不是因为他们经历了某种转变，开始讨厌一方，然后做了一些完全不同的事情，而是反映了他们一直以来的兴趣的自然组合，或至少在某种程度上反映出他们的兴趣的持续发展。

我要讲的第一个例子是哲学和物理之间的关系。我在这里之所以讲很多，因为在牛津大学，本科生可以选一个培养方案，同时攻读物理和哲学的本科学位。我们有很多人在教他们物理哲学。这是一种很自然的结合，我们有非常优秀的学生想要做这种组合。有一件事情使得这种组合不那么令人惊讶，毕竟物理学和哲学的分野在18世纪才出现。当然，现在称为物理学的东西过去被称为自然哲学。所以，有这样一个领域，物理哲学和高度理论化的物理几乎是重合的。比如，有一些学术会议，会上的一些人是物理哲学家，而另一些人是理论物理学家。这些人之间最大的不同可能就在于，他们中的一些人在哲学系，一些人在物理哲学系，而另一些人在物理学系。他们有时会因为兴趣从物理系转到哲学系，但他们一直在做同样的事情。这些领域之间有紧密的联系，它们往往是在理论物理的特定领域。在这些领域中，哲学似乎有一些特别的东西可以教给物理学或从物理学中学习。他们特别关心基础性的物理理论，比如量子力学、狭义相对论和广义相对论。所以，只有在某些特定的领域，你才能将物理哲学家和理论物理学家聚集在一起。但在一些关键领域，确实出现了这种情况。其中一个显而易见的方面是讨论量子力学的不同解释。以前哥本哈根解释是占主导地位的。但是，越来越多的人开始认真对待其他解释，比如"多世界"的解释。在这些理论问题上，哲学家自然可以补充某些东西。量子力学的多世界解释与形而上学中大卫·刘易斯对可能世界的看法有一些相似性。由于各种具体原因，它们不是完全一样的东西。但显然，研究形而上学的哲学家一直在思考的问题与那些理论物理学家关心的问题并非完全不同。比如说，对概率的解释在量子力学中非常重要，但这些概率是什么意思，这也是有很强的哲学色彩的问题。之后的讨论并非完全不是关于概率本性的讨论，它们在多大程度上是客观的或者是认知的，它们是否与类似决策论的东西有关等，这些理论问题自然有哲学的方面，尽管它们是由于物理学的本性而提出的。在某种程度上，物理哲学家和物理学家都在研究相同的一般性问题。他们之间可能有一些风格上的差异。在物理哲学家之间也是如此。他们中的一些人可能更像理论物理学家，而另一些人更像形而上学家。这是一个连续体。除了用外部的机构来区分他们是在哲学系还是在物理学系外，没有一条自然的界线把哲学家和物理学家区分开来。就像我说的，这是哲学和物理学之间存在紧密联系的一个领域。另一个领域涉及爱因斯坦的狭义相对论和广义相对论。我认为这引起的一个问题是关于我们对时间的理解问题，常识的时间观在多大程度上与狭义相对论的时间观一致？一些哲学家，例如，希拉里·普特南就论证说，按照狭义相对论，只有当下真实存在的想法应该被抛弃，因为并没有首选的参照系，而什么算作当下也依赖于你选择什么参照系，什么是目前依赖于参考的目的。这一论证反过来也受到了质疑。但我认为很明显的一点是，任何恰当的时间哲学观都必须考虑到狭义相对论。即使它最后是为你接触到任何狭义相对论之前所持有的某种常识时间观辩护，它仍然需要做大量的解释，表明这些常识的想法其实和狭义相对论是一致的，甚至它们与狭义相对论一起构成了一幅连贯而可信的图景。哪怕它只是武断地说有一个首选的参照系。那有什么特别之处呢？你从物理的角度所能理解的一切，在时间哲学的观点下都是非常可信的。这是哲学和物理学交汇的第二个领域。这不仅仅是物理哲学家的特殊兴趣。但在这个领域，物理学似乎对形而上学中关于时间和空间本质的更普遍的问题有着重要的意义。

现在我要讲另一个例子，哲学和生物学。生物学哲学和理论生物学的高度重叠在某种程度上与物理学的情况并没有太大的不同。而且，自然重叠的领域可能是理论生物学中最有问题的领域。其中一个例子就是进化论；还有关于选择的合适单位的各种问题，以及如何区分不同的物种的问题，都有很强的哲学色彩。举个例子，我认识一位生物哲学家，他一开始是学生物学的，后来他又涉足一些关于区分不同物种的理论问题。他发现理论生物学中关于这些问题最好的文章是由一位哲学家埃利奥特·索伯写的。这就是他投身哲学的原因。但他仍然对生物学保持着理论兴趣。在这个例子中，生物哲学家所做的贡献被生物学的学者看作对理论生物学所做的重要贡献。当然，这并不是说，你在对这个人所做的工作感兴趣之前，必须首先是一位哲学家。

实际上我自己的工作也与此有关，尽管我肯定不算是一位生物哲学家。在我研究关于同一性的标准时，我对区分物种的例子感兴趣，因为其中一种提议是，两个种群是否属于同一物种，标准在于它们是否能够育种。但这个标准的问题是，它引发了一个逻辑问题。因为你可以有三个种群 x、y 和 z，其中 x 和 y 之间能够育种，y 和 z 之间也能够育种，但 x 和 z 之间不能育种。用逻辑的术语来说，可能的育种关系是非传递的。这意味着，如果你试图把它作为这些不同种群是否属于同一物种的充要条件，你会得到不融贯的结果。在我早期的一些研究中，我对这个问题很感兴趣：当你有一个可信的同一性标准但它却是非传递的时，你会怎么做？它实际上在逻辑上没有资格作为同一性的充要条件。我对各种各样的退路很感兴趣，你有一些逻辑上令人满意的标准，但在某种意义上，它们只是对原始标准的最好近似。作为一位哲学家，我对区分物种的问题感兴趣，是从一种纯逻辑的视角出发的。这就是哲学家可能对生物学感兴趣的原因，以及生物学家可能对哲学感兴趣的原因。因为理论生物学中出现的问题，也就是哲学和生物学重叠的领域。哲学和生物学的另一个重叠领域是生物学的功能理论。例如，我们会讨论一个特定器官具有什么功能，就像心脏的功能是输送血液的。当然，这是个有趣的问题。这种关于功能的讨论的意义在于，在某种程度上，我们似乎在做一些与目的论有关的事情，尽管并不存在具有那种目的的能动者。有很多方式可以解释某物的功能，而不诉诸任何神秘的目的。但这也是一个哲学和生物学非常接近的领域，哲学家和生物学家对这些关于功能的观点很感兴趣，而每一方都有自己的贡献。哲学家对这种一般的功能概念做出了不少贡献。哲学和生物学之间紧密联系的另一个例子是露丝·加勒特·米利肯（Ruth Garrett Millikan）的工作。用她的话来说，她写了一本关于语言、思想和其他生物学范畴的书。她利用生物学思维来理解思维哲学、认识论和语言哲学中的现象。再一次，当你观察这些领域的时候，你不会发现一条自然的边界，使得你可以说"哲学在这一边，生物学在另一边"。在某种程度上，似乎双方都可以合情合理地对同一个问题感兴趣。主要的边界只是制度上的，有些人在哲学系，有些人在生物学系。当然，你在哪个系在某些方面可能会对你有影响，因为你花了更多时间与他们交流，等等。所以，制度上的差异可以对理智文化产生各种连锁影响。但似乎底层的问题空间没有任何哲学和生物学之间的自然边界，将某些领域描述为哲学或生物学都是完全合理的。

现在我要做另一种比较，那就是哲学和心理学。牛津大学的很多学生在攻读他们的第一个学位时就选择这种专业组合。值得记住的是，心理学与哲学的分野甚至比物理学与哲学的分野更近，我想大概是在 19 世纪。也许我提到过，我的第一份教职是在都柏林三一学院，我在那里的心理和道德科学学院。心理科学最初就是心理学。而道德科学就是哲学。所以，这两个领域花了很长时间才分开。考虑到很多哲学分支都与心灵有关，心理学也是如此，它们有着如此紧密的联系，就一点也不奇怪。当你读大卫·休谟这样的哲学家的著作时，你会发现，他所做的工作似乎既是哲学又是心理学。当然，我们现在认为相关的分支是哲学与理论心理学的重叠部分，它们又被称为心灵哲学和哲学心理学。

哲学的许多其他领域实际上也与心理学非常相关。我认为，如果认识论学者知道更多的心理学，那么他们的工作会做得更好。因为他们经常会对心灵做出一些假设，例如，心灵运作有多少是在意识层面上进行的，又有多少是在意识层面下进行的。他们对意识的作用做出的一些假设，从当代心理学的角度来看是不太可信的，而他们并没有意识到他们的假设有任何特殊之处。两者相互作用的一个例子是诺姆·乔姆斯基写的一篇著名文章。当然,他的主要身份是语言学家。他在这篇文章中对斯金纳(B. F. Skinner)的行为主义提出了批评。在 20 世纪 50 年代晚期,斯金纳出版了一本名为《语言行为》的书,主张一种用行为来研究语言的方法。当时,行为主义是心理学中的一个主导学派。行为主义者声称他们对行为的关注是研究思维的科学方法。乔姆斯基的论证非常有力,而且影响深远。他认为,事实上,这种行为主义方法是非常不科学的,它与其他自然科学的通常做法不一致。在论证这一点的过程中,他实际上运用了很多当时的科学哲学。所以,他对斯金纳的批评有很强的哲学色彩。他写作的那份长篇书评至少在传统上被认为是心理学史上的一个转折点,行为主义从此开始被视为一个非常不足的思维研究方式,严肃看待行为倾向或类似心理结构的认知心理学开始重新流行起来。当然,行为主义本身,并非一直是心理学中的主导学派,但一种简单版本至少在历史上主导了好几十年。所以,心理学的理论转向有很强的哲学色彩。

另一个例子是心灵哲学家杰里·福多(Jerry Fodor)的工作。他的工作既受到了心理学的强烈影响,也在一定程度上影响了心理学的发展。也许他最重要的两项工作:一是思想语言,他认为心灵的计算理论要求某种形式的内部语言。我们用来思考的这种语言更像计算机内部处理的语言,而不像自然语言,但它仍然是一种语言;二是心智的模块化,他认为心智在某种程度上被分为半自治模块,处理视觉以及其他各种精神活动。从他所做的工作来看,他是一位哲学家,他也像哲学家一样写作。但与此同时,他所谈论的以及特别感兴趣的是人类心智的实际运作方式。所以，说他的这些工作不是哲学是很愚蠢的，但说它们不是心理学也是愚蠢的。它们只是处于对心智进行理论反思的领域，哲学家和心理学家对此都很感兴趣。我认为一个很自然的分类是，它们处于哲学和心理学的重叠区域。还有一个领域是推理心理学。我之所以熟悉这个问题，是因为我曾经用它来思考推理在哲学和哲学方法中的作用。例如，这就涉及约翰逊-莱尔德（Johnson-Laird）所做的关于沃森选择任务的著名实验的解释。它一开始是用哲学术语来解释的，人们是否有某种非理性的偏见因而更加赞成证实而不是证伪，这是用到了卡尔·波普尔的术语。后来的一些解释工作借用了更多的哲学观念，例如道义逻辑中关于"应该"的规则，因为人们谈论各种各样的规则等。

在我今年出版的新书《假设与告诉：条件句的语义学和启发式》中，我运用来自心理学的想法思考我们如何评估条件句，如何评估形如"如果 x，那么 y"的陈述。我认为将那本书的某些方面描述为思辨心理学是很公平的，因为我对条件句评估中涉及的认知过程的总体结构做出了一些假设。那都是心理学上的主张，它们显然都不只是概念上的主张或类似的东西。我认为从长远来看，这一领域的心理学研究将会证明这些假设是否正确。但我认为，我肯定是以哲学家的身份，而不是以专业心理学家的身份在写作。因为这些问题都来自对条件句逻辑感兴趣的哲学家，我们需要用这样的逻辑来帮助人们形成关于条件句评估的总体结果的一般假设。如果你从一个纯粹心理学的角度来看，这些问题可能就不太突出，因为它们是抽象的逻辑和哲学问题。我们在一个足够普遍的水平上考虑这些事情，以便能够看到这里的总体模式或它们可能是什么，以便更好地发展一个普遍的假设。所有这些都需要在细节上实现。在某一时刻，所有这些迟早都能通过实验进行测试。但我认为，在对这样的领域进行测试之前，一些假设得到适当的发展也是很重要的。我认为这种关于条件句思维的研究既有哲学的方面，也有心理学的方面。

我还做过一项相关的工作，那就是关于想象力的认知作用的研究。显然，从一个方面说，那也是一种思辨心理学。但从另一方面来看，那也是对认识论的贡献，它解释了我们是如何通过想象力来了解某些事物的。如何想象有一个认知的方面，我认为，担心如何把它们归为哲学或心理学，就好像两者之间有明显的分别将是荒谬的。一些人在谈论它的不同方面时可以更多地强调哲学方面，而另一些人则更多地强调心理学方面。但实际上你只是在谈论我所做的一些特别的工作，它们与某种心理学范式有多相似，与哲学范式又有多相似。但是在哲学和心理学之间并没有根本的自然划分；当然，除了我们之前见过的那种划分，即在哲学系和心理学系工作的人之间的那种机构上的划分。

还有一些关于该领域的重叠性质的例子，在意识的本质上存在着争论。如果你看看像内德·布洛克（Ned Block）这样的学者关于意识本性的作品，你会发现那是哲学和心理学的结合。当然，其中一部分很明显是心理学，比如实验之类；但对于整个论证，如果你还在担心该把它归为哲学还是心理学，那就太愚蠢了。然后是延展心灵的假说。这种假说认为在某种意义上，当我们使用各种各样的工具，如供自己使用的日记时，实际上只是心灵的延伸，我们是用自己的大脑来记忆还是用一些外部对象比如笔记本来记忆，这是一件相对不重要的事情。大卫·查默斯和安迪·克拉克（Andy Clark）在一篇短文中清楚生动地阐述了这种假说。它对心理学和哲学都产生了非常大的影响。在很多这样的案例中，你可以看到这些东西对心理学的影响有多大。如果你查看它们被引用的次数，你就能知道它们被引用的来源，你就能知道影响是什么，这是很容易被记录下来的。

　　这两个学科结合的另一个领域是对实验哲学运动的回应。我在讲思想实验时批评了实验哲学的消极方案。接下来的工作涉及哲学家和心理学家的联合研究，他们会调查，例如，什么样的判断被算作知识，以及什么样的事情被算作有意做某事。他们通过调查问卷测试人们对各种假设场景的判断，这些假设场景与哲学家们研究的思想实验相似。我所谈论的大多数案例，从这个方面看都很有趣。哲学和心理学之间的这种重叠领域在一种宽泛的意义上可以称为"实验哲学"，但这并不暗示它与某种消极方案有关。它们实际上是哲学家和心理学家的合作研究，因为通常是一个哲学家和一个心理学家或几个哲学家和几个心理学家组成一个团队，设计和完成实验，调查人们在面对他们提出的各种假设情况时如何分类。也许哲学家更关心实验的整体设计，而心理学家则更关心它的实际实施，但他们是在进行团队合作。他们联合发表了对心理学有贡献的论文。但它们显然具有哲学意义，因为它们展示了人们通常是如何看待某些例子的。虽然我不认为我们可以仅仅以这样的实验为基础来研究哲学，但我认为很明显这些研究从哲学和心理学上看都很有趣。这个例子说明了哲学和心理学在实验层面上的重叠，虽然大部分时间我都是在谈论理论层面上的重叠。

现在我要谈谈哲学和语言学的例子，因为这也是一个语义学的经典案例。如果你看看那些把形式语义学作为语言学分支来研究的人，你会发现他们所做的工作与许多语言哲学家所做的工作非常接近。他们会阅读彼此的论文，他们会去参加一些相同的会议，等等。事实上，在这个领域，很多主要的理论框架都来自哲学，然后被语言学家进一步发展。有很多语言学家在将哲学工作引入语言学中发挥了非常重要的作用，比如，芭芭拉·霍尔·帕蒂（Barbara Hall Partee），安吉莉卡·克拉策（Angelika Kratzer），艾琳·海姆（Irene Heim），等等。还有很多这样的例子。早期的案例有伯特兰·罗素的限定摹状词理论。罗素不是出于语言学的兴趣，他之所以需要这个理论，既是为了在形式化的数学语言中可以谈论函数值或类似的东西，也与他同迈农等形而上学家的争论有关。但在这样做时，他实际上为定冠词（也就是英语中的"the"）发展了一种很有影响力的语言学。当然，现在没有多少语言学家会一字不差地接受罗素的语义描述，但确实有一些观点明显继承了罗素的观点。关于限定摹状词的语义学如何起作用的争论始于罗素哲学，然后彼得·斯特劳森对罗素的理论进行了批判，现在它们都部分地进入了语言学领域。另一个例子是，以哲学家和逻辑学家理查德·蒙塔古的名字命名的蒙塔古语法。那是一种非常复杂、抽象的应用，将一种早期形式的模态逻辑语义学应用到自然语言。我想最早认为它对语言学很有帮助的语言学家之一就是芭芭拉·霍尔·帕蒂。这种框架是在模态逻辑语义学中发展起来的，同时也包含了其他领域的输入。作为形式语义学的一般框架，它的影响非常大。很多形式语义学也使用一种内涵语义学，我们现在称之为可能世界语义学。鲁道夫·卡尔纳普是先驱，索尔·克里普克、大卫·刘易斯和罗伯特·斯塔尔内克等人的工作揭示了其更大的功用。所以，这又是最初在语言哲学中发展起来的东西，后来应用于语言学。现在，作为语言学的一个分支，形式语义学中的大量工作都是在内涵语义学的框架内完成的。

还有一个例子是对索引词的处理。这也是广义的内涵框架内的工作，由大卫·卡普兰完成。他展示了如何为"this""that""I""you""now""here"等指示词的表达式建立模型。这些词的指称取决于使用它们的语境，他展示了如何在内涵语义学的框架内为其建模。卡普兰提出的一些猜想主要是语言学家在讨论，比如，卡普兰有一个"怪物"的概念，它是与索引词的某种怪异运作方式有关的算子。卡普兰认为自然语言不包含任何这类算子。或者用他的说法，"自然语言中没有怪物"。但这是有争议的。我想，可能大多数年轻一辈的语言学家都倾向于认为自然语言中包含这样的算子。但是，这个假设是由语言哲学家提出的，而且在自然语言的语言学研究中非常富有成效。

另一个例子是情境语义学。情境语义学是由约翰·佩里和约翰·巴威斯提出的，他们都是哲学家和逻辑学家。他们认为，为了某种目的，我们需要用更小的世界片段（可以设想为"情境"）来取代可能世界。这又一次被克拉策等语言学家接手，在形式语义学中已经非常有影响力了。再举个例子，那就是汉斯·坎普（Hans Kamp）的话语表征理论。坎普最初也是一位身处哲学系的逻辑学家。但他的工作与代词的指称有关，其理论也在语言学中有广泛的影响。

还有一种不同的传统，可以追溯到塔斯基在逻辑中发展出来的一种形式真理论。与卡尔纳普的案例不同，这种理论主要是哲学家在使用。但唐纳德·戴维森关于副词和事件的研究中最终也使用了这个理论，从而对语言学家产生了影响。我想在语言学和语言哲学领域从事跨界研究的人之一是詹姆斯·希金波坦（James Higginbotham），他很有兴趣将戴维森的工作应用于语言学，而且非常有影响力。再往前一点，像彼得·吉奇（Peter Geach）和加雷思·埃文斯（Gareth Evans）这样的哲学家对代词的研究也很有影响力。哲学家对代词感兴趣是因为他们认为代词的作用类似于约束变项，也就是一阶逻辑中的 x 和 y。这样的假设通常与蒯因等哲学家有关。所以，对代词的研究是哲学中的一种传统，因为它们对形式语言有用。大家会注意到，有很多这样的例子。哲学逻辑是与哲学相关的部分。但所有这些都表明了哲学对语言学这个分支的巨大影响。另一个哲学有很大影响的语言学分支是语用学。因为它的大部分理论方向都来自哲学，尤其是 20 世纪五六十年代牛津的语言哲学家的工作。比如，J. L. 奥斯汀对言语行为的研究，彼得·斯特劳森对预设的研究，保罗·格赖斯（Paul Grice）对会话隐含的研究，等等。在这些方面，都是语言哲学家们提出观点，然后被证明为在语用学研究上富有成效。现在，你可以看到这种重叠迹象仍然存在于交叉领域的期刊中。例如，《语言学与哲学》(*Linguistics and Phi-losophy*) 和《心智与语言》(*Mind and Language*)。这些都是供哲学家和语言学家阅读及发表的综合期刊。还有一些联合的工作坊。

　　哲学与其接壤的另一个领域是经济学。从制度上来说，你可以看到一些交叉领域的期刊，比如《理论与决策》(*Theory and Deci-sion*) 和《经济学与哲学》(*Economics and Philosophy*)。你也可以看到跨界的职业人士，比如约翰·布鲁姆（John Broome）和肯·宾默尔（Ken Binmore）在职业生涯起步时都是经济学家，但他们的兴趣引导他们进入哲学领域。但是，这并不是说他们放弃了他们在经济学中一直在研究的东西，而是说他们在经济学中提出的问题，自然地把他们引向了哲学的方向。哲学和经济学之间一个非常重要的重叠领域是决策理论，其中经常使用概率和效用的形式工具，而感兴趣的是你可能采取的不同行动的期望效用。这种决策理论在哲学和经济学中都是讨论理性行为的核心。再一次，我可以看到哲学家和经济学家一起讨论这些问题。

　　还有一个可能不是很明显但我做了很多研究也很了解的领域，就是认知和信念逻辑，也就是关于知识和信念的逻辑。做出这一发现的关键文本是由哲学家撰写的。芬兰逻辑学家雅科·亨迪卡1962年出版了《知识与信念》，那是一本非常哲学化的书。他感兴趣的问题是，如果你知道就知道自己知道，如果你不知道你就知道自己不知道，等等。所以，他以一个哲学家的身份来处理这些问题，他运用了一些类似模态逻辑的工具，但用的是认知和信念的解释。但后来的很多应用实际上都是由经济学家和计算机科学家做出来的。他们感兴趣的一件事是，这种形式工具可以很自然地应用于分析公共知识，即每个人都知道每个人都知道……的一些东西。公共知识在理论经济学中是非常重要的。如果你去看博弈论中的论证，就会发现理论经济学家经常用它来思考基本问题。通常会有一些假设被当成公共知识。例如，在博弈论中，关于博弈是什么的公共知识，关于可能结果及其效用的公共知识，以及关于其他博弈参与者的理性的公共知识。所以你假设，你知道他们知道你知道他们知道你知道……他们是理性的，如此等等。事实上，对认知逻辑和信念逻辑的大量研究都是理论经济学家完成的。但公正地说，哲学逻辑学家也能想到这些问题。只不过碰巧的是，经济学家更有动力去探索这一领域。他们的研究方式有一些差异，因为他们倾向于用集合论框架来考虑问题，而不是你在模态逻辑中看到的那种语言框架。但是，这些差异通常是相对表面的。实际的技术问题基本上是一样的，不管你是用一个哲学家做认知逻辑的方式，还是用一个理论经济学家做认知逻辑的方式，你都可以看出那是同一个问题。

另一个非常不同的方面则是哲学和经济学之间的互动。实际上，更普遍地说，是哲学和社会科学之间的互动，正如哲学家伊丽莎白·安德森（Elizabeth Anderson）所指出的那样。社会科学倾向于一种与价值无关的意识形态。换句话说，他们认为自己是社会科学家，他们的研究是价值中立的。他们不会投票，他们不会对任何关于研究价值的问题进行预先判断。但同时，尽管他们更愿意把自己当成科学家，尽管他们认为那是与价值无关的工作，这些问题通常都有很强的潜在规范性，因为它们讨论的是社会中的商品分配问题。事实上，社会科学家认为，至少有一些潜在的结果比其他的要好一些，而另一些则糟糕得多。正如安德森所指出的那样，通过与哲学家的交流，社会科学家实际上可以讨论价值问题。因为那本身就是引发他们兴趣的问题，而且他们可以以一种体面的方式参与讨论。因为哲学提供了一个领域，允许对价值问题进行明确的讨论。我们有道德和政治哲学，我们的部分工作就是讨论这些价值问题。

　　为了完整起见，我还要提到其他的问题，但我不会在这里重点讨论。就哲学和历史而言，我在第七讲中已经讨论过它们之间的关系。我们在哲学史和历史哲学中都看到了它们之间的重叠，所以它们也有很强的联系。

　　还有一种非常不同的情形，那就是哲学和数学的关系。这是我非常熟悉的。因为在牛津大学有一种本科学位就是数学和哲学。事实上，那就是我的本科学位。再一次，这种结合吸引了很多非常有能力的本科生。最明显的重叠区域是数理逻辑。同样，也有一些交叉领域的期刊，如《符号逻辑杂志》（*Journal of Symbol Logic*）、《符号逻辑评论》（*Review of Symbolic Logic*）、《哲学逻辑杂志》（*Journal of Philosophical Logic*）等。也有一些跨界的职业人士，比如哈佛大学的休·伍丁（Hugh Woodin）和牛津大学的乔·大卫·哈姆肯斯（Joel David Hamkins）。他们最初都是在数学系研究集合论，但是他们的兴趣总是有哲学的方面。他们最终都进入了哲学系。至少我是这样认为的，他们所做的研究并没有任何中断，这是因为它本就有一个哲学的方面。他们在哲学系也这样做是很自然的。我自己的研究中涉及哲学和数学之间的这种相互作用的是，集合论公理的地位以及数学的其他基础或者假设的其他基础，比如范畴论和同伦类型论。这些是哲学家和数学家都想讨论的问题。实际上，我会在11月9日的"数理哲学和哲理数学"的讲演中详细讨论它们。那是北京大学哲学系为了纪念罗素访华100周年而举办的系列活动中的一场讲演。罗素曾于1920年访问中国，他的访问持续到了1921年；他还特别访问了北京大学。

综上，我概述了哲学与其他各门学科相互重叠的方式。我想花一点时间把这些线索联系起来，看看我们是否能发现更多的模式。当然，一种典型的模式是其他学科在某一时刻脱离哲学而取得独立的地位。在这一点上，我之前讲过的所有学科并不完全一样。历史学就明显不是如此。就我所知，语言学也不是这样。语言学似乎是独立于哲学发展起来的。但是，我讲过的很多学科，它们都起源于一种理智传统，这种传统曾经是哲学的一部分，后来又脱离了哲学，成为独立自主的学科，在某种意义上，它们不再被认为是哲学的附属物。所以，有一种观点认为，当一个学科处于某种混乱的状态、没有任何明确的方法时，它就被认为是哲学，一旦它建立了明确的方法，它就变成了一门独立的学科。我觉得这样想是不对的，虽然也不是完全错误的，因为其他领域确实发展了自己的学科。但我认为，事实上，缺乏严格的方法并不是哲学的定义的一部分。我已经解释过，逻辑就是一个很好的例子，最起码哲学逻辑既是严格的，也是哲学的一部分。但值得一提的是，我一直在谈论的其他学科，在某种程度上超越了哲学的一部分，它们很久以前就从哲学中获得了自主权。

　　我一直在谈论的这种与哲学的联系，不仅仅是一种过时的痕迹，一种没有人清理的遗骸。它们实际上是当前的潮流。我们都需要我一直在描画的那种联系。那是在分开之后又发展起来的，如果它们曾经在一起，所以它们不只是过去遗留下来的。有一些东西反映了当前的理智需求。那么，我们可能会问，哲学会对这些互动做出什么贡献？我认为，哲学实际上在很多不同的事情上都可以做出贡献。哲学经常做出的贡献是，它提供了一种识别、阐明和质疑辩论中的普遍假设的能力。所以你可以说，它能够跳出条条框框来思考，即使辩论并不明显是在某个框框里。我并不是说哲学总是意识到它自己的假设或类似的东西。我认为这对任何学科来说都是过分的要求。但是我认为哲学家思考问题的抽象性和结构性的方式，特别是他们对论辩术以及论证规则等的兴趣，有助于哲学家发挥这种作用。这并不是说，它与那些身处其他学科而没有接触过哲学的人可能做的事情存在根本的不同。很明显，在任何一种反思性的学科中，都存在一些识别、阐明和质疑我们假设的能力。但我认为，如果你愿意这么说的话，哲学家们拥有的一套技能使他们在这方面异常擅长。通常他们习惯于在非常高的概括性和抽象性水平上工作。这样他们就能在这个水平上有所贡献，因为他们的训练和技能有所不同。这并不是说，它们在性质上完全不同。但它们所强调的重点是不同的。因此，有些技能在其他领域发展得更好；而其他技能则更弱一些。然后是我提到过的观点，哲学可以使价值的考虑变得明确。在各个领域中都有很不寻常的特征，当然我不是说它是独一无二的，但大多数学术学科都会有意识地避免价值判断。然而，在道德和政治哲学中，一阶的价值判断通常是研究的主题。这让哲学家们有能力提出另一种不同的问题，而在它的邻近学科中，人们经常（尽管不是总是）由于学科规范而禁止这样提问。但如果有人愿意为他们提问，他们也会很感激。这是哲学所能做出的一种完全不同的贡献。我认为另一种情况是，哲学有时可以提供精确的形式理论框架。我认为这是分析哲学特别擅长的，因为它与逻辑学有着密切的联系，并且愿意使用数学方法。所以，我们在之前的一些例子中看到，哲学家能够做这类事情。在与语言学的互动中，语言哲学家能够提供一种精确的形式框架来思考语言的语义学。在经济学的例子中，还有认知逻辑。那也是哲学家提供的一种精确的形式框架。事实上，认知逻辑的形式框架和内涵逻辑的形式框架在某些方面是相同的。这是 19 世纪六七十年代在哲学上的可能世界革命被输出到许多其他学科的一种方式。这种革命首先是在哲学中发展起来的，尤其是因为它与逻辑有紧密的联系，比经济学和语言学的联系更紧密。所以，即使你可能认为，在原则上，没有什么能阻止语言学家在实践中思考这些问题，但更有可能是哲学家因为他们拥有的各种技能和知识联系而最先开始这类思考。就像我之前提到的，我认为这些例子表明哲学对其他学科的贡献并非都是相同类型的。但我还是可以从一个非常普遍的角度说，哲学具有很大的概括性。还有一件事，那就是它对奇异性的容忍，给了它灵活性，使它能够与许多其他学科充分互动。你可能会认为，哲学不是唯一对陌生者很宽容的学科，例如，基础物理学就很容忍陌生事物。但是，这是哲学的一个特点，因为总的来说，哲学家们受到的训练就是，不要因为奇怪而排斥一种观点。我并不是说我们一直都坚持这一点。但我认为这是哲学家工作方式的一个方面，这使他们能够与许多其他学科进行富有成效的接触。

我想说的另一种考虑是，有点不幸，与另一门学科密切合作的哲学家有时会更尊重另一门学科而不是哲学。这可能是因为他们对它的尊重一直以来都多于对哲学的尊重，所以他们才想与其共事。又或者，这可能是共事的结果，他们变得更加尊重那门学科，而不是哲学。举例来说，有时哲学家们与心理学有很大的联系，最终却以某种方式更尊重心理学而不是哲学。并不是说所有人都是如此，但的确有人是这样。你有时会发现哲学家们模仿和羡慕其他学科中的榜样，而不是哲学中的榜样。在某些情况下，他们试图遵循其他学科的目的和方法。比如，与心理学有很大关系的哲学家，他们试图像心理学家一样去说话和思考。我不是说他们的研究成果完全没有价值，但有时会出现这样的结果，那些羡慕另一门学科的发展的哲学家，最终所写的东西更像是关于其他科学或任何他们羡慕的东西的大众读物。但有时也不仅是做大众普及，他们在追求其理论角色的同时，更像是其他学科中的正式成员；他们失去了很多作为哲学家的独特性。尽管这并不总是一件坏事，但我认为那往往涉及对哲学方法论的独有特征缺乏理解。所以，有时你会发现一种奇怪的现象，即有些哲学家会憎恨哲学。我认为这是一种威胁。哲学家在走这条路的时候会发生一种危险，他们倾向于放弃哲学的独特技能和理智资源。结果，他们在跨学科领域的贡献比他们能做的要少得多。我记得曾经听过一位和心理学有莫大关系的哲学家的演讲。他是一位非常杰出的人士，但我不会说是谁。这次演讲的听众包括哲学家和心理学家。演讲中有很多心理学的材料，但是却非常缺乏哲学上的严谨和微妙。我记得后来跟他谈过，用一种很普通的哲学上的区分来反对他的观点。他的回答是，"我不再做那样的区分了，因为心理学家往往无法理解它们"。在我看来，这是一个很可悲的回答，因为他并没有真正反对这种区分，而是放弃了对这些哲学问题的担忧，因为他所关心的只是对心理学家留下深刻印象。我想如果他不再给其他哲学家留下深刻印象，他也不会太介意。但在我看来，在我所说的例子中，正是这些区分与他论证的有效性（或无效性）高度相关。我们可以把这些区分带到讨论中去。如果我们只是把自己变成一个大众心理学家，那么我们就不会对心理学家的讨论有太多贡献。所以到最后，这是一种适得其反的做法。所以，我在这几次演讲中一直想强调的是，哲学并不是那种完全没有学科性的古董，也不是那种我们应该感到羞耻的东西。事实上，它有自己独特的理智学科形式，在整体上是独特的；尽管有些东西在哲学之外也能找到，但哲学有自己相对而言的重心。我认为，如果我们更好地理解我们所做的事情，那么我们不仅可以做得更好，而且我们也可以看到，我们真的没有什么好羞愧的。在我们使用的方法中，我们反而有一些值得骄傲的东西。

　　总结一下，看看我在这次讲演开始时提出的论证，哲学与许多不断进步的学科相邻和重叠，这使得哲学本身也在不断进步。一旦我们看到所有这些不同学科在底层景观上的连续性，那么认为哲学不同于其他学科而且丝毫没有取得进展的想法就完全是不可能的。最后，还有一个问题，我们到底取得了什么样的进展？在下一讲中，我们会考虑科学取得进步的一种形式，这种形式尚未被充分认识到。哲学也以这种形式取得了进步，只不过同样没有被认识到。换句话说，我认为，哲学在某些方面取得的进展与你在其他学科中发现的进展非常相似。它不遵循我们倾向于认为的发展应该具有的那种模式，所以我们一直没有意识到这一点；但事实上，哲学在很多领域中已经取得了进展。谢谢大家！

陈波：非常感谢，威廉姆森教授。你的讲演强调了哲学与其他学科比我们先前以为的有更多相似性。现在，我对与谈人和提问人做一点简要的介绍。叶峰从普林斯顿大学获得哲学博士学位，他现在是首都师范大学的正教授。事实上，他也曾是我在北京大学的同事。他的专长是数学哲学和心灵哲学。他是逻辑学家和哲学家。他在斯普林格（Springer）出版过英文著作。目前，他正在发展他自己的哲学，一种物理主义或自然主义的心灵哲学乃至一般哲学。梅剑华博士毕业于北京大学，他虽然是一位年轻人，但已经是山西大学的正教授。他的专长是心灵哲学、实验哲学、元哲学和形而上学。欢迎两位。

叶峰：好的，我首先要感谢威廉姆森教授。谢谢他的所有讲演，我一直都有关注而且从中学到很多。我也要感谢陈波邀请我对这次讲演做评论，以及他刚才的介绍。

此次讲演是关于哲学和科学之间的紧密联系。如果我没理解错的话，威廉姆森教授至少讨论了这种联系的三个方面。第一，哲学问题经常与科学问题重叠，许多研究者在这两方面交叉。第二，哲学思想曾经激发了卓有成效的科学研究。第三，科学知识有时对于回答哲学问题是必不可少的。此外，如果我理解正确的话，威廉姆森教授之前的讲演（以及其他著作）的一个主要主题是，在方法论上，做哲学与做科学并没有本质上的不同。这次讲演的重点似乎是哲学和科学的内容，而不是它们的方法论。但基本观念是相似的。

我个人认为，威廉姆森教授为证明哲学和科学在最重要的方面的相似性提供了强有力的证据，我个人非常喜欢这样的观点，即我所做的只是一门高度理论性（因此可能有点思辨性）的科学。因此，在这里，为了提出问题，我想探索我们可以把这个相似的情形推向何种极端。我想问：

第一，是否存在严格意义上的哲学问题，即只有哲学才能充分解决而仅凭科学却不能解决的问题？如果存在，这些问题是什么？为什么它们不服从科学？

首先考虑一下语言哲学。有没有什么关于语言的问题是如此严格地哲学化，以至于只有哲学才能充分地回答它，而语言学不能？就我个人而言，我想不出任何这样的问题。语义学和语用学是标准的语言学研究课题，任何关于它们的理论都应该建立在对语言数据的观察和建立模型的基础上。哲学家当然可以这样做，但我们可以把它看作语言学的一部作品。其他关于语言的问题看起来也很相似。

有些人可能认为，真理理论是严格的哲学，因为它涉及内在、精神世界和外部世界之间的联系。然而，一些哲学家认为真理可以化归。对真理的自然主义描述看起来就像认知科学中的一个理论。它将假设一个人类认知架构，假设概念和思想是如何在人类认知架构中实现的，并提出一个关于概念和思想如何与人类环境中的事物相联系的模型，将其视为概念表征和真理的关系。然后，我们可以用观察到的数据来测试模型，也就是说，用我们对各种概念和思想如何代表我们环境的事物和状态的直觉观察来测试模型。这样的理论将成为一个标准的认知科学理论。

现在，一些哲学家可能会否认自然化真理的可能性。我的下一个问题是：

第二，存在严格意义上的哲学问题的想法是否与如下的假设有紧密的联系，即心智的某些方面不服从所有科学探究，包括所有认知科学建模的尝试？到底是什么让心智的一个方面避开了所有潜在的认知科学模型？

对于认识论也可以做出类似的评论。蒯因曾经说认识论应该是心理学的一个分支，反对者认为认识论应该是一种规范性理论，而心理学仅仅是一种描述性理论。然而，一些哲学家认为我们可以从进化和生物功能的角度来解释规范性。更具体地说，人类认知机制的生物学目的是获得真理。因此，如果真理可以自然化，那么认知机制的认知德性应该是自然的属性，也就是说，可以使认知机制获得更多的真理或以一些更好的方法获得真理的品质（例如，在更多样化的人类环境中更加稳定地获得真理）。这意味着认识论将成为认知科学的一个分支，以获得真理为目的来评价各种人类认知机制。它将基于假设人类认知架构，假设认知机制如何在这种认知架构上实现进行评估。如果一个人声称认识论是严格的哲学，那么他必须假设与认识论有关的心灵的某些东西将避开所有潜在的认知科学模型。

现在，我们似乎有很强的直觉理由认为，我们的头脑中有一些东西超越了所有的科学模型。它们就是处于我们的现象经验中的所谓现象特征（或"是什么样的体验"）。然而，如果这就是所有可以对抗科学的东西，那也不是很多。当哲学家在传统上研究真理、知识、伦理、数学哲学等的时候，他们对我们获得真理、了解事物、做好事或做坏事、证明数学定理的现象性经验的现象性特征从来不感兴趣。例如，我们感兴趣的是什么为我们接受一个数学公理提供了正当的理由。为什么我们会对一个人接受这个公理的现象性经验中的现象性特征感兴趣呢？因此，即使我们承认这些不可化归的主观的、个人的和第一人称的东西违背了所有的科学模型，它们可能也不会避免传统哲学中任何有趣的部分为科学所取代。所以，让我以另一种形式重复最后一个问题：

第三，难道所有合法的、非科学的探究都只是我们对我们主观的、个人的、感觉的现象性特征的反省吗？所有其他合法的探究本质上都是科学的探究吗？如果这是真的，那么我们是否应该承认我们哲学家只是在做科学（尽管可能是高度理论性和少量思辨性的科学）？如果不是真的，那么（除一个对自己的感觉的主观现象性特征外），究竟是心灵的哪些方面可以抵御一切认知科学建模，同时又与真理、知识、理由等相关，也就是说，与我们对哲学的传统兴趣相关呢？为什么科学建模不能充分地处理心灵的这些方面呢？

梅剑华：谢谢你，威廉姆森教授！你的讲演很精彩！关于哲学和其他邻近学科的关系，我有三个问题。这三个问题本质上是互相联系的。第一，如何准确刻画哲学和其他学科的关系？第二，认知科学对形而上学探究有帮助吗？第三，当代哲学家都重视从其他领域学习，那么其他领域的学者可以从哲学中学到什么？我将依次把我的问题做比较细致的表述。

第一，哲学和其他学科的关系有两种。R1：哲学和其他学科之间的关系。例如，心智哲学和心理学、语言学和语言哲学、生物学和生物哲学等。R1 范畴的交叉研究，例如，实验哲学就是心理学和哲学的交叉；道德心理学是伦理学和心理学的交叉。R2：其他学科彼此之间的关系。例如，心理学和语言学、生物学和社会学、经济学和政治学等。R2 范畴的交叉研究，例如，行为经济学就是心理学和经济学的交叉研究。如何理解 R1 和 R2？一方面，我们直觉上感到两者是不一样的。我们有 X 的哲学（philosophy of X），但是没有 X 的生物学（biology of X）。这背后的直觉是哲学和其他学科有本质不同，哲学在其他学科之上，是其他学科的基础。另一方面，蒯因提出哲学和科学是连续的，哲学是科学的一个极端，甚至断言哲学不过就是科学哲学。因此 R1 和 R2 是相同的还是不同的？更为一般的，如何看待哲学和科学之间的交叉研究？你说，心灵哲学不是唯一可以并且应该从心理学那里学习的哲学分支，我很同意你的观点。姑且不论实验哲学的消极方案（对直觉的批评）。实际上，实验哲学就是从心理学那里获得经验的一个哲学分支。诺布（Joshua Knobe）认为实验哲学就是认知科学。那么如何理解哲学和其他学科的交叉研究？经验方法和概念分析方法的区分？这是一个大的问题。

第二，你提出研究时间问题的两个维度：物理学和形而上学。我同意形而上学的探究不能忽视物理学的维度。但是，我们也有时间的心理学探究，这部分的研究和物理理论关系不大，而是和人类认知相关。正在兴起的认知形而上学就是要从认知科学的角度理解形而上学话题，例如因果、时间和个体化［参见戈德曼（Alvin I. Goldman）的《在认知科学的帮助下将形而上学自然化》（"Naturalizing Metaphysics with the Help of Cognitive Science"，2014）］。在这种类型的研究中，似乎相对论对时间哲学的影响不是很大。我的问题是，认知科学有助于形而上学探究吗？戈德曼在《形而上学自然化论纲及其在事件本体论上的应用》（"A Program for 'Naturalizing' Metaphysics，with Application to the Ontology of Events"，2007）中也提出了个体化的认知问题：关于事件的个体化，主要存在两种立场，即统一论和多元论。认知科学的证据表明争论的双方预设了不同的心理表征类型。我们应该避免做出何者必定正确的预设，相反，我们应该认为两种立场都是正确的。最好的办法就是支持两种形而上学范畴。认知科学通过这种探究在形而上学中起到了作用。因此，我的进一步问题是，认知科学要比物理学更有助于形而上学探究吗？

第三，在整个讲演中，你主要讨论了哲学家应该从其他学科领域学习方法、理论和结论。我想问一个反向的问题，哲学对其他学科领域有贡献吗？如果哲学仅仅从其他学科受益，而不能有益于其他学科，那么哲学的价值何在？例如，在意识研究领域或人工智能研究领域，哲学可以对意识的神秘有一个真正有效的解决吗？

威廉姆森：好的，感谢两位的提问。我会尽可能多地回顾并回答这些问题。我认为有一个问题需要澄清，在叶峰和我说到"科学"的时候，我们到底是什么意思。因为有时候他是用"哲学"来表达一些与科学不同的东西。但后来他在结尾处也说了，也许哲学就是科学。

但我想，就我对他的理解，当他谈论"科学"的时候，他特别想到的是自然科学。在我看来，哲学是科学的一部分，但不是自然科学的一部分。我想我有一个更简单的例子来说明科学和自然科学的区别。就拿数学来说，数学是一门科学，但不是自然科学。而物理、生物、化学等都是自然科学。但是我想，很多时候当他在谈论"科学"的时候，在我看来，他所想的是自然科学。

他首先提出的问题是，是否存在严格意义上的哲学问题，这些问题哲学可以回答，但仅凭科学无法回答。在我看来，一旦哲学能够回答这些问题，那么科学也能够回答。因为哲学是科学的一部分。但是，如果我们谈论自然科学，我想是的，在哲学中有自然科学无法回答的问题。因为有些问题，比如哲学逻辑中的问题，自然科学不适合回答。

另一个问题是形而上学中的物理主义问题。粗略地说，是否所有对象、属性和关系都是物理对象、属性和关系？我不认为自然科学是适合回答物理主义的问题的一门或一组学科，因为它只关注物理世界。所以，我们就不应该问它是否还有其他与之无关的事情。我认为如果我们把物理主义问题交给物理科学，我们可能会得到一个很有偏见的答案。我的意思是，可能答案就是"是的"。但我认为我们需要一些不那么偏激的东西。我认为哲学比任何自然科学更适合用来评估物理主义的问题。

关于语言，是否存在一些独特的哲学问题？我认为各种语义理论并不是自然科学能够提出的。我举个例子，内涵性的语义框架，比如可能世界语义学。尽管也许有人能在认知科学中想出。但是当你思考它是如何在哲学传统中产生的，你会发现它是基于模态逻辑方面的考虑。我认为哲学比自然主义的方法更有能力提出这种内涵框架。另一类关于语言的问题，自然主义的方法可能不能很好地回答。比如，成为一门语言的必要条件是什么？因为自然主义的方法主要关注人类语言，便认为所有的语言都必须是人类语言，这是没有必要的。没有什么可以阻止来自其他星系的智能外星人拥有与人类语言相当不同的语言。

我认为哲学的更大的普遍性在某种程度上使它比更自然主义的方法更有条件去考虑什么是作为一种语言的严格必要条件。另一个被提到的问题是真的问题。他的建议是，像认知科学这样的学科是能够产生好的真理论的最好学科。但真的概念，是一个准逻辑的想法。我认为真的基本方面已经被亚里士多德阐述过了，他说，"说是者为是，非者为非，是真的；说非者为是，是者为非，是假的"。

我认为这已经抓住了真、假之分的基本方面。他并不依赖于认知科学。而他所说的这类东西更自然地被表述为关于真的准逻辑理论。这是可以做到的。但通常的认知科学是应用逻辑而不是自己产生逻辑。事实上，我认为如果我们试图从认知科学中得出一个真理论就会以某种认知真理论而告终，某种关于我们认作真的理论而不是关于真的理论。在过去的 50 年里，认知真理论的局限性已经被彻底地探索过了。我认为产生这些观点的论证表明，很明显，真不是认知问题。它更接近于逻辑问题。

关于第二个问题，是否心智的某些方面会抗拒科学的方法，我同意叶峰的看法，现象性特征是真的不是一件非常重要的事情，如果只有它们不能被科学方法处理，那真的不是一个非常大的鸿沟。我个人的假设是，从长远来看，也许认知科学和心理学可以对我们所称现象性特征做出解释，所以这不会是一个缺口。尤其是在自然科学可以做的事情上，那不会成为一个缺口。所以，我不想把任何东西都建立在那种例子上。但是我认为认知科学和其他自然科学可能不是探索心智的某些方面的最好方法，比如成为心灵的必要条件，因为可能的心智的范围不仅仅是人类的心智，而是有可能比我们所有的心智更加广泛。当然，如果我们考虑到人工智能，会得到更大的一般性。但我认为认知科学通常更感兴趣的问题是，它所处理的特定心智有什么独特之处，而不是关心这些更普遍的问题，比如，如何才能拥有心智。所以我认为，我们有一些关于心智的一般问题，自然科学尤其认知科学不是解决它们的最好方法。

关于认识论，我也会说同样的话。确实，蒯因开启了一种自然化认识论的研究纲领，但他并没有取得多大成功。他自己的特殊方法是一种非常粗糙的内在论。但我认为许多认识论问题都处于更加抽象的层次。举个例子，我关心的问题是证据和知识的关系，以及是否如果你知道，你就知道自己知道；这些问题似乎是准逻辑的问题，尽管不是纯逻辑问题，但它们具有更多的逻辑特征。虽然我认为我们可以用科学的方式来回答这些问题，但我不认为那是一种非常自然科学的方式。我想我们必须记住，有些问题会通过数学推理得到解答。哲学与自然科学有一些共同的特征，但也与数学有一些共同的特征，尤其是，它更多地依赖于思考而不是实验。我认为，尽管解决这些问题的正确方法是科学的，但我不认为那是自然科学的方法。

我认为就像你说的那样，你的第三个问题是第二个问题的变体。内省是不是除了科学研究之外唯一的选择，我想，我的回答是一样的。如果你说的"科学"是指自然科学，那么在我们通过自然科学的调查学习外，我会提议的方案不是自省，而是类似于数学中使用的推理。但是如果我们在更普遍的意义上来使用"科学"，包括数学和自然科学，我认为也应该包括哲学，那么我认为所有这些问题都可以通过科学家来回答，除此之外也没有什么剩下了。

现在转向梅剑华向我提出的问题。他的第一个问题是关于这些交叉学科的关系图。正如我说过的，而且出于我所期望的原因，我认为它们很复杂。没有一种单一模式可以涵盖所有这些情况。我想，如果我继续回答第二和第三个问题，我的态度会更清楚。

第二个问题是关于认知科学可能对形而上学有所贡献。我同意,如果我们感兴趣的是,例如,时间心理学或者我们可以说时间现象学,也就是我们如何体验时间,那么我们不需要担心狭义相对论。但我认为形而上学的问题不是我们如何体验时间,而是时间是什么。在狭义相对论的条件下这个问题可能会被其他问题取代,比如什么是时空?所以我认为,认知科学在此能告诉我们的主要是我们所谓大众形而上学(folk metaphysics),也就是一种最普遍的世界观。那在心理上是一种思维框架,就像是内置的程序一样。我当然同意认知科学可以告诉我们这类事情。顺便说一下,除了因为新冠病毒疫情的耽误外,我每年都去耶鲁访问。我在耶鲁有一位同事叫劳里·保罗(Laurie Paul),她是一位哲学家和形而上学家,她就对这类认知科学的问题感兴趣。但我认为,从根本上说,这种追求是为了理解我们是如何被编程去思考世界的本质的,但是形而上学本身与世界的本质有关。这并不是说认知科学方面完全无关,因为它可以给我们更大的自我理解。这也让我们意识到它是什么样的问题。比如,我们提出了形而上学的问题,当我们评估特定的例子时,不管这些例子是不是可信的,我们都需要知道我们在评估这些例子时使用的是哪种大众形而上学。但从根本上说,这些只是处于世界到底是什么样的之前的问题。我认为形而上学的问题更像是物理学的问题,要对认知科学的问题进行公正的探讨,必须区分物理学和大众物理学。形而上学和大众形而上学是有区别的。所以就像我说过的,在我看来,认知科学给我们的可能是更大的自我理解,这与处理形而上学的问题有关,但它本身并不能给我们形而上学问题的答案。

　　第三个问题是心理学家能从心灵哲学中学到什么。在讲演中，我举了一些例子。例如，杰里·福多在关于思维本质的高水平与一些更具体水平上提出了思维语言和思维模块性的假设。我认为推理心理学，它要求用推理心理学取代逻辑学，以研究关于什么是有效论证和什么是无效论证的各种假设。所以，它把对逻辑的应用就像哲学的分支一样，当作输入。当然，这并不是说推理心理学独立地给了我们逻辑。但是你所关注的问题是关于意识的哲学研究。另一个问题是，哲学为人工智能提供了什么。在意识的例子中，这是一个尚未被很好理解的领域，但是很多哲学家都对不同类型的意识做出了不同的区分，其中一些与通达性有关。有些人以其他方式来区分。所以，我认为我们在这些方面做出了贡献。这些问题还没有得到完全的回答。因此，我们也不清楚谁会因为我们还没有取得的解决方案获得荣誉。但我认为意识就是一个例子。这是一个不太清楚我们应该研究什么的例子。如果我们用一种模棱两可的方式来使用"意识"这个术语，或者用一种涵盖非常不同的现象的方式，那么意识研究本身就会有麻烦。

　　我认为，从长远来看，哲学在告诉我们需要了解的东西方面会有很大贡献。但这只是一个初步的看法，我确信哲学本身并不能解决所有这些问题。至于人工智能，我认为，我们的贡献是更多更具理论性的目标。因为如果我们要研究人工智能，我们需要了解的事情之一，就是智能的一般本质。如果我们在研究智能的时候，以为智能以人类和高等动物的智能形式存在，那么我们的智能就会和生物实体最终拥有的某种特定的智能相冲突。至于人工智能，我们需

287 哲学与其相邻学科 | 287

要做的是能够观察各种形式的智能，它们可能与人类的才能非常不同，然后判断它们是否只是智能的另一种方式，不同于我们熟悉的方式。再次强调，不是哲学本身就能够解决所有这些问题。但是我认为有能力思考智力的必要条件和充分条件是很重要的。至少考虑一下这些问题。这是哲学家们很习惯处理的一类问题。思想实验的方法论等，都是非常相关的。而且，把这个问题留给人工智能研究人员自己处理并不合适。我认为他们为了维护既得利益，也会将自己的产品描述为拥有智能。所以，我们需要那些没有什么既得利益的研究人员参与评估人工智能研究人员所出的产品。在我看来，哲学家实际上比其他人更适合承担这项工作。为了相对公正地回答这个问题，我并不是说哲学家完全不带偏见；但至少我们对其中一个答案没有既得利益。我并没有回答所有的问题，但这就是我现在能想到的回答。非常感谢你们的提问。

陈波：谢谢你！这次我想利用我作为主持人的特权问一个问题。你讲了很多关于哲学和心理学之间的密切联系。我想知道，你对心理主义以及弗雷格和胡塞尔在 20 世纪初提出的反心理主义有何评论。弗雷格是哲学、逻辑和数学领域的大师。也许你可以给一些简短的评论。这是一个大问题。

威廉姆森：是的，这是一个大问题。基本上，我非常同情弗雷格和胡塞尔的看法。我认为把逻辑数学的问题和心理学的问题相混淆是一个非常糟糕的错误。事实上，哲学和心理学之间有着非常紧密的联系。我们可以教给他们一些东西，他们也有东西可以教给我们。这是相关的，例如，理解人类关于数学和逻辑思考的本质。但这并不意味着心理主义应该被允许，不意味着我们应该用心理主义的观点来解释数学和逻辑的主题是什么。事实上，即使在认识论中，我认为用于支持或反对假设、理论的许多证据，也在某种意义上是反心理主义的。有些认识论学者将我们的证据同化为某种心理状态，我认为那是非常糟糕的。那也是一种心理主义谬误。我认为，尽管哲学和心理学有紧密的联系，心理主义仍然是一种谬误。从根本上说，弗雷格和胡塞尔是对的。

陈波：好的，谢谢你！谢谢你们三位，威廉姆森教授、叶峰教授和梅剑华教授。谢谢你们的精彩讲演、评论和提问。最后我通知一件事情。这周四我会离京外出，所以周四的讲演由我的年轻同事李麒麟主持。同样欢迎大家参与，下次讲演的题目是"哲学与模型建构"。谢谢大家！再见！

第九讲　哲学与模型建构

时间：2020 年 10 月 22 日

李麒麟：大家晚上好！欢迎回到威廉姆森教授的系列讲演，今天是倒数第二讲，题目是"哲学与模型建构"。欢迎威廉姆森教授！

威廉姆森：好的，谢谢！今天我要讲演的是"哲学与模型建构"。与上一讲不同，这次我要从"哲学的进步"以及"什么是进步"的问题讲起。当然，哲学的进步（或者，不如说是"缺乏进步"）常被拿来与自然科学的进步做不利的比较。许多哲学家对此都有一种自卑情结。通常，人们认为自然科学的进步在于发现新的普遍规律或自然律，而哲学似乎很少发现新的普遍规律。因此，按照这个标准，哲学似乎没有取得什么进步。从这方面考虑的话，哲学做得似乎比自然科学差很多。但这个标准实际上在很多方面都不恰当，甚至对思考自然科学的进步而言也不恰当。因为许多自然科学都不是在发现新的普遍规律，而是在做其他事情：这些科学处理的是复杂混乱的系统，这种系统的行为并不遵守某些独特的普遍规律，因此，在这种系统中找到普遍规律是毫无希望的。在这里，"普遍"的意思是"毫无例外地完全不受限制"，当然，这种复杂系统在许多科学领域中都已经有研究，所以，它们仍遵守最基本的物理规律。我们可以假设基础物理学中有一些绝对的普遍规律，但是仅仅给出这些绝对的规律并不能告诉我们复杂系统的表现有什么独特之处，它们没有在恰当的层面上给我们想要的解释。

举一个生物学中的例子。生物系统都遵守基本的物理规律，这点跟其他物理事物一样，但我们其实想从生物学的角度来理解生物系统。生物学的进步通常不是以发现新的生物学普遍规律的形式出现，因为生物系统太过杂乱，无法满足用生物学术语陈述的许多毫无例外但内容丰富的全称概括。我记得曾与一位对哲学感兴趣的生物学教授交谈。他有时会参加生物学哲学会议，但他发现，会上的很多讨论与他从事并且熟悉的研究并不相关。会上那些人仍然认为科学是在寻找普遍规律，但他和他的同事一直在寻找的生物学的进步，往往是为生物现象建立更好的模型。这里的"模型"是用精确的数学术语对生物现象做出的简化描述，例如，使用微分方程（如果是连续模型）或者差分方程（如果是离散模型）描述系统状态随时间推移的变化，即系统状态如何演化。因此，当一个系统的表现用这些术语建模或者描述，原则上就可以推导出这个系统将如何随着时间推移而演化。这样的描述是被故意简化的。

文献中经常使用的经典生物学模型是"洛特卡-沃尔泰拉模型"（Lotka-Volterra model）。这个模型描述的是捕食者种群和猎物种群（例如，狼和羊，在原始例子中是亚得里亚海的不同鱼类）的演化，它只考虑猎食者数量和猎物数量的变化，因此，模型的相关变量是时间、数量、捕食者种群的规模和猎物种群的规模，但它忽略了环境变化、种群的年龄分布，或许还有其他物种的作用。因此，这个模型并没有假装是对所发生事情的完全准确的描述，也不是对所发生事情的完全准确的描述。为了在数学上容易处理，它故意忽略了许多与其并非完全不相干的因素。这个模型确实有助于科学家理解种群规模的不同类型的震荡模式，他们使用微分方程来预测在不同参数下演化如何进行。不过，这个模型的一个突出特征是，它在某种意义上是不可能的。严格说，它描述的不是一个可以演化的情况。原因其实很简单，它用微分方程描述种群的增长和衰退，所以，将种群数量的变化表征为连续的。而种群的规模始终是一个基数，换句话说，它是一个正整数或者非负整数，它是对"有多少……?"这类问题的回答，不可能有"$\sqrt{2}$只狼"或者"1.76只狼"这样的说法。因此，这个模型所描述的不但是没有发生的事，而且还是不可能发生的事。不过，连续函数在数学上更易于处理，它仍然可以是离散函数的良好近似。仍然有充分的数学理由在模型中使用微分方程，即使离散变量在现实中连续变化是一种不可能发生的理想化。因此，用以测量种群变化的连续函数良好近似于一个可能的离散函数。所以，对于一个现象而言，一个模型可以比其他模型更好的方式，就是更近似于这个现象的实际情况，同时在数学上也不难处理。如果你的模型更符合实际但过于复杂，以至于无法求解方程并推导出模型的特征，那么它也就无法发挥在科学中的作用，这个模型会因为数学上难以处理而被排除。如果我们从模型的角度思考生物学，那么生物学的进步就是一个生物现象的模型被一个更好的模型取代。我在这里所说的，至少初步勾勒了一个模型相较于另一个模型的优势可能由什么构成。

我认为在很多情况下，很容易假设这些模型的目的是做一些定量预测。尽管对洛特卡-沃尔泰拉模型而言，有趣的不是具体数字，而是一个物种与另一个物种在种群规模上的震荡如何相连的模式。很多生物学模型并不完全关心定量预测，认识到这点很重要。特别是当我们开始思考将它与哲学进行比较，定量预测在哲学中显然不起主要作用。举个例子，假设我们对于解释演化通常只涉及两种性别而不是三种性别很感兴趣，为了达到目的，我们可以建立一个"三性演化"模型，然后研究这个模型将如何运作，找出"三性演化"会产生什么问题。所以，我们并不关心预测精确估量的数目。也就是说，虽然我们关心为什么性别的数量通常是两个而不是三个，但在哲学中也经常遇到，我们关心某物是否有两种或者三种等，在这些情况下的"二"和"三"只是相当不足道的数值。这个例子不是我们感兴趣的作为精确测量的例子，它更像是一个定性的例子，我们关心的是理解事物为什么是这个样子，以及为什么不是其他样子。所以，为了解释这一点，我们要问：假如它们是其他样子，那么会怎样？或许我们能够证明，假如物种确实由三性演化，那么会遇到某些困难，也有可能无法存活。即使我们不关注定量预测，仍然可以谈论一个模型比另一个模型更好。例如，我们可以"推销"一个比其他更好的三性演化模型，因为它更近似于假如发生三性演化的情况。

　　鉴于模型本身已经包含了所有简化，所以，它们的目标并不是直接的精确性。那么人们可能会问：模型是否为我们提供实际知识？或者，模型是否为我们提供其他的认知价值？在"知识蕴涵真"的意义上，我们确实从模型中获得了知识，而且至少是两种不同形式的知识：一种是关于模型的数学特征的精确知识，我们可以通过常规的数学手段，即从模型的定义方程推导结果来知道它们。但是，对于给定现象的不同模型的相对优度，我们还获得了一种模糊的知识。也就是，当我们考虑比较两个模型时，可能会发现其中一个模型比另一个更好。比方说我们前面所关注的生物学模型，更好的模型解释了我们所关注现象的更多特征。当我们将精确的数学知识与关于所有这些数学和目标物理自然现象之间关系的模糊知识结合起来时，就会得到一个全面的、有价值的关于目标现象的知识。

　　我一直在谈生物学的例子，但模型建构当然不限于生物学，它也存在于其他自然科学和社会科学中，甚至在物理学的相当基础的层次上，我们仍然可以从事模型建构。例如，在基础物理学层次上，我们研究的往往是因果封闭的系统，换句话说，将这些系统看作完全孤立于宇宙的其他部分，我们只需要考虑两三个粒子的相互作用。当然，自然界并不存在这种封闭系统，因为总是有一些来自外部的干扰，有些可能是与外部物体间非常小的引力作用。因此，仅仅处理封闭系统，这本身就是一种模型建构式的假设，而且这种假设一直都在，否则数学上就会变得非常复杂，以至于在许多情况下完全无法处理。

现在考虑一下模型建构对哲学的影响。既然很多自然科学的进步都是就模型建构而言，那么，如果要比较哲学的进步和自然科学的进步，自然要问：哲学是否有模型建构方面的进步？我们没有在哲学上发现新的普遍规律，这一事实本身并不能决定哲学没有进步，哲学可能正在取得另一种进步。当我们最初考虑问题时，哲学看上去非常适合使用模型建构方法。因为它处理人的世界，人的世界尤其复杂而混乱：每个人都是一个极其复杂而混乱的系统，人类社会当然更复杂、更混乱。用康德的一句名言来说就是："以人性的扭曲之材，造不出笔直之物。"我认为模型就是（或者可能是）这"笔直之物"。当然，人在哲学中的作用值得思考。哲学经常被归类为人文学科，意味着所有哲学都应该与人有关。虽然这么说不完全正确，但大多数情况的确如此。当我们谈论认识论时，通常关注的是人类认知的认识论，尽管我们可能会对非人类动物的知识感兴趣，但仍然希望认识论能够阐述的主要例子是人类的认知。还有，当我们谈论心智哲学时，几乎总是在谈论关于人类心智的哲学；当我们谈论语言哲学时，几乎总是在谈论人类语言，即使偶尔可能会提到其他语言，比如动物语言；当我们谈论艺术哲学时，谈论的是人类艺术；当我们谈论伦理学时，谈论的是人类行为的伦理。当然，有些形而上学并不是专门关于人的，但基本的形而上学谈论的可能是整个宇宙，而宇宙本身也是一个非常复杂的系统。不过，形而上学也处理人类现实，比如当我们对"个人同一性"（即一个人随着时间的推移继续存在）感兴趣时。因此，当我们进行反思，就会发现至少有很大一部分哲学与人息息相关，继而与复杂和混乱相关。

　　模型建构方法当然不是一个主要的哲学方法，部分原因在于很少有人从模型建构的角度来考虑哲学，因为在这些领域中，人们在做的事情与人们以为自己在做的事情之间存在某种双向互动。因此，如果人们不从模型建构的角度思考，也就不会把为自己感兴趣的事物建构模型作为目标。这也意味着他们不太可能去构建模型，即使很可能有人实际上建构了模型，但没有真正从这方面考虑所做的事。我想说的是，尽管人们并不总是从模型建构的角度考虑，甚至如今，它大概也只是哲学中的小众活动，但实际上，哲学中已经有了相当多的模型建构。其中一种是认识论中的模型建构，而且已经有很多。在贝叶斯概率认识论传统中仍在进行许多模型建构，有些可能没有被描述为模型，但它们实际上是模型。比如，很多认识论谈论的彩票：在一定数量的彩票中，只有一张会中奖，每张彩票中奖的机会相等。这些非常简单的不确定模型中，存在一些模型建构。一个现实的提示是，在正常的抽彩中，你并不知道已经卖出多少张彩票，因此你其实并不知道中奖的概率。但一个典型的彩票模型则假设卖出多少张彩票都是已知的，所以我们知道所有的概率。甚至，你也可以建构一个彩票数量不确定的模型，不过这会是一个更加复杂的模型。我们所描述的"公平彩票"的例子实际上是一种简单模型，它作为一个关于不确定性的简单例子在认识论中被反复使用。

　　另一种是认知逻辑中的模型建构。我上次谈到由雅科·亨迪卡和范丙申（Johan van Benthem）等人创立的认知逻辑（epistemic logic）传统。我知道范丙申与中国有许多联系，而且我也为这个传统做出了许多贡献。当我们从逻辑的角度来讨论时，与认知逻辑的语义相比，"模型"当然有稍微不同的含义。不过，认知逻辑的模型，即逻辑意义上的模型，其实也是我现在所说的科学哲学意义上的模型。特别是形式认知论的很多内容都是有关模型建构的活动，它无疑是当今认识论中最活跃、发展最快的领域之一。

你或许以为道德哲学和政治哲学不太容易受到模型建构方法论的影响。事实上，当你使用决策理论和博弈论时就会发现它的影响。这方面的一个例子是囚徒困境。我们有一个简单的模型，其中每个能动者（agent）都理性行事，结果是事情对每个人都更糟。囚徒困境向道德思考提出了某种非常明确的挑战，关于对个人利益和所有人利益的理性追求之间的关系。不仅通过使用囚徒困境，还通过使用它的各种变种，我们已经可以为道德理论和政治理论设置很多非常有挑战性的情景。尽管以各种方式理想化的简单情形对实际道德选择而言是不现实的，但它似乎是对道德理论和政治理论的一次相当好的检验，检验这些理论在这些非常简单情形中是否讲得通。如果答案是否定的，我们就不应该对它们在更复杂情形中能够讲得通给予太多自信。在道德哲学和政治哲学中，这种方法都已经有一定程度的运用，例如，在大概过去半个世纪最具影响力的政治哲学著作之一，约翰·罗尔斯的《正义论》（*A Theory of Justice*）中的运用。尽管模型建构不是这些领域的主流方法，但它肯定是一个公认做出了独特贡献的方法。

还有一个值得思考的例子是使用了许多形式方法的语言哲学，

尤其在形式语义学中，确实有些看起来像模型。卡尔纳普的模型是一个例子，它有关一个非常简单的内涵语言中的意义和必然性。很明显，卡尔纳普并不认为这个模型本身与自然语言实际上是相似的，他想要表明一个内涵语言如何将我们现在称为"可能世界"的东西用于他所谈论的状态描述，复杂表达式的意义如何成为其较简单成分的意义的函数。我认为，卡尔纳普在这种情况下就是从模型的角度来思考的。或许还有一个更令人惊讶但仍值得思考的例子，那就是维特根斯坦的"语言游戏"。维特根斯坦当然没有用微分方程之类的东西来描述语言游戏，但他的语言游戏确实具有模型的一些关键特征，他对游戏规则、运作方式都有非常清晰准确、明确及相对详尽的描述。维特根斯坦研究语言游戏是为了了解语言如何起作用，尤其是语言在与实践和非语言的关系中如何起作用，尽管维特根斯坦一定不喜欢与自然科学的方法进行比较，因为他十分反对将哲学看作与自然科学类似。一个相关的问题是，我们在多大程度上可以将当代形式语义学中的所有工作视为模型建构？因为人们通常都不认为自己在做模型建构，而是认为自己在试图完全准确地描述自然语言词语的意义如何运作及其相互作用。在这个意义上，任何的不准确都说明有东西出错了，这与模型建构的精神并不完全相符。但当我们查看这些形式语义学工作时，仍然可以看出它们取得了更类似于"模型建构"传统中的进步，而不是"发现规律"传统中的进步。当关于某种事物的初始语义假设被拒绝，被证明是反例时，并不能简单说它失败了。或许，我们已经为感兴趣的现象建立了一个很好的模型，即使它并不是完全准确的。在某种意义上，我们可以期待的只有真正的好模型。语用学中或许更是如此,我们必须在原则上削减语境的复杂性,由此得到的对语言的理解更像是一种模型建构,而不是找到了语言的规律。

上面说的都有点抽象,接下来,我想提出一种具体的哲学模型,让大家由此了解模型建构在哲学中如何发挥作用。我要给出的例子是我刚好感兴趣的,我认为它可以阐明思想和语言中模糊性的根源,特别是许多词语的临界情况。我说过自然科学中的模型建构通常是动态的,但没有对它进行充分的说明:它是动态的,因为通常与物理系统随时间推移的演化有关。哲学中模型建构的例子(比如认识论中彩票的例子),实际上主要是静态的,比如在抽彩之前和抽彩之后的模型,但没有随着时间推移而演化的、一个系统的许多阶段的模型。哲学中找到的很多模型都是静态的,但我不认为这是哲学与自然科学的本质区别。我并不认为哲学中所有模型都是静态的,我会考虑一个动态的模型,以使哲学与自然科学相对更接近。

我将要描绘的是一个示例模型的一系列阶段,或者说是一整类模型。通常,这类模型由科学处理,科学中的模型常常涉及许多数值参数。例如,要用洛特卡-沃尔泰拉模型描述种群的变化,必须设置各种参数放入微分方程中,然后就可以固定单个模型,因此,所谓"洛特卡-沃尔泰拉模型"实际上是与不同参数相对应的一系列模型。我们在哲学中也可以这样做。让我们想象一种"点的逻辑空间","点"在隐喻的意义上表示在某些方面不可分辨的可能的情况。例如,这个逻辑空间可以是一个所有可能色度(shades of colour）的空间，你可以把它当作一种颜色空间，所有色度根据亮度、色调等各个维度上的相似性关系，映射到这个空间中。因此，这种不可分辨性关系无法区分出差异，就像仅仅用肉眼观察两种色度，很可能无法区分出不同。因此，这个模型将被赋予一个不可分辨性所具有的逻辑性质：自返性。于是，每个点都与自身不可分辨，因为分辨就是识别差异，而每个点与自身在各方面都并没有差异。我们还会假设模型的对称性：如果 x 与 y 是不可分辨的，那么 y 与 x 是不可分辨的。顺序只是为了让事情简单明了，它并不重要。然后，稍微有点复杂的是，假设这个点的空间是终极连通的，也就是说，逻辑空间的任何一点与其他点之间，都有一条有限步骤构成的路径，每个步骤都是从一个点出发到达一个不可分辨的点，你看不出每个步骤要到达的地方有什么不同，最终，空间中所有的点都以这种方式连通。这是许多空间的共同特征，如果我们只以通常考虑欧几里得空间的方式考虑普通的物理空间，从欧几里得空间的任何一点，都可以经过有限步骤到达另外一点。这些步骤足够接近，分辨能力有限就无法区分出它们之间的差异。即使用非欧几里得空间的方式考虑，也不必破坏终极连通性条件，从任何一点可以经过足够多步骤到达任何地方，但经过的步骤不必是无限多个。我们还要假设至少有一个点与其他点是可分辨的。这是因为，如果所有的点都是不可分辨的，那么这个例子就太不足道了。这个假设的一个结果是，我们有时会遇到：x 与 y 是不可分辨的，并且 y 与 z 是不可分辨的，但 x 与 z 并不是不可分辨的，即 x 与 z 是可分辨的。这个非传递性是前面的足道性条件和终极连通性条件的逻辑后承。如果我们只考虑两个点 x 与 y，那么根据足道性条件，它们之间是可分辨的。根据终极连通性条件，即从一个点到其他点之间存在着一系列步骤，其中每一步都是从一个点到与其不可分辨的一个点，如果传递性成立的话，那么 x 与 y 必须是不可分辨的。在足道性条件的约束下，我们选择的是 x 与 y 之间的可分辨性。因此，当对这个点的空间施以其他约束条件后，得到的是可分辨性结果，非传递性就是成立的。

> 不可分辨性关系的逻辑性质：
>
> （A）自返性（Reflexive）：x 与 x 总是不可分辨。
>
> （B）对称性（Symmetric）：如果 x 与 y 不可分辨，那么 y 与 x 总是不可分辨。
>
> （C）终极连通性（Ultimately connected）：对于任一 x、y，存在一个有限序列 x_0，x_1，…，x_k，其中 $x_0 = x$，$x_k = y$，并且 x_i 与 x_{i+1} 总是不可分辨。
>
> （D）足道性（Non-trivial）：有时，x 与 y 可分辨。
>
> （E）非传递性（Non-transitive）：有时，x 与 y 可分辨，y 与 z 可分辨，但 x 与 z 不可分辨。

我们需要某种系统的程序对逻辑空间的点进行分类，它使用词语 "C_1" …… "C_n" 构成的有限的词汇表，甚至不用很大的词汇表。如果我们考虑颜色，那么这些词语可能只是日常的颜色词，例如，红、黄、蓝、绿、橙、紫。每个颜色词都与它自己的点相关联：词语 C_1 与点 P_1 相关联，词语 C_2 与点 P_2 相关联，等等。我们还假设，与上述词语如此关联的这些特殊的点，彼此之间是可分辨的。否则，它们无法提供我们希望它们发挥的功能。我们要用这些点作为其相关联词语的原型，例如，在色球上将有一个特定的点与词语"红色"相关联，它被用作"红色"的原型。显然，我们想要这些原型点之间是可以分辨的，因为如果"红色"的原型无法与"黄色"的原型区分，那它们就不能发挥作用。我们还打算设定一个条件，即不希望将一个点被指派给两种不同的颜色。例如，我们不希望任何色度被切割为既是红色又是橙色，或者既是红色又是紫色，或者既是蓝色又是紫色等。这似乎就是我们的分类词通常的工作方式，即不同的分类词应该是互相排斥的，至少在谈论这些词的基本范围时应该如此，我们要确保这些不同词语的外延不会重叠。一旦遵守了前两个条件，我们还希望尽可能地为不可分辨的点指派相同的颜色，我称之为"粗粒度的"（coarse-grained），是因为我们希望尽可能地避免彼此不可分辨的事物之间有任何区别，因为这种区别几乎无法被观察到，所以它们很难实现。我们想要尽可能地避免这种情况。我们还希望每个点被尽可能地指派或不指派给某种颜色，我们称之为"联合拟穷尽的"（jointly quasi-exhaustive），因为我们可能无法完全实现这一点，但总的来说，我们希望尽可能地去实现。粗略地说，色球上几乎每个点都有一个可以恰当地应用于它的颜色词。这就是动态元素的用武之地，我们将通过迭代过程为这些点指派颜色词。这个过程将有多个阶段，是一个步骤接着另一个步骤的离散过程。当我们在这个过程的一个阶段 n 中讨论指派给颜色词 C_i 的点集时，将其称为 $C_{i(n)}$，这是在第 n 阶段由 C_i 分类的点集。在最初的阶段 0 中，我们仅有的指派是起初的原型。因此，对于每个颜色词而言，在阶段 0 中仅有一个点指派给它，因此，$C_{i(0)} = \{P_i\}$。例如，唯一指派给词语"红色"的点将会是"红色"的原型。之后的动作来自从阶段 n 的指派到阶段 n+1 的指派的动态规则：如果我们想知道点 x 在阶段 n+1 中是否将被指派给颜色词 C_i，必须基于前一个阶段中的指派。因此，我们首先希望一个与 x 不可分辨的点在前一阶段被指派给 C_i。我们要做的，只是在局部查看与 x 不可分辨的点，希望至少有一个这样的点在前一阶段被指派给 C_i。这是因为，为了将其指派给颜色词 C_i，我们希望至少有一个这样的点，促使选择将 x 在下个阶段被指派给 C_i。我们还希望，在前一个阶段，所有与 x 不可分辨的点都没有被指派给任何颜色词，换句话说，如果这组与 x 不可分辨的点中有竞争者，有不同的颜色词相互竞争，因为其中一个指派到这个小局部区域中的一个点，而另一个指派到另一个不同的点上，那么我们就不会试图在它们之间做出决定，我们不会指派任何东西。这就是动态规则。如果有一个与 x 不可分辨的点之前被指派给一个颜色词，那么我们会在下个阶段也将 x 指派给这个颜色词，只要前一阶段没有来自其他颜色词的竞争。

现在要做的，就是看看这种指派过程在一些例子中如何运作。我们将考虑从黄到红的光谱上的一系列点，并使用三个分类词：黄色、橙色和红色。在每个阶段，我们都将对点进行标记和指派，用字母 Y 标记指派给"黄色"的点，用字母 O 标记指派给"橙色"的点，用字母 R 标记指派给"红色"的点。后继阶段用下降的水平

线表示，随着迭代过程的动态进行，我们将得到沿着页面向下延伸
的行。为简单起见，假设一个点与距其最多一步远的点是不可分辨
的，这意味着我们查看的其实只是一维的部分。

```
Y   -   -   -   -   O   -   -   -   -   R
Y   Y   -   -   -   O   O   O   -   -   R   R
Y   Y   Y   -   O   O   O   O   O   R   R   R
Y   Y   Y   -   O   O   O   O   -   -   R   R
Y   Y   Y   -   O   O   O   O   O   R   R   R
```

于是，你会看到（如图，在第一行中）左边有一个用 Y 标记的黄色
的点，中间是一个用 O 标记的橙色的点，右边是一个用 R 标记的
红色点，每个点都只与自身和左右的直接近邻不可分辨。用这些颜
色标签分类的区域会在下一阶段中扩展，因为它们离其他颜色词太
远，所以不会受到其他颜色词的竞争。（如图，在第二行中）Y 的
区域扩大了，这是因为左边第二个点与前一个紧邻，它与上一阶段
中最左边的黄色点是不可分辨的，而它的右边没有任何其他颜色的
竞争，因此，左边第二个点也是黄色点。然后以同样的方式，橙色
点在中间扩展，红色点在右边扩展。（如图，在第三行中）扩展更
进一步，除了一个点之外，所有的点都已经被分类了。请注意，目
前为止只是进行扩展，并没有失去任何分类。另一个特征是，最初
被指派给每个颜色的词会继续指派给那个颜色。不过，现在查看橙
色和红色的边界，就会出现一个问题。因为橙色点也紧邻着红色
点。如果最右边的橙色的点紧邻着最左边的红色的点，那么这些点
与通过其他方式分类的点就是不可分辨的。因此，当我们查看下一
阶段，这些点（如图，在第四行中）又回到了未分类的状态。因为
它们参与了橙色的点与红色的点之间的竞争，我们放弃尝试对这些

与过去无法分辨的事物进行分类。而在左边，我们看到一个单独的点，无论在现阶段还是在上一阶段，在黄色和橙色之间只有这个点仍未分类。它无法分类，因为与黄色点和橙色点都无法区分，所以既不符合成为橙色点的标准，也不符合成为黄色点的标准。但这个点仍然在起作用，它把黄色点和橙色点分开，使得只有黄色点和橙色点是可分辨的，因为它们之间有未分类的点，不是直接近邻。如果继续这个过程，我们就开始进入一个循环，第五行其实与第三行相同。因此，如果继续这个过程，循环也会继续。黄色和橙色的边界上有一个稳定的、能够保持未分类状态的缺口。而橙色和红色的边界上则存在着不稳定，因为我们分类为橙色的点会与被分类为红色的、不可分辨的点发生冲突，所以，它们又回到未分类的状态，而且这种情况会无限期地持续下去。

当然，如果仔细想想就会发现，这是因为第一行的黄色和橙色之间有奇数个点，而橙色和红色之间有偶数个点。所以，在黄色和橙色的边界以及橙色和红色的边界上，现象稍微有一些不同，即使这种非常简单的情况也有两种临界情况。一种情况是黄色和橙色之间的点永远不会被指派颜色，因为它与指派给黄色的点和指派给橙色的点都不可分辨。但在橙色和红色之间，不可分辨的点在指派颜色和未指派颜色之间震荡，因为给它们同时指派两种颜色违反了"粗粒度"的约束。因此，在某种程度上，这实际上是在预测临界情况的发生，在这种情况下，根据我们所使用的规则，有些点不能用任何颜色词进行稳定的分类。这与你在有关模糊性的文献中看到的情况相符，因为有时临界情况是从不一致和震荡稳定的角度描述的，有时是从更大的、不能分类的情况的角度描述的。实际上，这个模型预测的是，这两种临界情况都可以有，但仍然有明显的临界情况，因为它们的分类方式从未被稳定下来。通过其完全精确且明确的规则，来进行从一个阶段的分类移动到下一个阶段的分类的好处是，它使我们能证明分类过程在模型中所起作用的各种结果。例如，我们很容易证明，如果一个点在连续两个阶段中都被指派了一种颜色，那么它在所有后续阶段都被指派这种颜色，这就是我正在研究的这个非常具体的模型的一个特征。可能还有其他模型，它关于不可分辨性关系的结构更复杂，但是它不具有我所谈论的这类模型的特征，即颜色的指派只需经历两个连续的阶段就可以变成永久的。你还可以证明，原型在所有阶段都被指派了与之关联的颜色。这样我们就知道，一旦将一个特定的点作为给定颜色的原型，我们就永远都不会放弃对该原型点的分类。这是"任何两种颜色在每个阶段都是互相排斥的"这一规则的结果。同样，我们可以通过这些方法来检查事情是否按我们所希望的方式进行。因此，尽管这是个非常简单的例子，但它展示了我们使用模型来研究一个相当自然的分类过程如何以不同方式导致类似临界情况的现象，以及如何使用模型来确定该过程的结构特征。它表明了当前临界情况分类的这些特征是多么自然，还确定了这些临界情况发生的不同方式，即稳定未分类的临界情况和震荡的临界情况。这只是一个"示例模型"，我用这个例子是因为它很容易解释，不需要太多背景知识。当然，有了更强大的模型，我们可以更深入地了解它们所展示出的可能性等。但是，我认为哲学家和非哲学家都倾向于低估这种模型建构所取得的哲学进步。

当然，并不是说模型建构是哲学中唯一应该使用的方法，但我们可以用它独立地检验最初由其他方法达到的结果。认识论中的"盖梯尔案例"就是这样一个例子。在盖梯尔案例中，你有得到证成的真信念（在"得到证成"的相关意义上）但没有知识。通常认为，盖梯尔案例是经由思想实验提出的，但事实上可以证明，如果有关于"得到证成的真信念-知识"关系的恰当模型，那么对这些模型进行反思，基本上就可以预测盖梯尔案例的存在，而不需要进行任何复杂的思想实验。因此，我们得到的是对思想实验结果的独立支持。这并不是因为思想实验本身不合法，而是从科学的观点看，对一个给定结论的不同类型的支持最好趋于一致，以使思想实验方法更稳健。也可以说，思想实验对由模型建构方法得出的结论给予了一些独立的支持，对这个案例而言，首先出现的是实验方法。正如我说过的，以上并不会使任何一种方法变得冗余，使用两种方法比单独使用任何一种都更稳健。尽管在某些情况下，我们通常只能依靠一种方法。因此，让我们的方法论更稳健是一件谨慎的事。我说过，并非因为任何一种单独的方法太糟糕，而是因为它们都不是百分之百可靠，所以，独立的支持应该受到欢迎。值得一提的是，许多哲学家可能对使用模型难以适应，他们中许多人也许是从实践开始的。我发现，许多哲学家都认为模型是一种有违直觉的思维方式，他们可能在非现实的简化和模型上遇到了麻烦。我认为，他们这种想法与反例在哲学中的传统作用有关，传统的哲学家面对模型的那种反应是："哦，或许我可以给出一个反例……因此，它是错误的。所以，模型对我们没帮助，因为它是不准确的。"这种反应有什么问题呢？我认为，这就像通过坚持认为行星不是一个质点来试图为太阳系模型给出一个反例。行星确实不是质点，但这种反驳没有抓住重点。事实上，在太阳系模型及类似模型中，将行星简单地视为将质量集中在一个零外延的单点上是很常见的。这种简化使得在数学上易于处理，如果不这样做的话，可能就不容易处理了。所以，很明显，对太阳系模型提出反驳的人没有抓住重点。

　　我认为，哲学家必须要明白，我们正在处理一种模型建构方法，我们必须从这些方面来考虑，这样反例就不会发挥它们传统上被期待的作用。这并不是因为反例不正确，而是因为我们不追求百分之百的准确性，我们愿意牺牲一些准确性来获得更深层次的理解。因此，在模型建构方法中，取代模型的不是反例，而是更好的模型。我有过与经济学界的同行交流的经历。与哲学相比，理论经济学更是一门模型建构的学科。因此，经济学家们对盖梯尔因为这些例子出名感到很奇怪，我的一位经济学家朋友说，他们认为盖梯尔的论文在经济学领域不会被发表，因为经济学追求的是一种模型建构的方法，一开始就理所当然地认为所做的一切都只是模型。我们会给出一些例子。当然，这对盖梯尔来说是不公平的，因为他所反驳的知识的分析不仅仅是作为模型提出的，它们实际上是作为无例外的概括提出的。但是，如果哲学期待提出更少的无例外概括，提出更多的模型而不是哲学定律，那么我们就必须习惯这种方法论，即反例并不是主要的事，取代一个模型的不是一个反例，而是一个更好的模型。因此，如果你不喜欢一个模型，那么要做的不是去考虑它的反例，而是去考虑一个比它更好的模型。在某种程度上，这可以使这种方法论范式下的工作，比单纯的反例方法更具有建设性。如果不想夸大这种差异的话，那么在许多情况下，更好的模型实际上可能受到了反例的启发，甚至可以解释反例。因此，如果注意到模型是不准确的这一现象的某些特征，如果能够产生一个更好的具有该特征的模型，那么它很可能会取代原始模型。它虽然是一个更好的模型，但也必须具有原始模型那种良好的数学特征，或者至少具有许多特征，才能与原始模型真正竞争。我一直在谈论模型中的简化，简化的动机似乎主要出于易于计算的需求，我们必须让事情保持简单，这样就可以求解方程并从模型的描述中得出结论。但是，至少在某些情况下，在模型中进行简化还有一些不那么实用的原因，其中一个例子是，通过分离两个因素的影响，它们可能有助于更好地理解实际上总是同时出现的两个因素。因此，在我自己的研究中，感兴趣的一个例子是与计算局限（computational limitation）形成对比的知觉局限（perceptual limitation）的作用。当我们获得外部世界的知识时，我们的知觉在某种程度上没有完全的辨别能力，不能可靠地识别知觉到的所有差异，因此造成了知识的各种局限。由于人类在逻辑上并不完美，因此总是存在计算局限。因此，只有知觉局限而没有计算局限的情况是不可能的，因为总是有一些计算局限。但在一个完美的逻辑学家的模型中，仅仅通过构建模型，基本上就可以排除计算局限。可是，即使一个完美的逻辑学家，也可能视力非常差。也就是说，一个完美的逻辑学家可能仍然必须戴上眼镜谈论他们在没戴眼镜时喜欢的东西。因此，模型建构方法使我们能够将这两个因素分开，并对它们进行独立的研究，这在现实生活中是不可能做到的。

模型建构方法让哲学家感到不安的另一个方面是，正确使用模型是一种技能，它需要关于这个方法的经验和对当前状况的良好判断，这些仅靠机械地应用公式无法实现。因此，在一定程度上，它涉及选择合适模型的技巧，例如判断模型建构中的作弊，即为了给出想要的结果，在模型中添加某种具有特设性的复杂成分。这种做法与手工编写想要做出的预测很接近，但很难制定出排除这种情况的精确的规则。哲学家们有些不安，他们觉得对于得出一个结论而不是另一个结论，没有一个完全明确且准确的证成。尽管这一点在模型建构中非常突出，但它在某种程度上不仅仅是模型建构的方法论特征，任何科学中都有技能和经验的作用，这是不能完全消除的。这些因素在自然科学和社会科学中无处不在。尽管有些哲学家的想法非常纯粹，希望消除掉它们，使一切成为完全明确的、开放的和机械的，但这个目标并不现实，其局限性非常明显。我说过，让分析哲学家感到不安的是他们认为这种方法缺乏严格性。我可以理解他们为何不安，并不是因为不光彩的事，只是有时不得不做出一些牺牲。当然，模型建构有其非常严格的一面，当我们谈论模型本身的特征时，这些特征可以通过纯粹的数学方法推导出来。而其他情况下，它可能没有那么严格，比如当我们谈论一个模型和它需要建模的对象之间的关系时。但我认为，避免使用模型建构方法并不能使你变得完全严格，它只意味着在不同地方损失了严格性。自然科学的经验有力地表明，在模型建构方法中做出的牺牲，最终可以得到很好的回报。正如我所说的，模型建构方法是怎样的，真正的科学就是怎样的。这是我们在哲学中也必须接受的事，因此不应该对此感到震惊。

我一直试图表明，在比如形式认识论、道德和政治哲学的形式方法等领域中，模型建构已经对哲学做出了重大贡献。但是，对这种方法缺乏理解，甚至缺乏意识，肯定导致忽视使用这种方法的机会。即使在科学哲学中，也花费了相当长的时间去完全认识模型建构，直到最近出现了一种试图将所有科学都同化为模型建构的趋势。我认为，用这种方式谈论模型，其结果只是在某种程度上淡化这个术语，使之毫无用处。虽然对有模型更具体的理解，使模型成了一个更有用的分析工具，但我想指出的是，哲学家并没有从模型建构的角度进行思考，他们中只有少数人在实践中尝试建构模型。我的建议是，周围可能会有很多"低垂的果实"，换句话说，应用模型建构方法可能相对容易获得回报，因为它还没有得到广泛的应用。尽管我们可以在没有意识到它的情况下实际遵循这种方法，不过，意识到模型建构是一种可用的技术之后，就会发生更多事情。越早使用这种方法，就越有机会得到回报。因为虽然有些哲学主题迫切需要模型建构方法的应用，但这一点始终还没有实现，哲学家们没有被训练从这个角度去思考所做的事。所以我一直认为，模型建构在未来很可能是哲学中发展迅速的一个领域。再次强调，我并不认为模型建构应该成为唯一的哲学方法，这么说完全不合适，但它确实是目前值得我们去更多地使用的一种方法。我们可以期待未来会有这样的机会。在第十讲即本系列的最后一讲中，我将更广泛地推测哲学的未来趋势，以及在某种程度上它与哲学之外的世界趋势之间的关系。谢谢大家！

李麒麟： 首先非常感谢威廉姆森教授富有启发的讲演，他分析了哲学研究与模型建构之间的密切关系，也让我们认识到了模型建构方法的重要价值。现在进入活动的第二部分，与谈人和提问人将向我们展示他们的想法，并对威廉姆森教授今天的讲演发表一些评论。今天的与谈人是王彦晶博士，他于 2010 年在阿姆斯特丹大学获得博士学位，现在是北京大学哲学系副教授和系副主任，他的主要研究领域是模态逻辑及其在哲学中的应用、理论计算机科学和人工智能。今天的提问人是郑伟平博士，他是厦门大学哲学系教授，研究专长是当代知识论，同时他也是一位优秀的罗素研究学者。

王彦晶： 非常感谢威廉姆森教授的精彩报告。他在这一讲中首先回应了前面几讲提出的关于哲学研究中何为"进步"的问题，并以此引出建构模型这一当代哲学研究的重要方法。

我们常说"书籍是人类进步的阶梯"，理想中我们知识的结构应该像由一本本书籍整齐堆放的"天梯"，随着我们了解的不断深入，我们越爬越高，将看到一个个不一样的世界，并且逐渐接近真理。然而在现实中，我们的书籍很多时候却常常是乱堆在一起的，并没有特别清晰的递进的结构，我们的研究时常会迷失在这样的知识丛林里。这个问题可能在传统哲学研究范式中尤为突出，特别是对刚入门的学生而言，很可能读了很多文献，了解了很多伟大哲学家的观点以及针对这些观点的评论，按理说应该知道了很多，但是几年下来很难说在具体问题上有明确的进展，或者缺乏"有进步"

的感觉，这会让学生非常沮丧。另外还有一个哲学领域常见的问题，曾经被亨迪卡用形象的方式描述过。他说曾经看过关于一个食人部落的报道，那里新的首领只有杀死并吃掉老的首领之后才能正式"就职"，他觉得有些哲学家很可能是这个部落的"后代"。当然这是开玩笑的说法，但是我们确实在哲学文献中会看到一种倾向，在建立一个新哲学理论的时候有时会把一些过去的理论批判得一无是处，这也许也会影响哲学领域实质的进步。这里和数学的领域相比有一个有意思的反差，纪念一个伟大数学家的方式往往是在其工作基础之上继续推广深入，而纪念一个伟大哲学家的方式往往是试图去给他挑毛病找反例甚至说哪里有根本性错误。那我们到底有没有一种方式，能让我们的哲学研究更加有建设性，可以一步步坚实地前进呢？威廉姆森教授提出的模型构造的方法是一条进路。

　　这里的模型可以类比于自然科学中用来解释现象的（数学）模型，这些自然科学中的模型其实是一种对现实的抽象和近似，哲学中的模型可以用一些比较精确的工具来刻画不同具体概念之间的关系，可能拟合人关于相关哲学概念的直观判断。不过就像在自然科学里一样，我们在哲学的领域里其实也很少能得到在任何情况下都成立的永恒准则。威廉姆森教授在讲演中已经举了一些模型建构的例子，还给了一个关于模糊性的具体模型，我想再结合所谓"进步"说说建构模型的好处。首先，即使我们看到一个模型不能完全符合我们在哲学上的证据或者直觉（例如找到一个反例），我们也不需要像面对一个简单观点一样完全抛弃它另起炉灶，而是可以试着修正我们的模型，就像科学理论里的反例是可以帮助我们更好地完善理论的，这样就可以有一个更有建设性的理论建构过程。另外，也并不是所有哲学上的反例都具有同等的意义，我们也并非一定能得到放之四海而皆准的哲学原则，这样会使基于模型建构的哲学理论更加接近现实也更加具有稳健性（robustness），不会因为找到一个反例就彻底坍塌，这也能使我们获得一种一步步不断进步的感觉。另外，通过建构比较细致的模型我们也可以比较严格地讨论不同哲学假设的逻辑后果，探讨它们是否能符合新的哲学证据。而且通过模型构造，哲学也不仅仅是几个顶尖哲学家的游戏，每个哲学工作者或者学生都有可能参与模型的修正，当然这样的修正也有大有小。无论如何，这也会让哲学共同体更加健康，更容易靠所有人一起推动哲学研究的进步。

　　下面说说我的几个问题。首先，应该如何评估哲学模型的好坏？自然科学的模型可以靠预测和验证新的科学事实来实现，但是我们在哲学里好像没有那么经常发现新的"哲学事实"，那么，评估模型的好坏主要靠直觉和其逻辑后承的一致性吗？其次，在报告中提及的模型大多是逻辑的或者数学的，哲学模型一定要是比较形式化的吗？与此相关的，一个哲学理论在什么情况下也可以称之为一个模型？是不是一定需要某种严格性？再次，模型建构借鉴了科学的方法，那另一种借鉴科学方法的哲学潮流是实验哲学。能不能再多说几句模型建构与实验哲学的比较？最后，能否再说说模型建构与其他更传统的做哲学的方法之间的关系？谢谢！

　　郑伟平：感谢威廉姆森教授富有启发性的讲演！我很赞同威廉姆森教授的一个观点——"哲学理论的进步造就哲学方法的进步，

而哲学方法的进步又造就哲学理论的进步"。看起来，模型建构是一个有着广泛应用前景的哲学新方法。就哲学建模这种方法本身，我认为重要问题在于如何评价模型本身的进步性。一个模型相较于另一个模型，它的好与坏的评价标准是什么，在何种意义上一个模型是更好的？就模型之间的比较而言，在您的讲演中，您谈到了"取代一个模型的不是一个反例，而是一个更好的模型"，您也提到了模型之间比较的标准在于对于实际情况的更接近的描绘。我认为这个提法是比较模糊的。是否有可能出现更复杂的模型就是更好的模型呢？模型评价是不是一个语境概念，在其中是否存在审美侵入的可能性？例如，在古代中国人们认为太极模型就是对于这个世界最好的描绘，而这显然是一个极简模型。就模型评价标准而言，您认为它就是对于实际情况的接近性。这种提法与波普尔关于真理的接近性的提法是有类似之处的。但是您也曾专门比较过模型建构方法与波普尔的猜想-反驳方法，认为两者是不同的。是否在接近性标准这一含义上，您是支持波普尔的。就模型的功用而言，您认为模型有助于人们理解思想与语言的模糊性的起源。但是有时候我们认为，诗歌也是一种理解方式。作为一种理解方式，为什么模型会是一种更好的方式呢？总的来说，我的问题可以表述为，相较于其他模型或其他理解方式，在何种意义上，一个模型是更好的？

威廉姆森：好的，感谢两位！这些问题可能会让一些听众感到担忧，所以，我会竭尽所能地去回答。先从彦晶的问题开始，谈谈如何评估哲学模型。我在本讲中提到了这方面的一些内容，或许还可以补充些其他观点。如果我们有一个模型可以预测可能发生某种现象，但这个模型在发生很小的变化后就不再能给出预测，也就是稍微扰动模型就足以让预测消失，那么这种模型建构的使用似乎是相当可疑的。就此，我最近一直在思考的是，如何令模型建构方法更加稳健。我认为，有时候我们要做的，不是仅仅通过研究个别模型来论证，而是通过给模型加上约束条件，然后证明任何满足这些条件的模型都具有我们想要的某些特征来论证。例如，我对使用模型建构方法攻击下列"KK原则"很感兴趣：当一个人知道时，他知道自己知道。我认为可以证明，任何满足某些基本约束条件的模型都会违反KK原则。相较于仅仅给出个别模型，然后论证该模型是切实的并且违反了KK原则，这种方法当然更令人满意。在哲学中，确实可以用得到的一系列新证据来检验我们的模型。但有时可以从模型出发，基于形式上的理由预测某一现象可能会发生，如果我们可以描述一个切实的情况，模型将在这种情况中成立，那么它会对模型提供一些支持。但我不认为我们有一个评估标准的清单，因为模型的定量预测更容易测量。我在"三性繁殖"的例子中提到，我们常常没有在做直截了当的预测，即使在科学中，也是有些模型会比其他模型更好。我认为我提到的各种标准都很重要，也许在回答其他问题时还会出现更多的标准。

　　第二个问题是，模型是否一定是形式化的。我确实认为，维特根斯坦的语言游戏可以被看作不太形式化的模型。模型的形式性有其一定的意义。我们在研究模型时，不会提出与研究现实世界的现象时相同的认识论问题，这是模型的一个重要价值。所以，我们不需要附加很多额外的假设（这些假设可能与我们要检验的东西有关），就可以获得大量有关模型的行为的独立知识。我们可以研究模型，然后推导出模型的行为，每个具有数学能力的人应该都同意，模型确实是以这种方式运作的。模型的一部分价值正是，我们从模型中所得到的，独立于正在使用模型所论证的。这使得模型不是某种"假定论题"的东西。我认为，模型的形式性赋予了其独立性，因此，我们至少可以就模型本身的行为达成一致。如果我们用更模糊的术语来描述模型，那么模型的特征就会很不清楚，特别是对于那些复杂的模型而言。所以，对形式性的追求并不是仅仅为了形式性本身，或者出于对严格性的某种执着。我认为，模型的行为确实具有这种独立性，它允许模型成为我们的某种约束，所以，不能说我们喜欢模型只是因为它可以检验现实。

这实际上与你的第三个问题有关，什么样的理论可以被视为模型。许多哲学理论都没有受到形式性的约束，也就不清楚从理论中实际得出什么东西。你不能简单地去研究这个理论，看理论中有什么是成立的，并对其进行独立的检验，因为理论的表述太含混。当然，某些情况下也可能有一个表述足够精确、主张足够有力的理论。我们可以用逻辑或数学的方式推导出这个理论的很多后承，每个人至少会同意它们是该理论的后承。这样的理论在某种程度上被视为一个模型。不过，如果一个理论提出来只是因为它是真的，那么它当然很容易遭受反例，而一个模型就不容易遭受反例。从哲学理论的提出方式看，过去它们往往是作为可以证明为正确的东西提出的，但你知道，它未必是正确的。如果一个理论是行得通的，那么理论的辩护将表明它是无例外的并且普遍正确的，因此它不仅仅是一个模型。

　　你的第四个问题与实验哲学有关，因为实验哲学是另一种哲学与科学类似的方式。麻烦在于，我认为实验哲学是用科学方法处理心理学问题，或者也许可以说是社会学问题，关于人们在被问到一个他们从未思考过的问题时，基本上相信什么或者倾向于相信什么。如果我们将实验哲学类比地用作生物学的方法，那就是要四处询问数百个普通人对生物学的看法，他们是否相信演化理论。当然，这样的调查结果会很有趣，但它们不会带来太多启发，也不会得出生物学理论是否真的正确。同样，实验哲学作为一种哲学方法的麻烦在于，它并没有真正科学地解决我们实际上感兴趣的哲学问题。如果把实验哲学视为哲学的中心方法，它就是将哲学心理学化，使其成为认知心理学的一个分支，从而成为一门科学。然而，我认为模型建构方法的优势在于它没有改变论题，也就是说，模型建构确实在为我们感兴趣的现象，而不是为普通人对现象的看法建构模型。因此，在处理我们感兴趣的东西时，模型建构是比实验哲学更加科学的方法，而实验哲学与科学之间只有相当间接的关系。

　　你的第五个问题是模型建构与做哲学的其他方法之间的关系。我认为，在哲学的很多领域中都很难想出一个可以真正做出贡献的模型。我们在阅读康德等人的著作时，通常不会觉得需要一个模型。当然，我要谨慎对待这一点，因为模型建构方法还没有得到太多尝试。也许是这样吧，不过，模型建构的能力其实可以比想象的要更出乎意料。就认识论而言，认知逻辑做出贡献的领域，有很多事先看起来模型建构并不会对其特别有帮助，但实际上确实有所帮助。所以，我们真正要做的应该是，当我们尝试到处使用模型时，也许可以从中吸取教训，有些领域确实难以进行模型建构。不过，在做出比以往更努力的尝试之前，我很难自信地说出这一点。当然，无论如何我们都不应该同时放弃其他方法。如果我们以同样的方式考虑整个自然科学领域，可能很难准确指出原则上与模型建构无关的那些自然科学。也许哲学也是这样。以上就是我对彦晶提出的这些问题的简要而相当概略的回答。

接下来，我要谈谈伟平提出的问题，它们在某种程度上与彦晶的问题是重叠的。伟平想要知道，我是否认为模型越复杂越好。我当然不这么认为，因为如果可以很容易地在任何模型中加入许多愚蠢的复杂因素，那只会让模型更糟糕。事实上，最好让模型尽可能简单。部分原因是我们想用模型来研究现象，而不是让它给我们出于个别原因而想要听到的答案。如果我们允许模型过于复杂的话，那么它的复杂程度越高，就越容易说出我们想让它说出的东西，这样模型就成了我们的傀儡。我们的模型最好是相当简单的，这样我们就只需要用几个关键的规定去定义它，然后让它运行并查看它做了什么。这个简单的模型很可能会告诉我们一些意想不到的结果。所以，通过坚持模型的简单性，我们也可以知道更多。

我想这一点也与伟平提出的"审美侵入"问题有关，而审美侵入与审美标准的作用有关。总的来说，我倾向于认为审美标准在认知中实际上起着非常积极的作用，尽管很难解释为何如此。也许这不是对问题的完整解答，而只是给出一种提示。如果思考一下为什么觉得对称性很有吸引力，我们会发现建筑以及各种各样的事物中的对称性都很有吸引力。我的猜测是（或者至少部分是）演化论关于对称性的吸引力的解释：你所在物种的其他成员的非对称性（即缺乏对称性）通常是不健康或者疾病的迹象，因为当我们谈论像人一样具有自然对称性的动物时，如果它们是不对称的，那么很可能是一侧或另一侧出了问题。因此，对称在某种程度上作为一种健康指标，尽管健康和对称当然不是一回事。我有点觉得，模型中诸如对称性之类的审美标准，在某种意义上可以充当模型健康的指标。这是一种相当隐喻的说法。为了做出恰当的东西，人们必须进一步提出这种想法，但这只是一种可能发生的情况。伟平关于太极图的说法把我吸引住了，当然，我不太了解绘制太极图的人是把它当作类似模型的东西，还是也许没有当作一个模型，而是事物根本上实际运行的方式。如果可以这样考虑的话，那么更多地了解这种早期的模型建构方法是很有趣的。

伟平问我模型评价是否与语境有关，我认为它可能以各种不同方式与语境有关。数学上相同的模型显然可以是一个现象的好模型，也可以是另一个现象的坏模型，这是我们试图建模的东西在起作用。当然，在什么时候评价也会对评价结果产生影响。一个模型在它最初提出来的时候是一个重要的贡献，但 50 年后它就不是最先进的了，我们对它的评价至少相对而言就会较低。

伟平还问了我与波普尔的方法之间的关系，我对波普尔那种"猜想与反驳"的证伪方法做过一些非常批判性的评论。你刚才提到，这可能是在为"更好的模型在某种意义上近似于真理"的想法做准备，这让人想起波普尔后来关于逼真性（verisimilitude）的观点，即科学理论可能越来越近似真理。事实上，"逼真性"出现在我很多年前的以"真理的近似性"为主题的博士论文中。我认为波普尔的工作的一个问题是，他希望"猜想与反驳"方法在某种程度上与逼真性思想完全一致，理论的目的就是增加逼真性。但这两者之间并没有什么非常明确的联系。因为一个理论被证伪就拒绝它，然后去寻找另一个与目前证据相一致的理论，情况当然不是如此，这可能会导致失去接近真理的机会。对于波普尔的这些不同想法，我比其他人更同情其中的一些。我并不认为他完全调和了这些想法。实际上，在谈到增加逼真性时，他说有一丝归纳主义（inductivism）的气息。当然，归纳主义正是波普尔在这里试图避免的，他似乎有点意识到了这种紧张关系，因为这种紧张关系是属于他自己的。鉴于波普尔的认识论，很难理解他有资格主张"猜想与反驳"方法也是一种增加逼真性的方法。因此，粗略地说，我在一方面支持波普尔，而在另一方面反对他。

最后回答的是伟平在接近尾声时提出的一些问题，它们有关模型的优点。是的，你可以把模型与诗歌以及其他可能会激发灵感的东西进行比较，诗歌的确会激发出某种特别的洞见。但模型可以作为我们所关注现象的一种"代理"（proxy）而被探索。我们可以摆弄一个模型，可以问：这个模型（其实通常是一类相同类型的模型）是什么？它如何工作？如果我们改变它的这一小部分会发生什么，会产生什么影响？所以，模型给我们提供了一些可以用科学的方式去探索的东西，它在某种程度上充当了现象的"代理"。但诗歌之类的东西并不能实现这个目的。尽管诗歌可以激发很多洞见，但我不认为它们能像模型那样被自由地探索。模型是可以让你玩的东西，但它也是一个非常稳健的实在。你可以向模型问很多问题，它会给你答案，你不能随意地宣称这就是模型给出的答案。模型给了你一个答案，这是一个数学事实。然而，诗歌缺乏那种使我们不能随心所欲去解释的形式上的东西，因此，它使我们更容易让自己相信：一首诗给了我们想要的答案，另一首诗支持我们想要采取的行动。但我们并不能也以这种方式去使用模型，得去抵制那种一厢情愿的想法以及向着更高程度上的重新阐释。我认为，尽管所有事情都可以用艺术作品表达，但模型比艺术作品往往更能检验现实。好吧，我想我已经说得够多了。虽然很多问题肯定值得更多讨论，但我至少已经给出了一些如何回答这些问题的提示。谢谢！

李麒麟：感谢威廉姆森教授条理清晰的回答，借此机会，我还要感谢王彦晶博士、郑伟平博士的评论和提问。在结束之前，请允许我提醒大家：威廉姆森教授北大系列讲演的最后一讲，将于10月29日（下周四）晚7点至9点举行，题目是"哲学及其未来"，让我们下周四再见面。最后，感谢参加本次讲演的所有听众，祝大家度过美好的夜晚。谢谢！

第十讲　哲学及其未来

时间：2020 年 10 月 29 日

陈波：大家好，晚上好！今晚威廉姆森教授将为我们做此系列的最后一次讲演：哲学及其未来。今晚我们的程序是：首先由威廉姆森教授讲演；随后由与谈人和提问人发言、提问，威廉姆森教授回应；最后由我做一个简短的结束语。首先，请威廉姆森教授开始讲演。

威廉姆森：好的，谢谢你。我很高兴能做这些系列讲演，在最后一讲展望未来似乎是合乎时宜的。当然，我们可以提出疑问：我们能在多大程度上预测未来，尤其是哲学的未来？我认为，很明显，答案是（我们能预测的）不多，但我们至少还可以考虑各种可能性。

我认为在展望时，有必要至少大致区分两种有助于决定哲学未来的力量，这两种力量通常被称为"内部力量"和"外部力量"。

内部力量源于人们正在讨论的哲学传统本身的内在问题，而外部力量是指那些来自哲学传统之外的力量。大家可以认为：内部的发展主要是由内部力量引起，外部的发展主要是由外部力量引起。后面我们将会看到很多关于两种力量的例子。当然许多（哲学）发展是由这两种力量的交融而引起的。两种力量之间的界限并不是鲜明的，因而区分内部力量与外部力量并非易事。但是这种区分还是有益的。我给大家举个例子，在这个例子中很难区分什么算是内部力量，什么算是外部力量。

如果考虑基督教在主流传统的中世纪哲学和近代欧洲哲学中所发挥的作用，那么在某种程度上，考虑到基督教在文化与政治上的异议，你可以把它看作一种外部力量。对于大多数哲学家来说否认上帝的存在，并不是一个合适的选择。我的意思是，如果他们公然地那样做，那将是他们职业生涯的终结，也很可能是他们生命的终结。但与此同时，基督教并不是完全独立于哲学之外的，因为很多哲学理论实际上都有很强的基督教元素。它们受限于三位一体的教义，在某种程度上内化于哲学之中。所以，我的意思是，在这种情况下，只把基督教的作用划分为外部力量或内部力量可能有点粗糙。但是，我认为也有一些明显的例子。所以，我们仍可以运用这种区分，尽管我们承认它并不是完全精确的。

首先我简单讲一下内部发展，之后我也会再说一些具体的例子。首先总的来说我们可以认为，内部发展是哲学发展应有的方式，但同时由于一些有趣的原因，哲学的内部发展往往是不可预知的。我认为这个结果已经由卡尔·波普尔提出。例如，从逻辑的观点看，无论 x 是什么命题，我们在未知 x 的情况下无法知道我们将发现 x。因为如果我们现在知道我们将发现 x，这意味着经由推理，我们现在就知道 x 是正确的。因此我们已经知道 x，从而 x 的发现是现在就已经完成的，而不用等到未来。所以，你知道你将来会知道某事，但现在还不知道它，这会有逻辑上的问题。

这当然不是哲学所独有的。有一个经典的例子，在一次采访著名的爵士演奏家、爵士音乐家汉弗莱·利特尔顿（Humphrey Littleton）时，记者问他爵士乐的发展方向。汉弗莱·利特尔顿的回答是："如果我知道爵士乐将走向何方，那我早就在那里了。"在很多领域我们都有这种现象：一旦一种现象可以被预测，它就会发生。大家也可以从股票中略知一二。股票市场往往是不可预测的，除非有人有某种内部情报。因为一旦信息公开，我的意思是，一旦有可能根据公开的信息来预测价格的变化，这种价格的变化将被计入已经存在的价格之中。当然，这在一定程度上与人们是否想要融入潮流趋势有关。如果是非常悲观的哲学家，他们可能会认为哲学是朝着某个方向发展的，但他们并不希望如此。所以，在某种程度上，这种现象不像纯粹的逻辑，它确实与你认为这些变化是否是好事有关。但总的来说，人们倾向于以一种规则的方式认同变化，认为这至少是一种进步。

我的意思是，有一些因素在某种程度上减轻了不可预测性。例如，与"在 x 未知的情况下，你如何能够预测我们会知道 x"这个逻辑问题不同，我们也许能够预测哪些问题会得到回答，即使我们不能预测答案是什么。例如在数学中，你可以预测某个问题将会在未来 20 年内得到解决，因为现在的方法似乎更适合解决这类问题。如果这是一个真正的预测，你就无法预测答案是什么。你可能会做出猜测，但你无法知道答案会是什么。如果这是一个关于我们将在未来获得某些知识的真实预测，它仍是一个可能被解决的问题。举一个稍微有点平凡的例子。有一个非常非常大的数，虽然我们可能不知道它是不是一个质数，但可以预测：如果人们感兴趣的话，他们会在一定时间内发现问题的答案，因为存在判定程序。

　　当然，这种可预测性似乎并不十分适用于哲学。我认为，即使是在其他科学领域之中，也很难预测哪些问题会得到解答。例如，虽然我不是一个物理学家，但似乎（物理领域的）研究项目是围绕着弦理论展开的。我的意思是，弦理论在 20 世纪 80 年代非常前沿，并且物理学似乎正处在取得突破的各种边缘。但事实上，在那些做出的预测已经在很大程度上得到了验证的地方，弦理论并没有按照我们所接受的形式以预期的方式发展，弦理论在这些地方存在诸多停滞之处。这就是物理学中的一个例子。如果你在 1980 年预测，你大概会猜得到我们将在理论领域取得明显的巨大进展，但事实上这种情况根本没有发生。所以在科学领域，除了常规事态外，我们很难知道在哪里会有突破。

　　我并不是说这是完全不可能的，但这是非常困难的。优秀的研究人员通常有区分哪些问题值得研究以及哪些问题很有可能得到解决的能力。但我认为，真正知道是否能找到解决方案，至少知道哪些方案有前景，哪些没有，这都是很难的。

　　我们可能更容易预测的是知识遗失或至少没有进展而引起的学

科衰落。你可能会发现，一门学科发展的趋势不太可能导致停滞，而很可能导致知识的失传。例如，古代语言不再被研究就是一个例子。我们可能会失去这些语言以及其他相关的学问。但我认为，总的来说，基于我之前讲过的原因，预测学科的衰落比预测学科的进展更容易。这实际上是很普遍的，不是哲学所特有的。它也并非理智学科所特有。从日常生活的角度分析，你无法预知你明天所要获悉的内容，但你可以预知你明天将会忘记的很多东西，我的意思是指至少在各种琐碎的细节方面。在我进行这次讲演的此刻，我看到办公桌上不同物体的位置，而我明天就会不再记得这些了。这当然都是相当平凡的例子。

这是关于预测哲学内部发展的可能性和困难的讨论。我将在此次讲演的后面讨论更具体的潜在的内部发展。但是我想先概述一下这个普遍问题，然后再谈谈影响哲学的外部力量。

首先要指出的是，哲学并非不受外部力量的影响。即使我们可能认为它（哲学发展）是自发的，但在有些明显的方面它并非如此。我们从最黑暗的地方开始。如果有大规模的核战争或者环境崩溃，或者更不可预测的陨石撞击地球之类，如果它们发生了，它们将会对人类文明产生影响。如果它们发生在足够大的范围内，它们将会对人类文明、人类社会产生绝对毁灭性的影响。这将不可避免地对哲学产生影响，因为我们所拥有的知识分子群体依赖于特定的社会甚至物质基础设施，而这依赖于外部力量。这些粗略的例子表明我们在预测哲学的未来时不应忘记外部力量，因为在某些情况下，当我们容易受到外部力量的影响时，它们可能起决定性作用。

　　另一个例子是，如果民粹主义政权反对大学成为独立思想的中心，这将对高校的运行以及高校的话语体系产生影响。而这很可能不可避免地对哲学产生负面影响。也许仅仅是迫使哲学家们讨论一些政治上中立的问题，但也许会比这更过分——那些被怀疑不忠诚的哲学家被学术上不那么合格的忠诚者取代。这些是可能发生在民粹主义政权统治之下的事情，它们肯定会对哲学产生影响。我想我们可以从分析哲学的历史实践中看到这些例证。

　　历史上，在 1933—1945 年，逻辑实证主义的重心从德国和奥地利西移至美国。这发生在希特勒掌权时期，或者因为纳粹主义的兴起，这种趋势可能在事实上开始得更早一些。这是因为除犹太人外，涉足逻辑实证主义的哲学家很多是左翼分子。我认为他们一般不是马克思主义者，而是社会民主主义者。在这种情况下，他们不可能继续在法西斯统治的国家生活。他们中的一些人，如果是犹太人通常会失去工作并被驱逐；即使是左翼分子也处于显而易见的危险之中；所以他们不得不离开。一些人去往英国，但更多人去往了美国。由此奥地利与维也纳学派相关的大规模的哲学运动以及德国柏林与此密切相关的柏林学派，都或多或少地消亡了。由于外部政治的发展动态，一些德国大学中曾经起过主导作用的哲学流派，在德国和奥地利几乎消失。

　　当然，还有内部和外部方面不是完全独立的另一种方式。很多逻辑实证主义者是犹太人或左翼分子，这不仅是巧合，而且是因为逻辑实证主义本身就崇尚科学和世俗。当然，证实原则的部分结果是——宗教语言在认知上毫无意义。这使得它成为罗马天主教会的敌人，而罗马天主教会在很多欧洲国家都与右翼政治和反犹太主义密切相关。与逻辑实证主义相联系的哲学观点使逻辑实证主义者倾向于反对右翼民族主义，而他们对科学的推崇态度自然也更倾向于国际主义运动。如此一来，大家能在哲学理论和政治理论之间找到联系，这些都有证可查。例如鲁道夫·卡尔纳普与包豪斯运动（Bauhaus movement）有着密切的联系。包豪斯运动不仅仅是一场建筑和设计的运动，它至少也与温和的左翼政治有关，也有其社会层面的影响。所以，我们不能把外部和内部方面完全分开，它们之间有一些天然的联系。但与此同时，在大学之外，政治和文化的发展导致了逻辑实证主义从德语国家被基本驱逐，同时也对美国的哲学巨变产生影响——美国成为分析哲学的主要中心之一。因为卡尔纳普、塔尔斯基等很多对美国哲学产生了变革性影响的欧洲人移居美国，使得美国后来在某种程度上主导了分析哲学。

另值得一提的是，殖民主义也一直是全球哲学发展的一个主要因素，因为殖民势力倾向于将自己的知识传统强加于其殖民地。这并不局限于哲学，也适用于数学和自然科学。在某种程度上，文学也是如此。但是，就 19 世纪和 20 世纪而言，西方殖民势力在哲学传统上的差异要比在数学和自然科学传统上的差异大得多。所以，被不同势力殖民会在哲学上产生更大差异。我在这里很少考虑中国的情况，因为在某种程度上，它虽然是受西方殖民运动影响的国家，但并没有像很多国家那样被殖民。如果你生活在一个大学是由殖民势力创办的国家，那么占领你国家的殖民势力是英国还是法国就有很大不同了。如果你生活在一个英国殖民势力的国家，那么在大学的哲学系中你可能会找到一些分析哲学的东西。而如果殖民势力是法国，你就会在当地大学中找到一种我们可以粗略称之为大陆哲学的东西。这些是关于欧洲国家的外部因素。对一个给定地区的某种程度的殖民统治会影响本土的哲学传统，这体现了外部因素的影响——不提过去，至少在最近的哲学传统上，不同的欧洲国家之间有显著的差异。

我想我显然只是在做一种很粗略的勾勒。但我认为这基本上是真实的——后殖民时期，也就是通常我们所说的 1945 年第二次世界大战结束以后，一些与殖民势力关联的文化、语言以及一些传统的惯性倾向于延续殖民主义的影响，这其中包括哲学领域。尽管有些国家现在可能已经独立 50 年或 70 年，但我觉得不同的欧洲宗主国所殖民的国家，在后殖民时期其哲学会有很大不同。

关于分析哲学，我认为值得讨论的一个方面是，英语作为科学的国际语言，其发展对分析哲学产生重大影响。作为世界上很多地方的主要的第二语言，英语有取代诸如法语和德语之势。至少在我的一生中，我看到这种现象的发展。比如意大利，这是我非常熟悉的国家。我第一次去那里时，除了意大利语之外，人们被教授的第二语言通常是法语或德语，而现在他们更有可能被教授的第二语言是英语。

你更喜欢哪种语言会对你所接受的文化，尤其是哲学的影响产生很大不同。当然，英语这门语言在很大程度上与英国无关，而是与美国在世界的经济主导地位和文化影响有关。这意味着英语文化有取代其他西方语言文化的趋势，就像有些人会看好莱坞电影而不是法国或德国电影一样。我认为，由于分析哲学一直是英语国家占主导地位的哲学传统，在这个后殖民时期，分析哲学容易从这种趋势中获益。这并不是因为分析哲学与英语语言之间有任何内在关系，这只是一种偶然的关系：一方面是分析哲学；另一方面地缘政治的发展给了分析哲学很大的优势。我的意思是，当然，我认为分析哲学有各种内在的优势，这是它得以发展良好的基础，但在某种程度上，也显然取决于地缘政治以及地理控制的偶然发展。因为，如果人们没有接触到分析哲学，他们就不会为它的内在特质所触动。所以我认为，我们仍然可以从中看到内部力量和外部力量之间的相互作用。再重复一下，1945 年后，因为英语是目前最国际化的语言，作为分析哲学的主要媒介，英语促进了它（分析哲学）的国际地位。我认为分析哲学的科学化方面也有助于其国际化，因为科学是高度国际化的。而科学的国际语言是英语，因此，出现了上述那些我所谈论的历史事件。

我认为在某些方面，分析哲学因为与各个方面都有联系而传播得非常广泛，但它在某些方面也可能传播得并不太好。比如，日常语言哲学。在 20 世纪 50 年代和 60 年代的牛津，得益于英语的良好年景，日常语言哲学的研究对于以英语为母语的人而言比非母语者更容易。这是因为以英语为母语的人更容易分辨出语言中的细微差别。当然，日常语言哲学家从未刻意赋予英语某种特权。我不认为像奥斯汀和斯特劳森等人会认为英语具有本质上的特殊性。在这种情况下，我认为他们的态度不仅仅是英语是我们所熟悉的语言，所以我们可以将其作为工具语言来进行研究。我认为，斯特劳森的预期是，如果以人类的自然语言来探究日常语言哲学，那么我们会得到大致相同的结论。最后的结果都是一样的，所以在某种程度上，使用哪种语言进行研究并不十分重要。我认为，他真正揭示的不只是英语的特点，而是言之有理的人类思考世界的方式的特点。

当然，"自然语言在这些方面一样粗糙"，这只是一种假设，而且是一种经常被否认的假设。但我认为，我们可以期待的是，随着分析哲学越来越国际化，而且随着不同地区之间趋于平等，英语将不会像以前那样在同等程度上被视为特权语言。人们可以自由地使用自己母语中的例子，不管它是何种语言。我认为从长远来看，这将是一个好的发展趋势。因为我想大多数哲学家都会同意——我们不想把深刻的哲学主张建立在英语相对偶然的特征之上。因此，一个使一种方法论更加稳健的办法是，也从其他语言中选取例子。这在某种程度上正在发生。比如，我经常注意到，说德语的人使用的例子不仅来自英语，也来自德语等。汉语没有任何理由不应如此。

我简要地提及分析哲学的另一个分支。我们通常将其与日常语言哲学联系起来。尽管我并不认为维特根斯坦主义者是像奥斯汀一样的日常语言哲学家。但维特根斯坦主义者串起了分析哲学的主线。在某种程度上，他们自称日常语言哲学家。你也可以在那里看到几分反科学的态度，我所说的"反科学"，不是说他们反对科学本身，而是说他们反对把科学引入哲学之中，而这通常与本土传统有关，主要使用本土语言表达。尽管这是一个可以表明其影响力已经高度国际化的例子，但其具体方式从原则上讲，也适用于其他运行方式与英语有很大不同的一些自然语言。我必须说明的是，我觉得人们对于乔姆斯基有明显的偏见——通用语言机制是人类先天遗传的一部分，它与我们普遍拥有的认知能力有关。从通用语言机制的哲学观点来看，人类自然语言之间的根本性区别并不巨大。从哲学的角度而言，自然语言最有趣的特点是尽管它们在不同语言中的表达方式可能不同，但它们却以这样或那样的方式对此进行挖掘。当然，这是一个需要被验证的假设，而且是正在被验证的假设。更具体的一点是，因为英语的复杂程度起着不那么重要的作用，所以是形式领域促进了哲学的国际化。可以说，一旦我们真正实现了技术化，那么这些公式就可以说话了。在数学和自然科学的数学领域中，人们主要以公式进行交流，这是经常发生的。所以在达到你研究领域所需的最低要求之外，你的英语水平并不重要。我认为形式领域比讨论较多的领域更容易国际化。

我认为，这种国际化趋势自 20 世纪 80 年代以来是可以观察到的。作为一个职业哲学家，我在 1980 年完成了我的博士学位。那时以来全球最明显的哲学趋势之一就是分析哲学的传播。在 1980 年，分析哲学仍然主要分布在英语国家，而在其他非英语地区只有零星分布。如今比那时更加全球化。当然，我知道在中国仍然只是少数人参与其中。但令我感触很深的是，现在中国的分析哲学家比 40 年前多了很多。我认为中国分析哲学的科学化方面受益于中国科学的国际化。正如我在分析哲学中已经指出的，英语世界的主导地位远不及以前。例如，如果我们以作为分析哲学核心的形式认识论为例，它通常被认为是欧洲的特产，也就是说，现在形式认识论的重心在欧洲，而不是在北美。虽然北美也有很多形式认识论，但我认为欧洲是最独特的中心。我的意思是，例如，阿姆斯特丹、牛津都是在欧洲，而非北美。展望未来，美国经济和文化主导地位的相对衰落可能会对哲学产生我们已经看到的连锁反应——国际影响力在一定程度上与对稀缺资源的竞争有关，也与工作以及攻读博士学位等方面有关。那些富裕的国家有大量奖学金为这些职位提供资金与经济地位，从而令它们在开放的国际竞争中具有国际影响力的优势，我们不能完全把这些趋势区分开。

我当然认为，分析哲学在诸多国家的传播，使它比局限于少数几个国家时更为强健——这让它不那么容易受到本土的内部因素和外部因素的影响。这与逻辑实证主义不同。逻辑实证主义非常脆弱，因为它集中在德语国家。当然，相关学者能成功逃脱而非被处决，这只是政治如何发展的问题。一个当代的例子是文化和政治趋势之争。比如，粗略而言，美国正处于民族主义的、反理智的、反科学的右翼与狭隘的、政治正确的、觉醒的左翼之间的文化战争。这种文化因其是对身份政治等的态度的问题，而对美国的分析哲学产生了一定的影响。所以我的意思是，就人们思考重要的新问题的方式而言，这种政治化有其好的方面；但因为政治不正确而导致某些观点不被允许辩护而言，它也有破坏性的方面。我认为分析哲学的国际化意味着它不太容易受到国家趋势的影响，因为国家趋势是不同的。所以，某些观点被某些特定国家或少数国家的趋势完全扼杀的可能性并不大。

我认为我刚刚所描绘的这些外部环境，对于运用形式化方法、模型建构以及我前面讲演中所讨论的方法的分析哲学而言，有利于

其科学化目的的进一步发展。我认为，我在讲演中一直解释与捍卫
的分析哲学的科学风格是非常适合国际化的。我不认为我们会看到
逻辑实证主义的回归，因为逻辑实证主义最初与一些简单的科学观
念相关。这些观念现在被普遍认为是不恰当的，它们作为科学观念
在历史系和科学哲学系是不被接受的，比如说，因为它们远离科学
实践的方式。我认为逻辑证实原则背后的很多力量都是基于这样一
种想法，即它只是一种科学标准的应用。但是科学本身已经被证明
比逻辑的刻板印象更丰富、更复杂、更多样。我并不会说这将是某
种逻辑实证主义的回归，哪怕是以某种原始的粗糙形式。尽管你可
能觉得，逻辑实证主义的某些方面通过卡尔纳普等哲学家的影响，
有时会在经验和概念的区分中表现出来，但我在之前的讲演中已经
批评过这种区分。

　　我一直在讲分析哲学具有典型科学性的一面。但是我认为分析
哲学能够在国际上蓬勃发展的另一个领域是分析的道德哲学、政治
哲学以及应用伦理学。这一点我之前讲过，人们有一种独特的能力
和意愿，能够清楚、直接地讨论价值问题。正如我在之前的讲演提
到的，这些问题是许多人在社会科学中想要讨论但却无法讨论的问
题。因为他们认为研究社会科学的一个必要条件是需要有一个价值
中立的话语体系。而分析哲学、道德哲学、政治哲学和应用伦理学
所拥有的这种话语体系的一个优势就是，它是绝对的、公开的、可
评估的。它以一种非常直接的方式，使人们能够谈论他们想要解决
的道德和政治问题。我认为这给了它一个优势，它不太依赖于任何
特定的民族文化，它的优势来自这样一个事实，这种价值中立的社

会科学的理念非常普遍。

　　但这就为其他一些东西留出了空间——这些东西并不是完全价值中立的，但明确地解决了我们大多数人感兴趣的价值问题。我的意思是，虽然人们对它们感兴趣但并不是只对它们感兴趣。当然，当我们在政治哲学中具有明确可评估性的分析特征越多时，也就使得它越有争议，因此它容易受到宗教或政治的压力。比如，彼得·辛格（Peter Singer），他是一个分析的道德哲学家，他对安乐死和其他问题有着独特的观点。但在哲学之外，他也是一个非常有争议的人物。

　　一个不同的特征是，我认为我们可以期待分析哲学与认知心理学、人工智能等的联系会变得更紧密。因为很明显，这些学科很可能在未来 50 年对我们的自我认识产生变革性影响。虽然很难预测到底会有什么影响，但我认为这些正在取得进展的问题也与一些核心问题有关，比如人类思维是如何运作的，这些问题当然与哲学问题有关。从严格意义上来说，虽然这些问题可能与人类心理学有关，但它们可能不是针对人类心理学要解决的问题。同时在某种程度上，因为它们与人类心理有关，而会改变我们对自己的看法。我们如何看待自己又与哲学中"谁在思考"有关。实际上，由于前面提到的原因以及模型建构方法论的原因，这种明显相关性的联系不仅与心灵哲学有关，也与认识论相关。虽然人类知识并不是只对它感兴趣，但这仍然是主导性的兴趣所在。

　　认识论理论未能符合我们从认知心理学中得到的关于人类心智的新图景。基于相同的原因，我认为语言哲学主要是人类语言的哲学，尽管不完全如此。所以，语言的认知心理学的发展很重要，因为它们与我们如何评估自然语言的句子有关。认知甚至还与我们在语言哲学和语义哲学中所拥有的证据的状态相关。行动哲学当然主要是人类行动的哲学。艺术哲学主要是人类艺术的哲学。我认为在所有这些情况下，我们根据认知心理学和人工智能的发展改变我们对自己的理解，这在某种程度上是不可避免的。所有这些哲学分支都会产生各种各样的连锁反应。虽然可能很难确切知道将会发生什么变化，但我认为，如果我们不从认知心理学中了解与发现这些问题是不行的。

当然，这引发了一个问题，分析哲学是否会被认知科学取代？我不认为这是可能的，因为它的很多特征是不会被认知科学完全采纳的。比如说，逻辑的核心作用不仅在有关人类推理的思考也即认知科学中起作用，而且也在演绎逻辑推理中起作用。我认为，这比认知科学的范围要大得多。我认为另一个方面可能对认知科学来说是陌生的。这就是几分钟前我在道德哲学、政治哲学及应用伦理学中所谈到的——我们的分析哲学明显是规范性的。我认为在哲学和认知心理学中，思想实验的作用可能会有所不同。所以，我认为我们要在某种程度上保持我们的独立性。举一个不会被认知科学取代的领域的例子——形而上学。认知心理学对大众形而上学感兴趣。人类天生就倾向于思考一些诸如物理对象的同一性等问题。但形而上学并不研究人类对现实本质的思考，而只是研究现实本身的本质。在这个意义上，认知心理学并不具备取代形而上学的能力。

当然，我并不是想说，分析哲学将会获得任何不可挑战的主导地位，我认为这是不太可能的。因为我们只是在大众层面与其他传统不同。在学术层面，我认为反分析的大众哲学将继续存在，因为它将给予人们更容易、更廉价的满足，告诉人们他们想听的话。我认为这是肯定的：如果分析哲学越具科学性，民粹主义哲学家就越会告诉他们的读者或听众不需要为这种科学的哲学而费神，因为它枯燥乏味且不处理任何更深层次的问题。

我认为这只是在科学方面对特殊的分析哲学的一种批判。我认为不可能形成一种普遍的印象：哲学应该是非常深刻但又很容易理解的。我不认为我们将会到达一个让人类不受一厢情愿的想法所支配的阶段。在我看来，在语言问题上，没有迹象表明英语不再是科学的国际语言，哪怕英语国家在某种程度上正在失去其在世界上的主导地位，比如，从经济、政治和军事的角度来看，美国正在失去这种主导地位。我想可以类比一下拉丁语，就像中世纪人们对科学的理解方式一样，拉丁语仍然是学术界的国际语言。最初它取得这个地位是因为它在罗马帝国，尤其是西罗马帝国的地位，但在西罗马帝国灭亡后，它的地位保持了上千年。尽管它逐渐成为一门不同于任何母语的语言，甚至是意大利人的母语，但它仍然是学术领域的国际语言。如果你想从事严肃的学术研究，无论你来自哪个国家，你都必须懂拉丁语。我想这就是它与任何国家都没有联系之处，却具有一种中立性的原因。在某种程度上，这是比英语更好的特征。因为没有很大的压力去改变，所以它仍然是国际语言。当然最终它会失去这个地位。

但我认为如果英语国家在全球政治经济上的地位进一步下降，也并不意味着英语将不再是国际语言。我的意思是，可能不会永远这样。但在可预见的未来，情况可能仍会如此。英语的全球地位对于非英语母语人士而言是一个艰难的选择——他们是写（或说）英语以面向全球读者（或听众），还是写（或说）本国语言以面向本土的读者（或听众）？从一方面看，母语具有流利的优势；从另一方面看，英语具有覆盖面更广的优势。也就是说，人们在本土发表文章会比在国际上发表文章更容易，人们可以用自己的母语表达更多精细微妙的差别。我认为还有一个非常值得称赞的愿望，那就是保护和发展本土语言、文化或传统资源。人们希望自己的母语是能够表达最困难、最复杂的思想的语言，所以他们不想让它成为非理智的、非科学化标准的语言。

但我认为本土出版也可能成为不执行国际标准的"舒适区"，因为标准不那么高，所以用本土语言出版会更容易。这之间的分歧也让矛盾更容易出现：一方是通用英语表达的全球化的科学哲学；另一方是历史、文字、文学、语言和文化等方面的更具本土化的人文活动。后者涉及本土化哲学，由于其典型地使用本土语言，且与本土的人文活动和其他学科的联系，它更具历史或文学的风格。同时，它很可能是反分析的，因为它把分析哲学视为全球化带来的威胁。我不认为这种科学的哲学和人文的哲学之间的对比，只是所谓分析哲学和大陆哲学之间的偶然区别。这种区别可能与各种政治发展有关，而不仅仅是哲学方面。我认为确实在本土化力量和全球化力量之间的冲突上有更深的根源，但这并不是完全直接的对立。经济学家阿玛蒂亚·森（Amartya Sen）曾说："全球化最好的例子就是反全球化运动。"我的意思是，反全球化运动本身就是一场全球性运动。

民族主义可以成为一种国际趋势。在 19 世纪的欧洲，民族主义突然成为一种国际潮流。当然，很难说这将如何与政治发展相互作用。因为在西方，哲学本土化趋势往往与政治民族主义无关，而政治民族主义当前的表现形式往往是反智的。

这些可能会改变。但目前在我看来，哲学本土化和政治民族主义这两种趋势尽管有一些相似之处，但它们并没有结盟。事实上，最近西方哲学的一个趋势是对非西方哲学传统越来越感兴趣。实际上，在某些情况下称他们为"非西方的"是一个有问题的描述。当然，在近代西方哲学中没出现过的哲学传统，现在正在吸引着人们越来越多的兴趣和关注。这其中包括中国哲学、印度哲学、伊斯兰哲学，当然还有犹太哲学、尽管事实上伊斯兰哲学和犹太哲学都融入了西方传统。古希腊哲学是通过伊斯兰哲学和犹太哲学的影响传入西欧哲学，它们在经院哲学中发挥了至关重要的媒介作用。此外还有非洲哲学、拉丁美洲哲学、美国本土哲学以及其他哲学。我认为现在许多西方国家是趋向于更加严肃地对待这些哲学形式而不是像以前那样完全忽视它们。我们有这样的趋势并不奇怪，因为我们面对的是文化日益多元的社会。大学里的许多学生具有不同的背景，他们更有可能对与他们自己的民族渊源有关的哲学传统的课程感兴趣。我对这些哲学传统感兴趣的是有关历史的主张：没有好的理由，将哲学史局限于古希腊时期的传统。正如我所提到过的，如果你真的遵循从当代西方哲学到古希腊哲学的传统，那么你可以看到，它实际上是通过伊斯兰哲学和犹太哲学来实现的。但不知何故，它们被忽略了。

在某种程度上与身份政治的发展有关，在西方传统中也有一场类似的运动——要求增加女性哲学家的作品。所以，一方面有很多历史工作是发掘当时知名的女性哲学家，但另一方面却忽视了其研究作品等。当然正如我在第七讲中所指出的，存在对稀缺资源的竞争：在课程中涵盖一方通常意味着排除另一方。

我们讨论的是那些一直以哲学史教育为主导的哲学教育模式的国家。接下来的问题是，为什么被教授的是一种传统而不是另一种？还有一个问题是，这与第一层次的非历史的哲学问题有什么关系？针对其他哲学传统或者忽视女性哲学家，也有一种运动。通过减少历史、文学和语言学的方式，而把它当作哲学来对待，让"其他哲学"在哲学上鲜活起来。举例而言，对于研究中国哲学的西方学生来说，如果他们阅读的大部分内容只是讨论特定中文词语的意思以及与之相关的非常琐碎的学术问题等，则不会令他们很感兴趣。如果想让他们觉得鲜活，就必须以一种符合他们的哲学兴趣的方式呈现出来。所以，它（哲学）不需要被历史和语言学的问题支配。我的意思是，当然从学术的角度来看，这些问题非常重要。但是如果在教学的方式上给予太多强调，那么它在学生中就不会太成功。

透过这些历史的语言学的问题，去探究其真正所言说的内容时，结果会发现：最初看起来非常异类的其他哲学，在思想上与我们所熟悉的哲学很相似。例如，我对印度哲学的刻板印象是——它是神秘的，东方的智慧恰好是直觉而非理性。但当你真正去探究它时，你会发现，事实上它涉及很多分析哲学家感兴趣的问题，诸如认识论领域的问题。某种哲学传统可能在世界上其他地方逐渐形成，而与西方哲学之间很少交流，但事实上，它们可能有共同的主题。因为毕竟所有这些哲学都来源于人类，而人类具有大体相同的认知能力。这可能会对我们提出的哲学问题产生更大的影响。你可能会认为，我们不应该认为哲学在某种程度上取决于它是由何种文化发展而来的。这也是它的一个基本的人类方面的特质，这使得它在很多情况下比人们预期的更容易理解，更不陌生。所以，我一直谈论工作中的各种趋势，或者稍微轻蔑地说是"知识潮流"。但我认为我们不应该期望哲学改变得太快。那些在博客和推特上讨论的事情可能会很快改变，但哲学系实际发生的事情则可能变化较小。因为在所有的知识传统中，哲学都有强大的惯性力量。简单地说，哲学家或学者通常在 60 多岁时所传授的思想还是他们在 20 多岁读博士时学到的。所以，他们在某个传统上进行了大量投入，一旦开始其职业生涯，他们就不太可能改变。英语中有一句谚语是"老狗学不了新把戏"（"You can't teach an old dog new tricks"），说的就是这个道理。同时，我也想到了一种解释。一些历史学家提出农耕社会往往非常保守的原因：当父母在田地里干活时，孩子由其祖父母照顾。所以农耕社会传递的不是上一代人，而是上上一代人的观念。在大学里，人们经常接受与其祖父母年纪相仿的教授的指导，这种现象在学术界和农耕社会都存在。

最后，我以评论及关于未来的可能性作为结束语。要阐明的一个显而易见的观点是创新。它在不断扩大的大学体系中更容易实现。举一个我能想到的例子，在第一次世界大战结束时，波兰成为一个独立的国家，其大学系统有了巨大的发展。非常有远见卓识的知识分子和学者参与其中。他们针对特定领域并决定将其建成世界级的。他们意识到波兰太小，不可能将所有领域都建成世界级的，故他们针对了一些特定领域——他们锁定的目标领域之一就是逻辑。这是因为他们有一些现存的力量。他们在逻辑学上投入了大量的资源。我认为，这种远见被波兰逻辑学的巨大发展证明了。它造就了阿尔弗雷德·塔尔斯基，他是有史以来最伟大的逻辑学家之一。虽然在第二次世界大战中，这一切都被摧毁了。但这是一个新发展成为可能的例子。这在很大程度上源于大学系统的发展。所以，那些知道如何利用这一点的人，就有可能在正确的领域取得进展。

当然，中国是另一个拥有不断发展的大学体系的国家，也有类似的发展机遇向它敞开。从某种程度上说，我给大家讲中国是班门弄斧，因为你们比我更了解中国。显然，中国日益增长的国际地位以及其在教育与科研方面的大量投入给了中国在国际哲学领域扮演越来越有影响力的角色的机会。我认为中国传统哲学肯定会在国际上被广泛研究，但我并没有像讨论一阶哲学的发展那样过多谈论这个问题。

我认为中国在分析哲学研究方面的直接贡献有上升的空间。我想人们可以看到这种积极的作用已经从逻辑学领域开始显现，其中的部分原因是文化障碍较少，这一点我已经解释过了。但我当然不认为这种未来的趋势只局限于逻辑学。我认为在更普遍的分析哲学中存在着各种可能性。用经济学术语来说——中国有能力成为思想的净出口国。如果用正确的方式利用优势，就会有这样的机会。当然，中国要想成为思想的净出口国需要创新。必须鼓励创新，或者至少不要在年轻人中阻止创新。年轻学者应该因为有新想法而被奖励，甚至允许他们批评教授的观点，他们不能因为批评教授就惹上麻烦。就我个人而言，我宁愿学生以有趣的方式不同意我的观点，而不是以无聊的方式赞同我。

简单地说，每一代人的任务不是追随上一代人，而是要比上一代人做得更好。长江后浪推前浪！当然，我的意思是，通常是以上一代人的工作为基础，但有时也会纠正上一代人的错误。最后一讲就到这里。非常感谢大家的关注！

陈波：非常感谢威廉姆森教授的十次讲演。现在，我对与谈人和提问人做一个简短的介绍。江怡博士，长江学者（这是中国的一个杰出学者头衔），山西大学哲学学院教授。他的研究专长是维特根斯坦哲学、分析哲学史和语言哲学。李忠伟博士，浙江大学哲学系教授。他的研究兴趣包括哲学方法、心灵哲学、意识和知识，他也曾在早期现象学史和分析哲学领域发表过文章。江怡，请开始。

江怡：好的，谢谢。谢谢你的介绍，谢谢威廉姆森教授有趣而又精彩的讲演。事实上，我以一种有趣的方式同意威廉姆森教授的观点——我想，我不是不同意你的看法，并且对于你在讲演中提出的许多观点，实际上我不认为我会反对。但是我想就今晚讲演的另外一些内容再进行一些探讨。

我把你的讲演分为三个部分。第一部分是有关影响哲学的内外力量。你说，许多事态的发展是由混合力量造成的。正如你在之前讲演中所说，哲学是一门依据自身的思想脉络发展并谋求作为系统严格、精准确定以及具有批判性的学科，它使用适于回答其自身问题的最佳方法，独立于任何外部因素，尽管哲学领域中有一些外部因素对其自身发展产生了影响。然而，我认为，任何外部因素都不能决定哲学的过去及其未来的发展。即使存在这样的因素，内在因素也仍然是哲学发展的决定性因素。

顺便说一句，几十年来，关于哲学在严格意义上是否有任何发展，一直存在着很大的争议。我不想直接参与辩论，而是更加关心如何评估这里的"发展"（如果真的存在所谓发展的话）。我想说的是，哲学发展中应该明确区分内部因素和外部因素，因为内部因素应该是决定性的。所以，我使用的术语是"因素"而非"力量"。只是因为我想说，一些内外部力量应该被看作一个因素，而不是哲学发展的推动力。

你提到"哲学并非不受外部力量的影响"。是的，你提到了两种外部力量：第二次世界大战和战后哲学中的殖民主义。在这里，我想以中国哲学为例。众所周知，在中国，作为一门学科的哲学来自西方。中国哲学是西方哲学框架与儒家经典、历史和文学等中国传统文化之间的一种融合。但我不认为中国哲学是西方哲学对中国进行"殖民"的结果，而是更倾向于认为，中国哲学来源于中国学者的自我意识，他们试图将西方哲学与中国传统儒学区别开来，后者常被认为是守旧的，甚至是贫瘠的。从这个意义上说，西方哲学是在中国学者的积极主动的努力下被引入中国的。

在第二部分，你提及分析哲学中的语言和形式化：分析哲学的形式化领域逐渐促进了分析哲学的国际化，乃是因为，鉴于公式本身就能扮演对公众讲话的角色，复杂性在英语中不再成为至关重要的问题。的确，英语目前在科学和哲学领域都是一门国际语言。然而，众所周知，分析哲学最初发源于德语而非英语。诚然，随着美国的发展壮大，英语在当代西方哲学中占据了主导地位，但分析哲学的形式化在波兰、荷兰和英国等欧洲国家尤为盛行。你在讲演中提到了这一点。在我看来，分析哲学并不局限于英语。英语在分析哲学中占主导地位是非常巧合的。

你还提到了中国的分析哲学。你说，虽然它在中国仍然只是少数人的兴趣，但今天的中国肯定有比 40 年前更多的分析哲学家。在这里我只想说，这是对我国分析哲学现状的恰如其分的评价。中国现代外国哲学学会下属的分析哲学专业委员会，自 2005 年成立以来，每两年组织一次全国性会议。第 12 届会议将于 2020 年 11 月在重庆举行。我们还有中国维特根斯坦学会、中国实用主义学会以及中国知识论学会，它们都聚焦于哲学的分析进路。上述学会每年都组织学术会议、研讨班和座谈会。几十年来，分析哲学的出版物数量一直在增加。一些学者在国际期刊上发表了英语论文。然而，与中国的现象学研究相比，由于分析哲学依赖逻辑技巧，因而它在中国的哲学界并不那么流行。大多数中国哲学家很难用逻辑公式来论证，这也对分析哲学在中国的普遍传播带来很大障碍。

在你的讲演中，你提到了分析哲学与认知科学的关系。在这里我想说，哲学的分析进路可大致归属于认知科学的研究。在《斯坦福哲学百科全书》中，认知科学被定义为对心灵和理智的跨学科研究，包括哲学、心理学、人工智能、神经科学、语言学和人类学。因此，有证据表明，分析哲学可以被合理地接受为认知科学的一个部分。当然，分析哲学的某些特征并不被认知科学完全接受，从而无法完全归属于认知科学，但这并非因为它们在哲学重要性上有什么特别之处，仅仅是因为它们在经验中缺乏实验和观察。

在第三部分，你提到了全球化与本土化：全球化的、科学的哲学与历史、文学、语言、文化中更本土化的人文活动之间很容易产生某些张力。你还提及了后者也可能涉及本土哲学，这可能是一种更具历史或文学风格的哲学，并且可能是反分析的，因为它们视分析哲学为一种威胁。

我认为值得注意的是，可以在汉语哲学中获得关于哲学本土化的某些启示。这种哲学并非如儒学或道家哲学一样，它不是中国传统哲学的一部分，而是用现代汉语写成的当代哲学。这是哲学本土化在汉语中的一次尝试。哲学研究在中国被推进到了关于汉字的一般观念之中，并将两者结合起来。从西方哲学的角度来看，这种哲学可以成为其他哲学的一个例子。然而，"其他哲学"或"非西方哲学"这个术语是指西方以外的哲学。这种说法还具有某种西方中心主义意识。我们可能会说，这个词在很大程度上是在地理意义上而不是政治意义上使用的。但无论在何种意义上，使用这样一个词仍然可能造成某些误解，就像我们使用"非中国哲学"一词可能遇到的情况那样。

在此，我要感谢蒂莫西·威廉姆森教授在总结发言中对中国分析哲学的良好祝愿。未来的中国哲学家们在哲学研究中需要更具开放性和原创性，这一点非常重要。为了实现这一目标，我们需要在哲学界乃至更加宽泛意义上的学术界进行更多的国际交流。

最后，我想向威廉姆森教授提出三个问题。第一个问题是，你提到逻辑实证主义在亲科学和世俗化方面表现得非常激进或彻底。我想知道你为什么把逻辑实证主义哲学与20世纪20年代的政治氛围联系起来。你认为反犹太主义是促使逻辑实证主义者们从欧洲逃到其他国家的原因吗？

第二个问题是，你提到分析哲学中的维特根斯坦传统的"反科学"特征。实际上你已经在讲演中解释了"反科学"这个词的含义，但因为我在讲演前准备好了问题，所以我想进一步了解，为什么你认为维特根斯坦哲学可以被称作"反科学"的。

第三个问题是，你提到，当前盛行的哲学中的"反分析"潮流具有某种持续性。分析哲学家和反分析哲学家之间确实有过争论。我想知道，当你遇到当下盛行的"反分析"哲学家们时，你对他们会有何回应？如果我们需要为哲学的分析进路提供论证，我们该怎么做？

最后但绝非无关紧要的是，我要特别感谢蒂莫西·威廉姆森教授为中国听众所做的富有实质性内容并且鼓舞人心的系列讲演。这让我想起了1920年伯特兰·罗素在中国的系列讲演。罗素在一个世纪前给中国带来了逻辑和知识，你在2020年给中国带来了思想和哲学！谢谢你！

李忠伟：好的。感谢威廉姆森教授的这一系列精彩讲演以及陈波教授的组织工作。我做了一份问卷以收集听众们希望向威廉姆森教授提出的有关哲学未来的问题。前两个问题主要是基于问卷调查。

第一个问题是有关实验哲学的未来。正如分析哲学试图挑战其先前的哲学方法一样，实验哲学试图挑战分析哲学中的传统方法。问题是，实验哲学是否能够像先前的分析哲学那样，成为一种主要的哲学趋势？或者不那么乐观，实验哲学不会达到分析哲学的地位，只会成为哲学和认知科学中的一个不那么重要的跨学科研究领域？

第二个问题是关于自然科学、社会科学领域的哲学方法和新技术、新方法的发展。威廉姆森教授提到，认知心理学、人工智能等学科的联系将会更加紧密，因为这些学科很可能会改变我们的自我认知。但实际上，虚拟现实等新技术在哲学教育中又能发挥怎样的作用呢？例如，使用虚拟现实来体验缸中之脑的感觉，或像柏拉图所描述的洞穴的感觉，这是否可能和可取？它对教育的有益影响是什么？此外，统计和计算方法、计算机模拟在哲学中会变得更有用和普遍吗？这又是如何实现的呢？

第三个问题是关于哲学力学和动力学。威廉姆森教授使用了半力学的术语，诸如"力"、内部和外部的力量，以及"惯性"来描述"运动"或哲学的发展。这个问题是，在回顾哲学史构建的时候，我们是否可以更准确、更详尽地描述这些力量？如果我们收集到足够多的关于这些力量的信息，我们能否得出一个粗略的未来轨迹？因为一些专门研究哲学史的人认为，在哲学史的发展中确实存在着某种规律或逻辑。你对此有什么看法？

第四个问题是有关如何将思想实验的哲学方法、计算方法与自然和社会科学相结合。因为思想实验是运用想象力来构建或设计可能的场景和案例的。然而，一个人容易想象的事情对另一个人来说却是困难的。经验科学和数学科学中的知识可能会促进想象，从而增强理性思考的能力。所以，问题是，你能设计一种混合的理性思考方法，以将思想实验和科学中的实际实验结合起来吗？此外，我们现在主要是用我们老式的大脑、铅笔、键盘和扶手椅来进行哲学思考，计算方法如何像它在其他领域的研究那样能帮助我们思考？

第五个也是最后一个问题是，下一个革命性的哲学思想将在何处产生？从历史上看，哲学上的革命思想并不总是来自既定的哲学体系。有时建立体系性的哲学是对哲学的一种反革命。比如笛卡尔、休谟、卢梭、赫姆霍兹，他们具有创造性的哲学思想实际上扮演的是反既定体系的角色。所以，问题是，它会在大学的哲学系中现有的和已经建立的哲学体系中产生吗？或者它也可以出现在诸如政治、艺术、数学、自然科学或人工智能等其他研究领域？因为这些学科变得越来越具有自我反思和哲学化。换句话说，成为革命性的哲学家的是那些专门化人才，而非那些在既定哲学体系中工作的哲学家。

最后，我要感谢威廉姆森教授，感谢他的精彩讲演。感谢陈教授精心组织了这次盛会。我还要特别感谢威廉姆森教授和陈教授对中国年轻一代哲学学者的鼓励。谢谢！

威廉姆森：我非常感谢江怡与李忠伟，感谢他们亲切的话语和有趣的问题。现在我想说的是，非常感谢陈波安排与组织这次系列讲演。我很荣幸能与中国这么多学者交流并看到这里的发展。这真的是一次很棒的经历！

现在我就与谈人和提问人所提出的问题进行回应。我们先从江怡的评论开始。他认为，内在因素是哲学发展的决定性因素，内外因素之间应该有明确的界限。我在很大程度上同意这一点。这应该是规定性的而不是描述性的，是对事物应该如此的一种评论。但是我给出的诸如基督教地位的例子表明它拥有文化霸权，在某种程度上也内化到了哲学之中。在实践中，实际上很难做出明确的区分。外部因素的干预有时非常明显。当我们谈到哲学时，我们确实有一个以不同的方式形成的外在于哲学的完整的文化背景。如果没有这样的文化背景，很难令人相信哲学会发展得更好。哲学可以通过让不同文化背景的人参与进来而获益，而不是在我们进入哲学研讨班之前就将其排除在外。我认为我们需要一种更微妙的方式来讨论这个非常容易辨认的内外特征在某种程度上是什么。当我们开始思考如何在实践中对事物进行分类时，这就变得越来越难追踪了。我完全认可江怡所说的，西方哲学引入中国是中国哲学家的积极行动，而不是西方强加的。当然，中国不像许多非洲和美洲国家一样被殖民，但西方哲学的引进需要决定性的外部因素，比如与西方交流的能力，这样在引进西方哲学时具有选择权。

我也完全同意分析哲学与英语的联系是一种巧合。这只是分析哲学创始后的一个历史的偶然事件。我认为,在原则上分析哲学可以在任何自然语言中完成,可以用任何自然语言来从事分析哲学研究。当然,在任何语言中,都需要专有术语来进行分析哲学研究。我在 20 世纪 90 年代参与了一个开发葡萄牙语(这是一种西欧语言)分析哲学词汇的项目。其中涉及一批葡萄牙哲学家,他们为分析哲学中的其他技术术语建立通用词汇表,创造了一个专业词典或者说是哲学百科全书。我认为仅仅在技术术语的层面上而言,任何一种语言都需要一定程度的调整,以适应分析哲学。这也与不同的语言的修辞规范相关。例如,英语的修辞规范与其他欧洲语言非常不同。这并不是英语语言的内在特征,而主要是英国的传统——强调使用具体词语而不是抽象词语,强调使用简单句而不是复杂句,强调用并列句式而不是从属句式。与人们在缺乏欧洲语言的情况下所学不同,这些是人们所学习的英语的正确的方法特点,它实际上对分析哲学很有帮助。虽然与英语没有本质上的联系,但不同的语言有不同的修辞传统。很明显,其中一些传统更适合分析哲学。

然后是分析哲学和认知科学之间的联系。认知科学被引用的一个定义是,它是一种跨学科的研究,其中一个相关的学科是哲学。我不认为这个定义的目的是说所有哲学都是认知科学的一部分。很多哲学都与认知科学有关并不意味着哲学为认知科学所吸收。认知科学使用数学,但我不认为我们会把数学视为认知科学的一个分支。我提到过形而上学是哲学的一个特殊分支,但我认为它很明显不是认知科学的一部分。

江怡也有三个非常具体的问题。我要回答的第一个问题是关于逻辑实证主义者从纳粹控制下的欧洲逃亡时，反犹太主义所扮演的角色。我认为这是历史的问题。维也纳学派中，我认为弗里德里希·魏斯曼（Friedrich Waismann）、莫顿·怀特（Morton White），还有赫伯特·费格尔（Herbert Feigl）三位离开的主要原因是因为他们是犹太人。我想还有其他人也是如此。同样地，对于那些与逻辑实证主义运动联系不太紧密的人来说，有两个重要人物是犹太人或者部分具有犹太血统，那就是塔尔斯基与赖欣巴赫。所以，我认为在很多情况下，因为其犹太人身份而不得不离开。如果你是犹太人，那么在德国的大学系统里，你会丢掉工作。这并不只发生在严格的、狭义的分析哲学领域，我认为实际上逻辑实证主义也被纳粹归为一种犹太人的哲学运动。因此虽然许多顶尖的逻辑实证主义者并不是犹太人，但也在所难免，诸如卡尔纳普、石里克（Moritz Schilick）等人。所以，我认为这与反犹太主义的联系是有充分证据的。

　　关于我对维特根斯坦反科学的描述。这并不代表维特根斯坦认为自然科学或数学本身不好，他尊重它们。但我认为他在哲学方法上是反科学的，这部分源于他对数学的特定结果的态度。自然科学本身并没有任何特殊的哲学意义，它们并不阐明哲学问题。一个著名的例子是他对哥德尔不完全性定理的态度。他的观点是，它们仅仅应该被看作某种数学定理。如果我们认为它们是具有特定哲学意义的实际内容，例如，认为其与数学哲学等有关，那么我们就会犯某种哲学错误。从这个意义上说，他是反科学的。我认为，我在哲学中一直追求的那种严格性，在他看来会是一个错误。哲学融入科学，这是他非常不愿意接受的。正如他的著名比喻，哲学是为苍蝇指示逃离瓶子的路径，而这并非自然科学或数学所做的事情。所以，为了帮助苍蝇而给它做一场有关科学的讲演是错误的，它需要一些更实用的东西。所以在这个意义上，我认为他在哲学方法上是反科学的。

最后一个问题是，我如何为分析哲学进路论争，当我遇到当下盛行的反分析的哲学家们时，我会说些什么，对他们会有何回应？如果我们需要为哲学的分析提供论证，我们该怎么做？我想，引起当前在英国盛行的反分析哲学家不快的一种方式是引用德国经济部长迈克尔·格罗斯（Michael Glos）的例子。在脱欧运动中，他说，"这实际上与经济有关，我们已经受够了专家"。所以，我想对大众说的一点是，实际上这些反分析哲学家的态度和迈克尔·格罗斯的态度是一样的，他们认为在哲学中我们已经有足够多的专家了，而这些本该由非专家来做。考虑到迈克尔·格罗斯在哲学家中是多么不受欢迎，至少在我看来，这在修辞上是有效的。人们可以相对容易地提出哲学问题，但提问容易并不意味着也容易回答。但我不认为有任何方法保证可以改变一个对哲学持民粹主义态度的人的想法。我在物理学中也见过类似情况，只不过这些人并不受到尊重。我经常从新的物理学理论中有所收获。人们通过电子邮件告知我，他们所做的是定性物理。换句话说，其中没有数学。我认为他们所做的与正统物理学的关系，就像民粹主义哲学家所做的与正统哲学的关系一样。但不幸的是，有时要说服人们相信这一点是不可能的。所以我的意思是，如果你和他们进行辩论，你实际上开始谈论一个特定的哲学问题。你可以经常看到他们所说的都是基于极其简化的假设等。但我承认，我不知道有什么神奇的方法能让民粹主义哲学家相信他们是错的。就像我认为没有什么神奇的方法可以让民粹主义政客相信他们是错的，或者让他们的支持者相信他们是错的。

现在我来回答李忠伟的问题。第一个问题是关于实验哲学在未来哲学中的作用以及它是否会成为分析哲学的主要替代者。我并不这么认为，因为它的实验方法并不适合回答哲学问题。它们适合回答非哲学家或者一般人们倾向于所想的问题，不同文化或不同类型的人如何看待不同的哲学问题。这类信息并不能告诉我们哪些哲学问题的答案是正确的。所以我认为，从这个角度来看，因为它并没有提供哲学问题的答案，所以并不能成为一个主要的哲学趋势。我也认为这是对思想实验等方法的批判。在我看来，它成功的前景看起来非常渺茫。但我不认为人们会停止做所谓实验哲学。我认为它将逐渐成为哲学家与心理学家共同合作的认知科学的一部分。认知科学确实在解释我们如何得出哲学的相关判断等方面发挥了一定作用，但它不太可能像消极方案中所设想的那样起到破坏性的作用。我认为更有可能，它给我们警告，告诉我们哪种判断可能不那么可靠等。但我认为当它们不是作为实验哲学来做的时候，它们才是最可信的。但从长远来看，我认为随着认知科学的发展，我们会对认知偏差和谬论等有更多的了解。人类容易犯错误，这让我们忽视了我们在哲学中习以为常的判断。在某些情况下，它们将帮助我们对那些不被视为数据的东西采取更具批判性的态度。如果把它作为人类认知心理学研究的一部分，而不是作为当前哲学对立面，那就更令人信服了。所以，我认为从长远来看，它会被吸收到哲学家和心理学家之间建设性的互动中。当然，这或许可以被称为认知科学。

第二个问题是关于虚拟现实机器，例如缸中之脑与柏拉图的洞穴之喻。当然，对学生来说，接受这些东西可能很有趣。但我不确定是否真的有什么事情是他们不能通过自己的想象力来完成的，如果他们有同样良好的，或者仅仅是普通的想象力。特别是，想象自己是缸中之脑时的一切，它们看起来就像现在一样，那么我真正需要想象的就不是事情看起来会是什么样子。我必须想象，事实上，我就是一个缸中之脑。所以，虚拟机不能做到这一点。我的意思是，当然你可以给他们看一个装在缸里的大脑，它会以一种非常出乎意料的方式给出一个非常出乎意料的结论。在我女儿三岁的时候，我和她一起看了一个关于意识的电视节目。在电视上展示了一个装在缸里的大脑。我告诉她说她也有一个大脑。她以为我是在开玩笑，因为缸中之脑对她来说，就像一条在液体里游动的鱼。所以，她以为我是在告诉她，她的脑袋里有条鱼在游。

我认为柏拉图的洞穴论稍有不同，但计算机模拟洞穴之喻所能带来的额外哲学价值是非常非常小的。我认为在哲学中更有潜力的是计算机模拟。举例来说，计算机模拟与模型构建方法论相关，其中布赖恩·斯科姆斯（Brian Skyrms）对规范性演变感兴趣，而我们感兴趣的是，当我们从不同的初始条件开始时，某种演变的迭代过程以及是否会产生某种规范性的平衡。我认为计算机模拟与这类实验是相关的，其中相当多的推测性建模就是事实性建模。

第三个问题是关于我们能否更科学化地研究内外部力量在哲学中的作用，是否存在哲学史的规律或逻辑。我对历史规律持怀疑态度。例如，何种经济规律可以预测新冠肺炎所造成的经济影响？我们大概会期待全称概括或定律之类的东西。我相信关于它们的相互作用，我们还能说得更多，但我不认为它们会以全称概括的形式出现。至于用计算的方法来激发想象力，我不确定这如何运作。我不确定我们使用这种混合方法的结果是否会有意义。我所建议的是一些我们所研究的相对简单的方式。在之前的讲演中，我们提到用不同的方法研究不同的问题，观察不同的方法是否会得出相同或相似的结论。当他们这样做的时候，我们的结论会更加有力。如果有更全面、更及时地整合的方法，那将会很有趣。通过简单地使用这两种方法来比较结果，我们已经获得了某种额外的稳健性。

最后，第四个问题是关于哲学创新将从何而来的问题。有人提到，在历史上有很长一段时间，哲学都来自大学以外的地方。我认为这在某种程度上反映了当时西方大学的角色，大学通常由教会控制，它们的工作是培养牧师、教会成员，也许还有律师等。所以我认为考虑到大学的状况，很多哲学的发展都来自其他地方也就不足为奇了。只要我们有可以与其他院系互相影响的哲学系，那么就会有足够的创新空间。当然，哲学院系以外的其他院系的人会就元哲学、AI 等有自己的想法。但我认为这可以通过哲学系与其他院系的互动来解决。所以，我们必须保持这些沟通渠道的畅通。但这只是我的经验。其他学科的人可能有一些有趣的事情要说，但他们不知道如何发展这些事情。他们通常没有意识到他们所说的问题。他们在两三个不同的想法之间摇摆，但却把其当作一个单一的方法来处理。我现在真的不认为成熟的哲学思想可能来自哲学学科之外。我希望学术上的给予不只在哲学上，而是开放的、受外界思想的启发和激发等。我认为我们有能力以一种有效的方式来发展这些技能。

再次感谢大家的提问。我们今天的大部分问题都与之前的讲演相关。现在我要把时间交给陈波，他在这个系列讲演以及我之前与中国哲学界的接触中都发挥了非常重要的作用。非常感谢他！

闭幕词

时间：2020 年 10 月 29 日

陈波：在近两个月的时间里，蒂莫西·威廉姆森教授为我们做了十次关于哲学方法的讲演：第一讲，哲学与常识；第二讲，哲学与分歧；第三讲，哲学与澄清；第四讲，哲学与思想实验；第五讲，哲学与理论比较；第六讲，哲学与逻辑；第七讲，哲学与哲学史；第八讲，哲学与其相邻学科；第九讲，哲学与模型建构；第十讲，哲学及其未来。

他的讲演像往常一样，内容广泛而丰富，发人深省。10 位与谈人、10 位提问人，以犀利的评论和问题为这些讲演的成功做出了自己的贡献。他们大多是有潜力和有前途的中国青年哲学家。这些讲演吸引了大量的听众，每次都有 1 000 多人到 4 000 多人。这让人印象深刻，因为所有的讲演都是英文的，没有中文翻译。非常感谢你们：蒂莫西·威廉姆森教授，10 位与谈人，10 位提问人，以及所有的听众。同时感谢北京大学国际合作部提供的资金支持，以及"学术志"网站提供的技术支持。我坚信，在这个特殊的历史形势下，我们共同完成了一件意义重大的哲学事件。

正如我之前所说的，所有的讲演、评论、提问和回答都将被收集整理并翻译成中文，由中国人民大学出版社出版。威廉姆森教授和我将分别为这本书撰写序言。

受威廉姆森教授讲演的启发，我想强调如下两种区分：

第一种区分是高校的双重使命：传承知识和文明，生产知识和思想。一方面，学院或大学是一种教育机构。我们的目的是用前人的知识、智慧来教育和培养青年。我们想把文化和文明的火炬从老一代人传到下一代人。另一方面，学院或大学是一种研究机构。我们必须通过自己的独立探索去生产新的知识和新的思想，因为我们面临着前人从未遇到过的完全不同的情况和境遇，我们也得为充实文明成果库做出我们这一代人的努力。

从上一种区分，我们得到另一种关于哲学的区分：学哲学和做哲学。当然，我们要学哲学，这里涉及一组关键词：经典文本、阅读、分析、解释、理解、重构、哲学史，等等。做哲学则会涉及另一组关键词：面对当前社会及其情境、提出新问题或对旧问题的新探索、独立的创造性思考、论证、对话、辩论、分歧、挑战、想象、新观点或新理论，等等。显然，要做哲学，我们必须学哲学，但学哲学并不自动意味着能够做哲学。这两者需要不同的能力和才能。

我提到这两种区分只是为了唤起你们自己的思考，你们需要决定自己的偏好。我们每个人都尽自己最大的努力为中国哲学，更广泛地说，为哲学做出自己的贡献。让我们期待中国哲学的新春天再次到来！

谢谢大家！

附录一　如何做哲学

——威廉姆森关于哲学方法的十次讲演

王洪光

受"北京大学海外名家讲学计划"资助，在北京大学哲学系陈波教授的邀请和主持下，英国牛津大学哲学系威克汉姆逻辑学讲席教授蒂莫西·威廉姆森（Timothy Williamson）于 2020 年 9 月 14 日至 10 月 29 日以"哲学的方法"为主题做十次学术讲演。在第一讲开头，陈波对威廉姆森做了简要介绍：他是英国皇家学会会员、英国科学院院士、欧洲科学院院士、国际哲学学院院士、美国文理科学院院士、丹麦文理科学院院士、爱尔兰皇家科学院院士、爱丁堡皇家学会院士，曾分别担任英国亚里士多德学会和心灵学会会长，是当今最具原创性和影响力的哲学家之一。他的主要研究领域为逻辑、认识论、形而上学和语言哲学，在元哲学与哲学方法论领域先后出版专著《哲学的哲学》（*The Philosophy of Philosophy*，Blackwell，2007）和《做哲学》［*Doing Philosophy*，Oxford，2018；

平装本《哲学方法》(*Philosophical Method*，Oxford，2020) 被纳入"牛津通识读本"丛书]，引起学界广泛而持续的关注与讨论。他的哲学研究的突出特点是：总是能说出一些新的、不同的、原创的、有启发性的东西。他吸引了许多哲学同行的兴趣，并刺激他们去探索、研究、思考，同意或不同意他的观点，跟随他或与他辩论或彼此辩论。这样，他成为当代分析哲学的顶级哲学家之一。他创造了问题和话题，引领了分析哲学的风向和趋势，强烈地影响了当今的分析哲学家群体。

由于受到新冠肺炎疫情的影响，本系列讲演以在线形式进行。不过，网络传播的便利也使之与以往在本地进行的学术活动相比具有两个突出优势：第一，受众更加广泛。借助技术手段，讲演同时在网络平台直播，面向所有公众开放。据统计，每场实时在线参与者均超过千人，最多时达四千余人，并且还有许多人后续通过回放观看。听众不仅有哲学专业人士，还有对哲学方法论感兴趣的普通人士，由于讲演全程以英文进行，因此也不乏境外听众，讲演录像亦在威廉姆森的推特账号上播放。第二，搭建学术交流平台。每次讲演都分别邀请一名与谈人和一名提问人与威廉姆森对话甚至给出尖锐的评论及提问，因此共计汇聚二十余位来自北京、上海、成都、南京、武汉、厦门、太原、杭州等地的中青年哲学家，在长达两个月的时间里围绕讲演内容密切交流与互动，同时也给听众带来更加丰富的体验。鉴于系列讲演对国内元哲学与哲学方法论研究的启发作用，本文在此对十次讲演的基本情况和主题内容依次做概要介绍。

第一讲：哲学与常识（Philosophy and Common Sense，2020年9月14日，与谈人：北京大学哲学系助理研究员 Sebastian Sunday Grève（王小塞），提问人：中国政法大学费多益教授）

威廉姆森认为，哲学的起点是常识。常识由特定社会群体或人类特定历史时期普遍接受的知识、信念和思考方式组成。常识性信念有真有假，常识性知识都是真的。但是，拥有许多常识性知识和信念并不足以成为哲学家。威廉姆森认为，哲学还需要好奇心才能启动，好奇心是一种天然的求知欲，其驱使的问题往往很深奥或很笼统，足以成为科学问题或哲学问题的原型。哲学虽始于常识，但它与科学一样，并不止步于常识。事实上，常识与哲学之间存在良好的互动，常识阻止某些哲学理论走向疯狂，而哲学也会纠正常识的错误。既然常识会出错，那么它如何能成为证据的来源呢？威廉姆森首先考虑了将表象作为证据的流行看法，但立即批评这种看法的动机不成立，因为我们的表象也是可错的，甚至包括常识在内的任何潜在的证据来源都能产生错误，因此，哲学应当放弃寻找不可错的证据来源。我们应该接受证据有时出错是不可避免的，由此应该集中精力、提高警惕，以便在错误出现时及时认出和纠正它们。

北京大学 Sebastian Sunday Grève 助理研究员围绕下述四个主题评论和提问："什么是哲学"；什么是常识；比较原始科学和原始哲学的结果；如何平衡好奇心和常识。威廉姆森给出了概括性的回应："爱智慧"的词源学回答对于理解哲学本身没有帮助，"哲学"可能是与"知识"一样的初始概念，不能用更基本的术语定义，而作为学科的哲学与其他学科实际上构成了一个连续体，追求清晰明确的哲学定义没有什么用处。常识之于哲学的重要性，其一是哲学工作不需要专门的知识，可以在普通人拥有的认知资源基础上进行；其二是在好奇心之外还需要某些常识才能在哲学上有所建树。不应假定常识与好奇心之间的冲突。

中国政法大学费多益教授提问：第一，常识的错误如何通过哲学纠正？第二，科学和哲学对常识的突破有何不同？威廉姆森认为，常识之所以会被推翻，因为哲学或科学本身有很强的证据基础，而这些证据基础最终又在某种程度上回到常识。这不是常识与自身的冲突，而是两种不同的获取常识的方法相互作用的结果。而在常识被科学推翻与被哲学推翻之间，并没有根本的、深层次的差异。

第二讲：哲学与分歧（Philosophy and Disagreement，2020 年9 月17 日，与谈人：北京大学展翼文博士，提问人：南京大学胡星铭副教授）

根据第一讲的内容，既然常识就其本性而言被特定共同体普遍接受，在哲学中也往往得到一致同意，那么哲学中的分歧有什么作用呢？威廉姆森认为，与他人之间的分歧有助于我们认识到常识的局限性，激发我们为自己的信念寻找理由，从而打动尚未认同这些信念的人。争论在哲学史上发挥了重要的作用，其与对话有关；而对话是传统上哲学写作的主要形式之一，这类哲学家以苏格拉底为代表（与之相对的，是以神秘格言作为哲学写作的主要形式，这类哲学家以赫拉克利特为代表）。争论通常是一项竞争性活动，以输赢来评价。但是，人们又很自然地认为，哲学作为一项社会性活动应该是合作性的，而非竞争性的。威廉姆森批评这种基于竞争/合作的反驳过于肤浅，哲学争论的确大多是竞争性活动，但通过争论所完成的哲学却是一项合作性事业，真正的问题在于竞争性的哲学争论如何寻求真理和知识。当争论双方仅仅旨在"争胜"，竞争与对抗会为哲学带来消极的影响，但如果它们能激励准确地找出错误与谬误，就会对"求真"起到积极的作用。威廉姆森列举了中世纪和现代的逻辑游戏，这些游戏既有赢家和输家，也有为了区分真理和错误而设计的规则，说明哲学的竞争性与哲学作为合作性探究的基本性质是完全兼容的。

北京大学展翼文博士认为，真正的对抗性争论不会是理论内分歧，争论双方都不会拥有支持自己的判决性证据，他对这样的分歧能有理性的争论并得到解决提出怀疑。威廉姆森认为，与其说"对抗性争论"和"非对抗性争论"是两种东西，不如说是一个连续体。在很多情况下，争论没有得到解决，不是因为双方都没有判决性证据，而是一方确实掌握了判决性证据，另一方拒绝承认。根据威廉姆森的证据观，相当多常识、日常知识都是反对怀疑论的判决性证据，意味着各种哲学怀疑论是错误的，但在实践中，反怀疑论者与怀疑论者的争论并不能由此得到解决。通过哲学争论得出的知识依赖于约定框架内的细节，直接得出的知识只是相对局部的知识。

南京大学胡星铭副教授提问：对某个哲学争论已有立场的人是否有资格成为裁判？如何在一个运作良好的哲学共同体中将争论作为真理的向导？威廉姆森的回应是，哲学家确实很难公平地评价争论，这不仅是心理偏见问题，它还与什么是恰当的证据和很好的解释有关。哲学真理与非哲学真理之间很难划清界限，不过，哲学家确实知道很多哲学真理。虽然是否赢得争论并不能决定是否知道一些东西，但长远来看，争论是扩展和检验知识的一种方式。

第三讲：哲学与澄清（Philosophy and Clarification，2020 年 9 月 21 日，与谈人：四川大学徐召清副教授，提问人：北京师范大学代海强助理研究员）

17、18 世纪的科学革命使形而上学遭遇最为严重的危机。形而上学与自然科学的目标都是对世界做出非常概括的描述，但形而上学的扶手椅方法不能与自然科学的观察、实验与测量方法相竞争，这促使一些哲学家对哲学的传统目标与方法进行反思和修正。20 世纪初，哲学内部发生"语言转向"，许多哲学家开始将哲学的目标视为对语言或思想的澄清，而非对现实的认识，哲学家的工作涉及概念分析、追踪概念联系以及概念工程。"概念澄清"可以为哲学家摆脱无休止的争论提供一条出路，然而，其所依赖的"分析-综合"的区分遭到蒯因的猛烈批评。威廉姆森考虑了蒯因的批评并得出，同义性对于解释分析性而言是不必要的，因此蒯因通过拒绝同义性来拒绝分析性的论证是不成功的。但是威廉姆森认同蒯因的结论，上述"分析-综合"区分以及"概念"相关术语并没有合理的理论支持，因此，应当放弃作为澄清的哲学。最后，威廉姆森回到哲学的目标。"澄清概念"的目标与"获取知识"的目标形成对比，通常都说澄清概念是为了提供理解而非知识，但威廉姆森认为，理解和知识在日常语言用法上的差异并不足以解释它们之间究竟有何不同，同时，澄清也不是哲学所特有的。当澄清不是回应理论建构中的具体困难时，就会变得毫无生气，而最具启发性的澄清本身就涉及进一步的理论建构。归根结底，真正的澄清需要对现实的新认识。威廉姆森的结论是，哲学在原则上与其他科学一样都是理论建构的学科，其终极目标在于寻求知识。

四川大学徐召清副教授首先对本次讲演内容做了简短的总结，然后提出以下四个问题：对所谓哲学危机的最后看法；如何刻画哲学与其他学科的差异；分析-综合的其他区分方式；实在的知识是否需要理论构造。威廉姆森的回应是，他不认为哲学有危机，但由于哲学家对其所做的事缺乏自我理解，错误地将哲学看作澄清，导致哲学在理论和实践中存在真正的方法论问题。"哲学研究价值，而其他学科研究事实"是一种极不准确的说法，哲学与其他学科之间并不存在清晰明确的分界。哲学显然关注高度普遍和抽象的理论问题，但这不是对哲学的定义。有信息性和无信息性的差异无助于对分析-综合的区分，不存在有信息的语句和无信息的语句的自然区分，它们的区分仅仅取决于说话者环境和认知状态。许多常识性知识并不依赖于理论构造，但要从抽象、普遍的哲学问题中获得知识，只能选择某种理论构造。

北京师范大学代海强助理研究员围绕理解与知识的区分以及元哲学的出发点等提出了看法和疑问。威廉姆森的回应是，理解与知识之间以各种方式关联，在最基本的层面上，理解一个问题就是知道这个问题意味什么，这是一种命题知识；理解一个问题为何值得追问，就是在获取这个问题为何值得追问的知识；通过理解一个问题与其他问题的关联，就是在获取问题之间关联的知识。对于一个无意义的问题而言，即使无法理解这个问题本身，也可以理解与这个问题有关的东西，比如把它理解为无意义的问题，实际上就是知道它是无意义的问题。所以，理解与知识之间存在非常紧密的关系。不存在完全中立的哲学法官，为了理解不同哲学观点的分歧，我们必须接受哲学训练，训练本身包含了某种观点的偏见。因此，更合适的做法是，让持各种哲学观点的人尽可能地发展自己的观点，以自认为合适的方式去做哲学。哲学的这种情况与自然科学非常相似。

第四讲：哲学与思想实验（Philosophy and Thought Experiments，2020 年 9 月 24 日，与谈人：北京大学李麒麟助理教授，提问人：北京大学王洪光博士）

如果哲学和其他科学一样，那么实验发挥了什么作用呢？根据第一讲，所有科学知识都构成了哲学的证据基础不可分割的一部分，科学理论受到实验证据的支持，哲学理论由此获得实验证据的间接支持。不过，哲学家自己也做实验，与自然科学家相比，哲学家更多的是做思想实验，而非真实实验。哲学家自古以来就做思想实验，其在古代印度哲学和中国哲学中也很重要。在当代分析哲学中，思想实验更是一种对概括性陈述提出反例的标准方法。但是，威廉姆森认为哲学思想实验远不如许多捍卫者和批评者所说的那样具有独特之处。首先，从思想实验的认识论考虑。思想实验包括考虑假设性例子以及通过想象得出初始假设的后承。这种对想象的认知运用并不是哲学所特有的：通过可能的情境思考是人类最基本的思考方法，是日常决策中经常使用的方法。其次，从实验哲学考虑。实验哲学中曾经占主流的"消极方案"倾向于用一种神秘的直觉能力来描述思想实验，由此得出对所谓"扶手椅哲学"的拒斥。越来越多证据表明，心理学意义上不经有意识反思而做出的直觉判断存在于所有人类认知中，也就是说，依靠直觉判断并不是一种独特的方法。同时，"消极方案"有可能滑向对未经反思的判断的一般批评，而反思性判断的个别步骤依赖于未经反思的判断，因此，"消极方案"有可能间接成为对所有判断的批评，从而变成怀疑主义。普遍的怀疑论对科学构成威胁，这使得出身于自然主义的实验哲学是自我挫败的。威廉姆森认为，失败了的"消极方案"却可能包含了真正的见解，即哲学上对思想实验的使用涉及一种素朴的证伪主义，具有错误脆弱性（error-fragility）。不过对思想实验而言，最严重的错误是人类普遍认知能力或多或少存在缺陷而引起的，该缺陷可能导致对思想实验的错误判断达成共识。

北京大学李麒麟助理教授首先介绍了中国哲学中思想实验的典型案例，然后通过物理学中的迈克耳孙-莫雷实验示例说明威廉姆森关于思想实验的理论作为一种统合性理论所具有的优势，最后提了两组问题：对讲演中实验哲学相关论述的澄清；思想实验在哲学和科学的理论建构中扮演的理论角色。威廉姆森首先肯定了对迈克耳孙-莫雷实验的讨论，他认为想象力在大量真实的科学实验中评估条件句时也发挥了作用，这是非常值得研究的领域。普通人都支持某个理论，也不意味这个理论是成立的。无论是在道德哲学领域，还是在认识论、行动哲学、因果等领域，都有这样的问题，虽然实验哲学家通常是自然主义者，但自然主义者更容易把普遍接受的信念看作真的，因此他们很难取消真理与共识之间的差异。思想实验数据库对认识论语境主义的支持只是对反例的另一种运用。

北京大学王洪光博士提问，为何不在"发现语境"中评价想象及思想实验的作用，以及如何区分思想实验和纯粹的想象型推理？威廉姆森的回应是，把发现语境看作心理学的，而把证成语境看作逻辑的，是把问题简单化了。因为证成语境也有心理学维度，所有的推理过程都会在心理学范围内得到示例。我们经常在一个思想过程中获得一个想法，这本身也是理性的。因此，心理与理性之间的关系非常复杂，在某种程度上是因为人类的理性不得不以心理学方式得到实现。威廉姆森并没有在思想实验和假设性思维之间做出重要区分，他认为两者只是复杂程度的区分，与思想实验相关的只是对条件句后件的判断。

第五讲：哲学与理论比较（Philosophy and Theory Comparison，2020 年 9 月 28 日，与谈人：北京大学 Arthur Schipper（亚瑟·席珀）助理教授，提问人：华东师范大学徐竹副教授）

第四讲谈到对思想实验的错误判断可能来自无意识的、人类天生固有的启发法，这是一种做出判断的快捷方法，它在正常条件下是可靠的，但是并非百分之百可靠。一个领域内公认的理论可以帮助我们识别该领域启发法中的错误，因此哲学中公认的理论可以帮助我们识别哲学中启发法的错误。那么，如何检验与评估一个哲学理论呢？在第一讲中，威廉姆森谈到哲学家需要用理论来回答好奇心驱使的基本问题。因此，要检验与评估一个理论，最自然的方法是将其与同一问题的其他回答进行比较。理论比较主要在于以下几方面：信息强度，其与证据的一致性，解释证据的能力，审美标准——简单性和优雅性。威廉姆森将溯因方法看作具有上述优点的最佳组合。尽管溯因是一种非演绎推论，但它是自然科学中通常推导理论的方式。溯因还被用于在逻辑和数学中选择合适的公理或第一原理，对逻辑和数学而言，最相关的证据不是经验性的。因此，威廉姆森认为，在哲学中使用溯因与在科学中使用溯因一样合法，并且哲学也不必被迫成为一门实验科学，不必使用实验、观察、测量等经验方法为溯因推理提供证据基础。任何先前的知识都可以成为证据来源，包括自然科学和社会科学所收集的证据，也包括非经验探究（比如思想实验）所获得的任何知识。

北京大学 Arthur Schipper 助理教授围绕四个论题给出了一系列评论和提问：威廉姆森的"理论"概念以及如何看待非解释性理论；如何看待所谓"反理论"；威廉姆森的"溯因范式"；审美标准的最终依据以及归纳法。威廉姆森对以上做了选择性回答。他首先以真理减缩论和唯名论为例，说明这些所谓"非解释性理论"实际上都有在做解释性的工作，它们明显具有溯因的优点：解释性和简单性。哲学和自然科学中有很多实际遵循溯因方法行事，但没有声称自己在使用溯因的情况。最后关于归纳和溯因的关系，威廉姆森认为，我们不是基于归纳的理由而接受溯因，但归纳证据会对溯因有利。溯因很可能是我们固有的东西，但这一点不会被用作溯因的证成。

华东师范大学徐竹副教授提了两个问题：第一，一个解释了证据的理论是否更有可能为证据所证成。似乎证据对理论的证成应该以真理为目标，理论对证据的解释力则通过理解评估。第二，溯因的审美标准是否可以理解为与探究的真理目标有关。威廉姆森的回应是，第一个问题关于真理与理解之间的对比，但他不认同有些探究的目标在于理解而非真理。真理和理解之间不存在对立，没有不关心真理的理解。关于第二个问题，威廉姆森不认为他的溯因与彼得·利普顿的最佳解释推理有实质的分歧，他在讲演中没有像利普顿那样阐述可爱性与可能性之间的关系，并不是认为审美标准与真理目标无关，只是因为讲演的时间所限。他最后提示了范弗拉森等人的概率方法论与溯因方法论的某种可能的结合。

第六讲：哲学与逻辑（Philosophy and Logic，2020 年 10 月 12 日，与谈人：华东师范大学张留华教授，提问人：华中科技大学徐敏教授）

关于哲学论证的描述往往建议一种演绎的方法论，然而这种描述毫无用处，因为它既没有告诉我们演绎的前提是如何得到的，也没有告诉我们推论的演绎规则是如何获得的。本讲中，威廉姆森解释了演绎逻辑如何适用于一个整体上的溯因方法论。为了解决无穷后退问题，威廉姆森提出一个演绎的哲学论证的前提受到其溯因论证的支持。溯因是一种非演绎的论证形式，但这并不意味着哲学不需要演绎，因为一个哲学理论的后承往往通过演绎的手段得出，这些后承对于其理论而言，必须通过溯因评估。威廉姆森考虑了对溯因的几个挑战。第一个挑战怀疑溯因面临与演绎同样的无穷后退问题，即溯因论证的前提如何获得非溯因的支持？威廉姆森的答复是，实际上，对于相同结论而言，溯因论证的前提比演绎论证的弱得多，因此很容易找到其目标听众接受的前提。另一个挑战是，如果论证的对手拒绝溯因方法怎么办？威廉姆森分析了几种"拒绝"的情况。一些拒绝溯因的哲学家通过以其他方式（如贝叶斯概率）合理化特定的溯因论证，最终接受这些论证。而那些系统地拒绝溯因论证却又不提供任何非演绎论证的替代选项的人，可能几乎是拒绝理性论证了，不值得与之争论。还有人原则上声称接受理性的非演绎论证，但实际上通常拒绝所遭遇的特定理性论证，那么仍然不值得与其争论。最后一些人可能把自己置于无可救药的境地，他们拒绝接受回答哲学问题所需要的那种认知。对溯因的拒斥使一些人不但远离哲学，还远离了自然科学。最后，威廉姆森考虑了演绎在哲学中受到的另一个挑战。许多逻辑原则在哲学上是有争议的，逻辑在哲学上并不中立，这与人们认为逻辑作为实质分歧的中立裁判者的假设相反。事实上，几乎每个重要的逻辑原则都受到哲学家基于形而上学、认识论或科学理由的挑战。威廉姆森的结论是，逻辑是哲学的一部分，它构成了形而上学理论的核心，而一整套理论方案的逻辑部分最好通过溯因来评估。

华东师范大学张留华教授比较了威廉姆森和皮尔斯关于常识与溯因这两个主题的相似和差异，围绕逻辑和溯因的关系、溯因和演绎的对比等提出了自己的看法和疑问。威廉姆森的回应是，形式系统的逻辑与自然语言的逻辑之间并没有很大不同，或许形式语言比自然语言的表达更适合系统的理论化工作，但自然语言足以胜任了，他不反对用形式语言给逻辑理论一个典范的表达，比如刻画某种"溯因逻辑",但目前还没有足够有趣的相关形式结构。演绎中的前提被当作假设,而溯因中的前提被当作已经认可的信念或证据,以上对比不是演绎和溯因的根本区别。演绎和溯因中都可以做出哈曼式的推论和论证的区分。"反思均衡"与内在融贯性有关,与必须为真的证据无关,因此不可以用"反思均衡"来描述溯因。

华中科技大学徐敏教授就演绎证成的无穷倒退、"溯因＋演绎"的混合模型、最佳解释推理与溯因的关系等论题提问。威廉姆森认为,演绎的无穷后退原则上不一定是恶性的。哲学争论中用演绎的方式争辩没有取得进展,是因为争论没有共同的前提,因此更有成效的是用更接近于为有争议的哲学立场实际提供支持的方式来论证,这种支持通常不被认为是演绎,而更像是溯因。威廉姆森并不提倡"溯因＋演绎"的观点,他首选完全的溯因概念,而归纳可以纳入溯因。有些皮尔斯学者想要强调最佳解释推理与溯因不同,但对于两者之间的关键区别,目前为止并没有真正有说服力的说明。

第七讲:哲学与哲学史（Philosophy and the History of Philosophy,2020 年 10 月 15 日,与谈人:北京大学南星助理教授,提问人:上海大学刘小涛教授）

尽管在第一讲中提到,许多哲学问题受好奇心的驱动,但是大多数问题都不是关于历史的。但在黑格尔的启发下,有一种观点认为,哲学就是哲学史。在威廉姆森看来,这种观点与过去许多伟大哲学家的工作不符,与今天的许多哲学活动也不相称。哲学家提出的问题与自然科学家提出的问题一样,通常是非历史性的。然而,哲学家确实通常比自然科学家更多地与其前辈互动,不仅与其直接前辈互动，而且还与许多世纪以前的前辈互动。在所有哲学传统中，哲学史拓宽了我们对可能的哲学观点的认识，它还为我们提供对这些观点的追踪记录：遇到了什么问题以及如何处理这些问题。哲学史有助于我们评估哲学观点和问题的前景。当然，我们也可以将伟大的哲学作品当作人类成就的丰碑去欣赏。威廉姆森将哲学与哲学史之间的关系特别放进以下两个问题：（a）哲学对哲学史有何贡献？（b）哲学史对哲学有何贡献？而它们通过如下两个问题得到澄清：（a*）要成为一个好的哲学史家，必须成为一个多好的哲学家？（b*）要成为一个好的哲学家，必须成为一个多好的哲学史家？最后的结论是，研究哲学史本身是有价值的，但它不是最优先考虑的，因为不同的哲学分支已经发展出各自的独特技能和智力资源。当我们觉得哲学的某个部分已经进入了死胡同时，可能会转向哲学史，我们需要回到过去，然后才能前进。然而，在推动哲学发展的过程中，我们主要是与直接前辈和同时代人的工作互动，而且这也是应该做的。

北京大学南星助理教授解释了哲学史在中国、欧洲乃至当今的学术体系中的重要性，辩护了哲学史对哲学本身的文化功能有至关重要的作用，并且批判性的哲学史研究可以对原创的哲学研究做出实质贡献。威廉姆森认为，人文学科涵盖了很多方面，以语言学为例，它主要并不涉及语言学史，而是涉及对当代语法学、语义学、语音学等理论的研究，在这一点上将哲学与语言学比较，也可以得出哲学并非完全不同于其他人文学科。而将哲学与文学比较，最大的差别在于哲学求真。哲学的文化功能在不同的文化中不同，比如应用伦理学对各种现实决策的伦理问题的评估，涉及哲学的文化功能，但它与哲学史无关。通过对很久之前的哲学家的批判性研究来研究哲学，并不是思考哲学问题最有效的方式。人们都倾向于从自身立场上最能理解的方式探讨问题，但回到哲学史并不是普遍认为正确的做法。

上海大学刘小涛教授提问，主张哲学史对哲学有特别重要意义的弱历史主义立场是否有可疑之处，以及如何回应针对分析哲学家忘记观念和原则的历史源头与历史语境的指责。威廉姆森的回应是，弱历史主义未必在比如数学中受到真正的冲击，要成为一个有专业能力的数学家，也必须了解数学史以及目前为止有哪些被证明的东西。在这点上，哲学与数学没有什么不同，哲学逻辑可能是哲学中最接近数学的部分，一个在这方面做了很多重要工作但对哲学史一无所知的人，会让人觉得他的视野中缺失了一些东西。分析哲学的非历史特征主要是一个程度问题，因为不了解它的历史就无法很好地研究它。当我们思考哲学的源头时，并不是指分析哲学从何处来，是指任何一种哲学从何处来。我认为哲学来自好奇，它显然是一种非历史特征。如果淡化元哲学与方法论主张中所要求的哲学史内容，那么弱历史主义就是真的，因为任何形式的研究从根本上都涉及关于研究进展的知识。对过去的纯粹无知既不可能，也不可取。

第八讲：哲学与其相邻学科（Philosophy and Its Neighbours，2020 年 10 月 19 日，与谈人：首都师范大学叶峰教授，提问人：山西大学梅剑华教授）

本次系列讲演中，威廉姆森提出一种观点：哲学没有清晰的边界，在目标和方法上与其他科学类似。在"哲学是否有进步"的问题上，威廉姆森也与前面保持一致。他认为，哲学以与科学相似的方式取得进步。强调这个结论的一种方法是理解哲学如何与其他领域接壤、重叠和互动。在自然科学中，理论科学家在某些方面更像哲学家，而非实验科学家。物理学哲学与理论物理学汇合，生物学哲学与理论生物学汇合，心灵哲学与理论心理学和认知科学汇合，语言哲学与理论语言学汇合；物理学与形而上学都研究空间和时间的本质，决策理论是哲学和理论经济学的混合体，历史是政治哲学理论的天然试验场。哲学可以从哪些领域取得证据，原则上并没有限制。哲学对其他领域也做出很多贡献。例如，哲学家将伦理学反思带入社会科学的争论中；语义学和语用学作为语言学的分支，其理论框架大多来自语言哲学家的工作。但是，只有当哲学家保留其独特的哲学技能，而不是简单地模仿其他学科工作时，他们的贡献才是最大的。

首都师范大学叶峰教授认同哲学和科学在最重要方面的相似性，进而提出将其推向极端的三个问题：是否存在严格意义上的哲学问题？心灵的某些方面是否会抗拒科学的方法？是否应该承认哲学家只是在做科学？威廉姆森的回应是，哲学是科学的一部分，但不是自然科学的一部分，数学也是一门科学，但它也不是自然科学，因此，有必要澄清科学与自然科学之间的区别。至于是否存在严格意义上的哲学问题，如果这些问题哲学能回答，那么在"哲学是科学的一部分"的意义上，这些问题科学也能回答。但哲学中有自然科学无法回答的问题，比如哲学逻辑、物理主义、各种语义理论中的问题。认知科学等自然科学可能不是最好的探索心智的某些方面的方法，认知科学通常更感兴趣"心智有何独特之处"这样的问题，但不关心像"如何才能拥有心智"这样的更普遍的问题。我们可以用科学的方式回答认识论问题，但并不是以自然科学的方式。哲学与数学一样更多地依赖思考，而不是实验。

山西大学梅剑华教授提出疑问：如何理解哲学与其他学科之间的关系？认知科学对形而上学的贡献是什么？心理学家能从心灵哲学中学到什么？威廉姆森认为，认知科学能告诉我们的主要是所谓"大众形而上学"，即最普通的世界观，是心理上的思维框架。必须区分形而上学与大众形而上学，就如必须区分物理学与大众物理学。形而上学与世界的本质有关，认知科学可以给我们更大的自我理解，它与处理形而上学问题有关，但其本身不能给我们形而上学问题的答案。长远来看，哲学对于我们需要了解的东西会有很大贡献，但哲学本身并不能解决所有问题。

北京大学陈波教授追问，如何评价发生在 19 世纪以至延续到当代的逻辑学和哲学中的心理主义与反心理主义之争。威廉姆森表示他很同情弗雷格和胡塞尔的反心理主义，将逻辑和数学问题与心理学问题混淆是非常糟糕的错误。即使哲学与心理学之间存在非常紧密的联系和互动，心理主义仍然是一种谬误。

第九讲：哲学与模型建构（Philosophy and Models，2020 年10 月 22 日，与谈人：北京大学王彦晶副教授，提问人：厦门大学郑伟平教授）

　　第八讲中，威廉姆森介绍了哲学与许多进步学科的接壤、重叠和互动情况，使得"哲学也在进步"的观点相当合理。然而，在许多科学中仍有未被充分认识的进步形式，而这也是哲学中未被充分认识的进步形式。当代自然科学的主要方法之一是建立所研究现象的数学模型。这些模型往往通过把握一些关键性特征来阐明现象，同时又忽略很多相关变量来达到极大的简化。这些模型与纷乱复杂的现象本身不同，可以对它们进行严格的数学研究。威廉姆森认为，虽然模型建构很少被认为是哲学的方法，但它非常适合哲学所关注的人类现象的复杂性。事实上，哲学的一些分支，例如，认识论、语言哲学、道德和政治哲学中比较形式的那部分，已经在某种程度上使用了模型建构的方法。在一个以模型建构为方法的科学中，进步并不在于发现新的普遍自然规律，而在于为所研究的现象建立更好的模型。之所以哲学给人的印象是"没有进步"（威廉姆森在第八讲中所反驳的观点），或者与自然科学相比进步不大，原因之一是所谓"进步"曾被误认为是发现普遍规律。而当哲学一旦被重新理解为一种关于模型建构的探究，就可以看到它已经取得了相当大的进展。最后，威廉姆森建议，在哲学中正确使用模型是一项技能，它需要关于此方法丰富的经验以及对当下案例的良好判断，不能仅仅通过机械地运用公式来实现。而且，真正的科学就是这样，哲学家不必以严谨的名义对模型建构的方法感到不安。

　　北京大学王彦晶副教授首先表明对模型建构作为哲学进步的一个进路的认同，随后对本次讲演的主要内容做了简要的说明与总结，最后就以下几个主题提了可供进一步探讨的问题：模型的评估、模型的形式性、理论与模型的关系，以及模型建构方法与实验哲学和其他做哲学方法的对比等。威廉姆森的回应是，他最近思考如何令模型建构方法更为稳健、轻微的变化不会使其预测失效，他发现与研究个别模型相比，在模型上加以约束条件、证明任何满足条件的模型都具有想要的特征的策略更令人满意。尽管有些模型不是形式化的，但形式性对模型有重要意义，那就是它赋予模型独立性。很多哲学理论都没有受到形式性的约束。一个表述足够精确、主张足够有力，可以用逻辑或数学的方式从中推导后承的理论可以看作一个模型。实验哲学是用科学方法处理心理学问题或者社会学问题，并没有真正解决哲学问题。模型建构是比实验哲学更加科学的方法，而实验哲学与科学之间只有十分间接的关系。并非所有哲学领域都可以进行模型建构，不过要经过更努力的尝试才能更自信地说出这一点。

厦门大学郑伟平教授围绕模型的评价提出各种角度的考虑和疑问，涉及模型的复杂性、审美侵入、模型评价的语境、模型建构方法与波普尔的猜想-反驳方法之间的关系，以及模型相对于诗歌等理解方式的优点等。威廉姆森认为，并非模型越复杂越好，事实上应该让模型尽可能简单。审美侵入与审美标准的作用有关，后者在认知中起着非常积极的作用。对同一个模型而言，不同的建模对象和评价时间都会对其评价产生影响。在模型建构方法中，更好的模型在某种意义上更接近真理，这与波普尔的逼真性思想类似，但是在波普尔的"猜想与反驳"方法和逼真性思想之间，存在着不协调的紧张关系。相比于诗歌，模型的优点在于可以用科学的方式自由探索，并且比诗歌等艺术作品更能检验现实。

第十讲：哲学及其未来（Philosophy and Its Future，2020 年 10 月 29 日，与谈人：山西大学江怡教授，提问人：浙江大学李忠伟教授）

哲学的发展是内力和外力共同作用的结果，内力导致的内部发展不可预测。威廉姆森通过回顾分析哲学的历史和殖民主义对全球哲学的影响，说明了外力对哲学发展的促进作用。随着不同传统之间的互动越来越多，哲学的未来可能会越来越国际化。由于科学具有高度的国际性、分析哲学的科学性和部分领域的形式特征，20 世纪 80 年代以来，全球哲学最明显的趋势之一就是分析哲学的传播。但哲学也面临来自外部和内部的危险。比如，分析的道德哲学和政治哲学以及应用伦理学在许多国家有蓬勃发展的机会，因为它们具有独特的能力和意愿，可以清晰、直接地谈论价值问题，但是该特征也使其更具争议性，容易受到宗教或政治压力的影响。反分析的流行哲学也会继续存在，给人们更容易、更便宜的满足，只告诉人们他们想听的东西；那些对方法论的严格要求不耐烦的哲学家，构成了对哲学的内部威胁。此外，在全球化的、科学的哲学（通常是用英语写作）和本土化的哲学（通常是用当地语言写作）之间很容易产生张力，后者可能会更偏向历史或文学的风格并且很可能将分析哲学视作一种威胁。对于西方哲学中最近对"他者"哲学兴趣越来越大的趋势，威廉姆森认为，这在文化日益多元的社会中并不奇怪，但有时结果是这些哲学的异域性和"他者"性远不如学者所介绍的那样。因此，我们不应该事先假定其内容与分析哲学格格不入，它们最终可能都植根于人类天生共有的认知能力。面对各种知识界的潮流，威廉姆森更偏向一种保守的态度。他认为我们不应期望哲学变化太快，所有知识传统中都存在着强大的惯性力量。他建议我们，对于哲学面临的各种内外威胁，长远来看最佳策略是不降低做哲学的高标准。最后，作为本次讲演及系列讲演的结束语，威廉姆森谈到哲学在中国的未来：从长远来看，"中国有能力成为思想的净输出国"。这就需要在年轻人中鼓励创新和创造力。长江后浪推前浪！

山西大学江怡教授强调内因是哲学发展的决定性因素，中国哲学来源于中国学者试图区分传统儒学与西方哲学的自我意识，西方哲学在中国学者积极主动的努力下引入中国，此外还介绍了分析哲学在中国的发展以及汉语哲学。威廉姆森表示，内外因的区分在实践中很难做出，文化背景对哲学的干预有时很明显，因此需要更微妙的方式来讨论内外因的特征。他完全认同西方哲学引入中国是中国哲学家积极行动的结果。分析哲学与英语并没有本质上的联系，原则上，用任何自然语言都可以做分析哲学；仅仅从技术上讲，任何语言也都需要做出某些调整以适应分析哲学。不同的语言有不同的修辞传统，而其中一些传统更适合分析哲学。

浙江大学李忠伟教授的提问涉及实验哲学在未来哲学中的作用、虚拟现实等新技术对哲学方法和哲学教育方法的影响、对哲学的未来及下次哲学革命的预测等。威廉姆森的回答是，实验哲学并没有提供哲学问题的答案，因此不能成为哲学的主要趋势，但人们并不会停止做所谓实验哲学，它将成为哲学家与心理学家共同合作的认知科学的一部分。像哲学中的"缸中之脑"等例子，其实完全通过想象力就可以参与，虚拟现实技术未必会带来额外的哲学价值。威廉姆森认为，在哲学中更有潜力的技术是计算机模拟，它与模型建构方法论相关。最后，哲学的创新在某种程度上来自哲学与其他学科的互动，因此必须保持沟通渠道的畅通。

　　在第十次讲演之后，陈波教授进行了总结发言。他感谢威廉姆森教授以及各位与谈人和提问人对系列讲演所做出的贡献，感谢所有听众在这两个月以来的关注和参与，还特别诚挚感谢"学术志"网站所提供的技术支持。在当下特殊的历史情境中，系列讲演的所有参与者无疑共同达成了一次重要的哲学事件。最后，陈波教授强调了两种区分。他首先区分了高校作为教育机构和研究机构的双重属性，分别对应了其"传承知识和文明"以及"生产知识和思想"的双重任务。借着这个思路，哲学也有"学哲学"和"做哲学"之分，前者主要与经典文本、阅读、分析、阐释、理解、重构和哲学史等关键词相连，而后者与直面当下的社会及其情境、提出新问题或对旧问题的新探索、独立且具创意的思考、论证、对话、辩论、分歧、挑战、想象、给出新观念和新理论等关键词相连。显然，做哲学必须要学哲学，但是学哲学并不自动意味着做哲学。陈波教授希望所有听众能够对如何做哲学有自己的思考，根据实际情况决定自己的偏好，尽其所能对哲学事业做出自己的贡献。

　　威廉姆森教授之前应陈波教授邀请，曾于 2009 年和 2016 年两度访问中国，先后在北京、太原、重庆、上海、广州等地高校讲学；2016 年 10 月 16 日和 17 日，北京大学召开了"威廉姆森：逻辑与哲学"国际研讨会,这两次访问均对国内哲学界产生了重要且积极的影响。相信本次系列讲演有助于中国哲学学者乃至对哲学有兴趣的公众提升对元哲学与哲学方法论的学习和认识,尤其对哲学学生和青年哲学家产生更为深刻而长远的影响。

"哲学的方法"系列讲演的全部文稿,包括评论、提问和答复,会被整理和翻译为中文,由中国人民大学出版社出版,书名为《哲学的方法:蒂莫西·威廉姆森北大讲演录》。威廉姆森教授和陈波教授分别为此书撰写序言。

附录二　我们应该如何做哲学？

——来自威廉姆森《做哲学》的启示*

徐召清

我们应该如何做哲学？这不仅是哲学初学者最关心的话题，也是哲学家们时常反思的题材。牛津大学哲学家威廉姆森教授的《做哲学》（*Doing Philosophy*，Oxford，2018）正是讨论此问题的新著①。我受他的邀请，于2018年9月至2019年9月在牛津大学哲学系做访问学者，所以有幸在第一时间得到他的赠书。先睹为快之余，觉得有必要写点东西，与读者共享。

虽然该书主要是作为哲学通识读物而写，但其中许多新颖的观

　　* 基金项目：国家社科基金青年项目"基于现代认知逻辑的形式知识论研究"（18CZX063）；国家留基委公派访问学者项目（201806245025）；四川大学创新火花重点项目"知识优先的认知可能性理论"（2018hhs-50）。威廉姆森和北京大学陈波教授对本文写作提出有益的建议。胡星铭、李忠伟对本文初稿给出了详细的评论和修改建议。特此致谢！
　　① Timothy Williamson，*Doing Philosophy*：*From Common Curiosity to Logical Reasoning*，Oxford：Oxford University Press，2018.

点也为我们反思"应该如何做哲学"的问题提供了有益的启示。接下来，我将首先概述全书的主要内容，然后详细探讨两个具体的问题：一是哲学史研究与哲学研究的关系；二是哲学中的模型建构方法。基本的结论是，只要我们清楚地区分哲学史和思想史，那么哲学史的研究与哲学问题的研究并不冲突；模型建构作为一种哲学研究方法，其方法论优势尤其值得国内哲学界更多关注。

一、威廉姆森其人其书

先说说作者。威廉姆森（Timothy Williamson）是牛津大学威克汉姆逻辑学讲席教授，英国皇家学会会员、英国科学院院士、欧洲科学院院士、国际哲学学院院士、美国文理科学院院士、丹麦文理科学院院士、爱尔兰皇家科学院院士和爱丁堡皇家学会院士，曾任亚里士多德学会和心灵学会会长，是当今世界最有影响力的哲学家之一。他出版的哲学专著包括：《同一与分辨》（*Identity and Discrimination*，Blackwell，1990；second edition，2013）、《模糊性》（*Vagueness*，Routledge，1994）、《知识及其限度》（*Knowledge and Its Limits*，Oxford，2000）、《哲学的哲学》（*The Philosophy of Philosophy*，Blackwell，2007）和《作为形而上学的模态逻辑》（*Modal Logic as Metaphysics*，Oxford，2013）等。其中，《模糊性》是他的成名作，自从他在该书中为认知主义（即模糊性在于人们对边界的无知，而不是边界本身的模糊）辩护以来，认知主义就成为关于模糊性的主流理论之一。在他所有的著作中，最具原创性也最有影响力的是《知识及其限度》和《作为形而上学的模态逻辑》。其他哲学同行除了在一流学术期刊上发表了诸多讨论其哲学的文章之外，还出版了两部讨论其著作的专题论文集：《威廉姆森论知识》（*Williamson on Knowledge*，Oxford，2009）和《威廉姆森论模态》（*Williamson on Modality*，Routledge，2017）。

再回到《做哲学》这本书，其副标题为"从普通的好奇心到逻辑推理"。该书的主题是"如何做哲学"。市面上也有许多讨论做哲学的书，但大多数作者自己并不从事专业的哲学研究。相比之下，同样的主题由一位像威廉姆森这样成功的专业哲学家来写是再合适不过了。这是因为，威廉姆森并不是单纯地介绍人们实际上如何做哲学，而是想讨论如何把哲学做好。

概括起来，全书主要讨论了如下一些内容：

第一章从日常的例子出发，引出全书的主题，即如何做哲学。威廉姆森主张用科学的方法来做哲学。在他看来，哲学与科学一样，都是采用最佳解释推理。哲学是像数学一样的非自然科学，只不过不如数学成熟。

第二章讨论做哲学的起点。哲学从常识出发，但又不止于常识。威廉姆森所说的"常识"，不仅包括常识知识和常识信念，也包括产生这些知识和信念的通常方式（比如观察、询问等）。在威廉姆森看来，哲学从来没有完全摆脱对常识的依赖，一方面，哲学问题源于对常识问题的追问；另一方面，常识也被用来检验哲学家的结论。尽管作为哲学证据的常识判断是可能出错的，但常识总体上是可靠的，用常识知识来检验哲学理论的做法是合理的。

第三章讨论哲学的争议。哲学的争议常常通过论证或对话来表达。对哲学家来说，演讲通常不如问答环节重要，因为这才是演讲者的论证和结论得到检验的时刻。提问者给出反例，找出谬误，识别歧义；而回答者则为自己所珍视的想法做辩护。尽管哲学的问答也包括合作，但对抗居于哲学实践的核心。这与哲学的起点有关。正是在意识到别人的常识与自己的常识有冲突时，我们才发现常识的局限。而通过辩论，双方都有机会测试自己起点的优势和弱点，即使最后依然存在分歧，争议的双方也可以改进各自的理论。

第四章讨论澄清词项。有些哲学争议能够通过澄清语词或概念而消除，但哲学并不等同于语词或概念分析。其原因有二：一方面，模糊性在所难免，不可能让词语完全精确；另一方面，确实存在不包含任何混淆的真正的理论分歧。另外，尽管威廉姆森反对概念真理（仅仅掌握概念就知道其为真）和非概念真理的区分，但他仍然认可清晰性的价值：其不在于提供无可置疑的标准，而在于让推理的错误清晰可见。

第五章讨论思想实验。为了对哲学理论进行检验，哲学家们常常做思想实验，而不是真实的实验；这之所以对很多哲学理论而言是足够的，是因为哲学理论往往追求一种普遍性，不仅要求对现实情形管用，还要涵盖所有可能的情形。威廉姆森认为，我们可以通过想象得知一个情形是否可能，这只是日常的判断能力，而非神秘的哲学直觉。这种判断可能包含偏见，从长远来看，认知科学（包括实验哲学）的发展有助于抵制那些偏见，但易受偏见影响并不是哲学所独有的特征。

第六章讨论哲学理论的比较。哲学理论回答哲学问题。但有些哲学理论之间的分歧，却不是简单的思想实验能够分辨的。比如，心灵哲学中的物理主义和二元论之争。尽管有查尔默斯的僵尸人的思想实验，但关于僵尸人是否可能，双方还有争议。这就需要对哲学理论进行更加系统的比较，所用的方法是最佳解释推理。尽管哲学理论缺乏物理学理论的精确性，我们仍然可以在简单性、普遍性、统一性、是否有更丰富的信息内容以及对证据的契合度等方面进行比较。

第七章讨论演绎。演绎也是哲学家们常用的方法，但在简单介绍了演绎论证的有效性和可靠性之后，威廉姆森更多强调演绎论证的局限性。在他看来，演绎的作用更多是从理论推出理论后果，而非由证据推出理论本身。逻辑和数学的第一原则也用溯因（abduction）来辩护。逻辑本身并不是哲学中立的，但经典逻辑可由最佳解释推理来辩护，它是最好的科学理论之一。对经典逻辑的各种修正都不成功，但对经典逻辑的扩张还在系统的争议之中。

第八章讨论对哲学史的应用。哲学史是哲学的一部分，但哲学并不只是哲学史。我们既可以将哲学史上的经典作品当作理智风景来欣赏，也可以从中发现哲学观念对一般的人类历史的影响。即便就解决哲学问题而言，多了解哲学史还是有帮助的。其一方面有助于发现并反思那些现在视为理所当然过去却不这么认为的哲学假定，另一方面也有助于为模糊的哲学想法找到更好的版本，从而更好地评估该想法的理论前景。

第九章讨论哲学对其他领域的运用。哲学不仅会对其他学科进行反思，而且也会向其他学科学习，包括历史、社会人类学、语言学、心理学、经济学、计算机科学、生物学、物理学和数学等，但哲学并不因此就成为其他学科的一部分。

第十章讨论哲学中的模型建构。尽管哲学家倾向于追求普遍的规律，但哲学家也不时建构模型（比如，我们在学习三段论推理时遇到的文恩图就是一种模型）。模型是对现实的简化，常常包含许多理想化的假定，但仍然能帮助我们更好地认识现实的情形。模型的好处在于不会被反例挫败，取代旧模型的只能是更好的模型。有些哲学领域更适合模型建构，有些领域可能需要多种方法并用。对哲学中模型建构方法论的潜力的研究才刚刚开始，其范围和局限还有待进一步的研究。

第十一章是结论。威廉姆森再次强调哲学的独立地位。尽管哲学一直面临变成其他东西（比如，生活方式建议或政治辩论，道德宣教或语法课程，无神的宗教或不可读的文学，通俗物理学或通俗生物学，通俗心理学或通俗神经科学，计算或民意测验）的压力，但他对哲学未来的进步还是充满期许。在他看来，哲学源于人们在清晰表达好奇心的同时想要追问到底的自然驱动力，以及使用最合适的方法回答自己的追问而不接受任何替代品的决心。无论如何，这种自然驱动力和决心不会轻易消失。

可以看出，《做哲学》的内容非常丰富，但其中不少观点是有争议的。比如，威廉姆森强调哲学是一门科学，主张用科学的方法做哲学。哲学究竟是不是一门科学？我们又该如何用科学的方法做哲学？为了做出更好的回答，我们需要就书中两个问题进行更加深入的探讨：一是哲学史与哲学研究的关系；二是哲学中的模型建构方法。这是因为，对哲学史的过度关注往往是哲学区别于其他学科的特征。（当然，这不是说其他学科不关注自己的学科史，而是没有关注到这种程度；比如，在哲学里有"哲学＝哲学史"的说法，但似乎很少有人会用类似的等式来描述别的学科）。不断建立更好的新模型来取代旧有的模型，往往是自然科学和社会科学取得进步的标志。如果现今的哲学还不完全是科学，那么一种自然的期待可能是，为了让哲学变得更加科学，我们在做哲学时应该少用一些哲学史，而多用一些科学方法（包括模型建构方法）。真是这样吗？

二、哲学史与哲学研究的关系

先说哲学史与哲学研究的关系问题。威廉姆森的基本观点是，**哲学史是哲学的一部分，但哲学并不只是哲学史。**他之所以认为哲学史是哲学的一部分，是因为他区分哲学史与思想史。在他看来，思想史的关注焦点更多是哲学家的生平，社会、政治、宗教和文化背景，他们成长、写作和教学的环境，他们读什么书，受什么人影响，他们把什么视为理所当然的，他们在回应什么，他们为谁而写，他们希望自己的作品在当时产生怎样的影响，实际效果如何，等等。而哲学史的关注焦点则是哲学家的著作本身，旨在将其内容理解为活着的、对我们今天仍有意义的融贯的思想体系。①

我想补充说明的是，哲学史研究之所以也是哲学研究，更是因为其现实关切，需要应对当代日新月异的现实生活为我们提出的理论挑战。比如，我们今天为什么还要关心柏拉图在《理想国》里表达的公正观，关心柏拉图笔下的苏格拉底对好的生活的讨论？因为公正的社会和好的生活，仍然是我们今天的理想和追求。我以前曾听到"回到古代来研究古代"，或者"回到西方研究西方"，或者"以中释中"（即按中国传统学问的方式来理解和解释中国传统思想）的说法，很是迷惑不解。如果他们只是从思想史的角度来说，或许是对的；比如，要准确理解中国历史上的哲学家，我们当然需要"以中释中"。但如果从哲学史的角度而言，那就很难理解了。毕竟，无论我们哲学研究的最终目的是什么，都不会只是为了更好地理解先前的哲学家。

有人可能会说："要达到任何其他目的，都必须先准确理解哲学史；而要准确理解，必须'以中释中'"。但这是可疑的。的确，要评判哲学家的理论是否为真，需要先正确理解哲学家的理论；而要正确理解哲学家的理论，又离不开思想史的背景。威廉姆森自己也讲，哲学史学家既需要像哲学家一样思考，也需要像历史学家一样思考。如果你不知道布鲁诺在 1600 年被罗马天主教会烧死，那么也就不会意识到那次事件对 17 世纪的哲学家们写什么又不写什么可能产生了怎样的影响。② 从这个意义上说，即便存在思想史和

---

① Timothy Williamson，*Doing Philosophy*，Oxford：Oxford University Press，2018，p. 99.

② Timothy Williamson，*Doing Philosophy*，Oxford：Oxford University Press，2018，p. 104.

哲学史的区分，思想史的研究对哲学史的研究，尤其对弄清楚哲学家本来的理论是什么也是重要的。

但是，正确理解哲学家的理论，决不等同于将哲学家的理论理解成真的。威廉姆森特别强调如下两者的区别：**某个哲学家的理论是什么，以及那种理论是否为真**。好的哲学史学家通常清楚这个区别，他们只问这个哲学家的理论是什么，而不问那种理论是否为真。但如果混淆了两者，那写出来的就既不是好的历史，也不是好的哲学。①

有人可能认为："在从事哲学史研究时要遵循宽厚原则，也就是说，要尽可能把哲学家的理论诠释得为真或有道理（有道理＝比较可能为真）"。但在我看来，再宽厚的原则也不能把事实问题和评价问题混为一谈。威廉姆森曾讲过达米特晚年的一段轶事：一群年轻的牛津哲学家在讨论他说的究竟是什么意思，而这位伟大人物正好在场却一言不发。一个又一个提议被否决了，因为那将归给他一种"粗糙且过时的行为主义"。最终，有人转向他问道："麦克，那么你的观点是什么呢？"达米特回答说，"我认为它就是你所说的'粗糙且过时的行为主义'"。这个故事表明：如果我们预先假定哲学家的理论为真，反倒有可能错误地排除了最合适的解释。

根据威廉姆森的说法，"哲学只是哲学史"的观点曾非常流行，尤其是在欧洲大陆。国内的一些分析哲学家和欧陆哲学家曾在武汉大学对此问题进行了公开的辩论。我怀疑双方所说的"哲学史"并

---

① Timothy Williamson，*Doing Philosophy*，Oxford：Oxford University Press，2018，p. 99.

不是同样的意思。比如，如果将其理解为黑格尔式的"绝对精神"的自我展开，那么未来的哲学研究也应该包含在内；只不过这样的研究，与其说是在研究哲学史，不如说是在创造哲学史。相反，威廉姆森只是对"哲学史"做通常的理解，他为"哲学不只是哲学史"给出了如下的论证[①]：首先，哲学只能是哲学史，这是一个自我挫败的观念，因为它本身就是一种有争议的哲学立场，人们并不是非得接受。其次，它没有证据支撑。哲学史所研究的那些哲学家，几乎都不写哲学史。他们的目标不在于解释其他哲学家的理论，甚至都不是解释自己的理论，而是首先构造一些比如关于心灵及其在自然界中的位置的理论。最后，将哲学等同于哲学史是一种非历史的态度，因为它没有忠实于历史本身。尽管研究哲学问题（比如自由意志）的历史也是研究这个问题的方式之一，但也有许多研究该问题的方式并不是研究其历史。

我常常见到有研究者将哲学史和哲学问题对立起来。威廉姆森也写道，一位在 1970 年代访问牛津大学的意大利哲学家曾认为，居然还有人试图解决哲学问题，真是傻得可爱。[②] 但如果威廉姆森的基本观点是对的，那么这种对立就完全没有必要。既然哲学史是哲学的一部分，那么研究哲学史也是在研究哲学；而如果哲学并不只是哲学史，那么研究哲学问题而不研究哲学史也是完全可以理解的。

威廉姆森还提到了另一种对立："我有时被问到在研究哪个哲

---

① Timothy Williamson, *Doing Philosophy*, Oxford: Oxford University Press, 2018, pp. 100 – 101.

② Timothy Williamson, *Doing Philosophy*, Oxford: Oxford University Press, 2018, p. 100.

学家，仿佛那是任何一个哲学家必须做的事情。我用牛津风格回答道：我研究哲学问题，不研究哲学家。"① 我自己也曾被问到同样的问题，有时我会回答说"我研究认知逻辑"，有时我就干脆回答说"我研究亨迪卡"。在我看来，研究哲学问题和研究哲学家也并不冲突。我的很多同事都在研究哲学家，但他们都有非常清晰的问题意识，也就是我前面提到的现实关切。换句话说，他们是从哲学史的视角来研究，而不是做单纯的思想史研究。如果最终目的是研究哲学问题，那么从哲学家入手，还是直接从哲学问题入手，这只是一个进入路径的区别；如果不停留于此，那起点的差异并不一定会导致结果的不同。

三、哲学中的模型建构方法

再说哲学中的模型建构方法。哪怕对哲学研究而言，模型建构也并不是特别新奇的事物，哲学逻辑学家所做的很大一部分工作就属于此类。但之所以仍然值得多说几句，有两方面的原因：一是有些人对哲学中的模型建构缺乏了解，以为模型建构只是科学家的事，而不是哲学家的事；二是还有些人即使对哲学中的模型建构有所接触也缺乏方法论的认同，没有意识到模型建构对哲学研究的积极作用。我曾经听到有一个学生问："为什么哲学系的课表里有那

---

① Timothy Williamson，*Doing Philosophy*，Oxford：Oxford University Press，2018，p. 100.

么多逻辑课呢?"如果我简单地回答"因为按照我国现行的学科分类标准,逻辑就是哲学的二级学科",大概是不会令这位学生满意的;提问者可能更想知道的是,逻辑学跟哲学的其他分支有何关联。许多分析哲学家都提倡在哲学研究中要应用逻辑,但他们所说的"逻辑"更多还只是逻辑推理的部分,甚至只是简单的三段论或命题逻辑推理,而较少关注到模型建构的层面。

正如威廉姆森所言,理想的科学进步是发现普遍的自然规律①;但很多时候,科学家所面对的对象过于复杂,很难从中找出普遍的规律来。这时,科学家们往往就采取退而求其次策略,先建构一些简化的模型,再逐步寻求更丰富的模型。有时为了现实的应用,他们还会建立一些具体的模型,比如用于展示的 DNA 双螺旋结构模型,用于测试的各种工程类的模型。但更多时候,模型是一种更加抽象的东西。比如,现实中没有任何东西是质点,但物理学家在研究运动定律时却往往将运动的物体抽象成质点。瑞典逻辑学家克里斯特·塞格尔布 (Krister Segerberg) 曾把模型比作地图。②在我看来,这个类比非常贴切。我们在建立模型的时候,往往有需要关注的要素,而忽略掉其他方面的差异。比如,我们通常所用的交通路线图,往往不会展示出地形的差别。但如果是为了别的目的,比如交通路线的设计,我们可能就需要带有更多细节的地形分

---

① Timothy Williamson, *Doing Philosophy*, Oxford: Oxford University Press, 2018, p. 127.

② Krister Segerberg, "A Conversation about Epistemic Logic", in Vincent F. Hendricks and Duncan Pritchard eds., *Epistemology: 5 Questions*, Copenhagen: Automatic Press/VIP, 2008, pp. 283 – 304.

布图。模型和地图一样，是我们建构出来的。但这并不等于说，研
究模型得不出任何新的东西。一幅好的地形分布图，会帮助我们设
计出好的交通路线，但这并不等于说好的交通路线会自动出现在那
幅地形分布图上。曾经有一个学生问我："数学是人发明的，为什
么还有那么多我们不知道答案的数学问题呢？"我的回答是这样的：
"数学的研究对象究竟是不是人发明的，这还得另说。哪怕数学和
象棋一样，是人类发明的游戏，我们也没有预先指定这个游戏的全
部内容。我们所做的不过是给出了一些基本的规则，但具体的玩法
还有待游戏玩家的进一步探索。"

　　哲学中的模型建构也是一样，哲学家们往往关注一些因素，而
忽略掉其他方面，但这不等于说这样的模型建构不能给我们带来新
的东西。以我最熟悉的认知逻辑为例（威廉姆森也提到过这个例
子）。在语法上，我们可以用 $K_s\varphi$ 来表示"主体 s 知道 φ"。在语义
上，我们可以为其建立认知逻辑模型。认知模型中，我们用一个集
合 W 来代表各种认知可能情形，每个基本命题 p 在每种可能情形
中或为真或为假，然后用集合上的二元关系 R_s 来代表主体不能区
分某些认知可能情形［哪一个才是他所处的现实情形］，而在这些
认知可能情形中都真的命题就是主体的知识：$K_s\varphi$ 在某个认知可能
情形 W 中为真，当且仅当 φ 在 s 不能区分的所有认知可能情形中都
为真。

　　这样的认知逻辑模型通常假定每种认知可能情形都遵循经典命
题逻辑的规律，即如果基本命题在该情形中为真，则从基本命题经
过经典命题逻辑推出来的命题在该情形中也为真。如此就导致其表

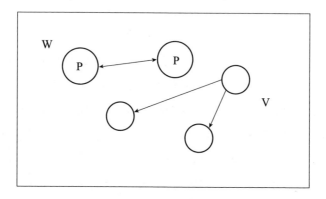

认知模型示意图

说明：整个画布代表所有可能认知情形 W，每个圆圈都代表一种认知可能情形，圆圈之间的箭头表示主体 s 处于该情形中时不能区分箭头指向的可能情形［哪个才是自己所处的情形］，圆圈里有 p 表示 p 在相应的认知情形中为真，圆圈里没有 p 则表示 p 在相应的认知情形中为假。此时，主体 s 在情形 W 中知道 p，在情形 V 中不知道 p。

示的知识带有很强的假定：如果从 p 可以合乎［经典命题］逻辑地推出 q，而且主体也知道 p，那么她/他就知道 q。显然，这样的假定忽略了主体的实际推理能力，因为尽管从 p 可以合乎逻辑地推出 q，在 p 和 q 都非常复杂的时候，却不是每个人都能完成这样的逻辑推导过程。尽管如此，人们可以利用这样的抽象模型，来研究人们在其他方面（比如观察能力）有局限会造成什么后果。亨迪卡在创立认知逻辑的时候关注自我知识的哲学分析：如果你知道某件事情，你是不是知道自己知道它？如果你不知道某件事情，你是不是知道自己不知道它？而威廉姆森的研究工作则表明，存在这样一种不太可能（improbable）的知识：尽管从主体自己的证据来看，她非常有可能不知道，但实际的情况仍然是她知道。

在威廉姆森看来，**采用模型建构的方法，比起波普尔的猜想与反驳①来，具有方法论上的优势**。按波普尔的框架，任何猜想，只要遇到一个反例，就被彻底击倒了。但模型建构，通常不受反例的影响。比如物理学家常常讨论光滑的平面，但现实中并没有任何一个光滑的平面，物理学家也不会因此就放弃相关的模型。而且，模型建构的方法具有更强的抗错性，不那么容易被错误击垮。我们的研究是有可能犯错的，如果因为一个反例的存在，就轻易放弃一个理论，那万一我们最初把反例弄错了，那就很可能得不偿失。这也与威廉姆森讨论到的另一个问题有关，那就是过拟合（overfiting）证据的问题。② 在哲学建模和科学建模中都一样，我们如果追求一个完全拟合证据的模型，那样的结果反而很容易因为证据的误差而垮掉。亨迪卡也曾提到科学研究中忽略部分异常数据，可能只是研究中的策略问题，而不是学术伦理的问题；只不过他建议忽略了哪些数据，在最后的结果中也要明确指出。③ 单个的反例不能击倒已有的模型，能取代旧模型的只能是具有更多优势的新模型。当然，不同的新模型之间也会有竞争，而评判的方式仍然是最佳解释推理。我 2018 年 8 月在北京大学参加过名为"Hintikka，Logic and

---

① 胡星铭提醒我说，威廉姆森在这里讲到的一些观点只是对波普尔理论的流俗看法，波普尔本人也会反对。所以，我们可以将其理解成是在说流俗看法中的"波普尔"或者是在说"波普尔＊"。

② Timothy Williamson，*Doing Philosophy*，Oxford：Oxford University Press，2018，p. 80.

③ Jaakko Hintikka，"Omitting Data—Ethical or Strategic Problem"，in *Socratic Epistemology*，Cambridge：Cambridge University Press，2007，pp. 221 - 227.

Philosophy"的国际学术会议，其中一个特邀报告人指出，亨迪卡最初的认知逻辑模型不适用于当代认识论研究，因为它在一个重要的认识论争论（即知识封闭原则是否成立）上不是中立的；有鉴于此，郝丽德（Holliday）发展了新的认知逻辑模型，而报告人自己的工作，则是提出了与郝丽德模型相竞争的新模型。有听众完全不理解这种研究的价值何在，但如果对模型建构的方法论有更多的了解和认同，那应该就会同意，这不仅是典型的模型建构工作，而且是非常好的哲学研究。

最后，我想借题发挥，引申一下模型建构方法论对逻辑教学和逻辑研究的可能启示。在逻辑教学的过程中，有些老师可能会强调"有些是"推不出"有些不"，"如果……那么"型的条件句只有在"前件真而后件假"的时候才是假的。但这样往往会给学生们造成很大困扰，因为他们在日常使用"有些"的时候，很可能就同时意味着不是全部，使用"如果……那么"的时候，可能也有很多不同的含义。为了避免类似的误解，我非常赞同杜国平老师最近的一项建议："在测试中，不应强制要求被试将自然语言中的词严格理解为逻辑学专业术语所表达的意思。……如要表达二者之中至少择一的选择关系，在测试题中就尽量避免使用'p 或者 q'，而代之以'p、q 至少有一个成立'；而要表达二者择一的选择关系，在测试题中尽量避免使用'要么 p，要么 q'，而代之以'p、q 恰有一个成立'。"① 杜老师将他的这个恰当做法总结为"尽量使用自然语言来

---

① 杜国平，《逻辑思维能力的测量要素及其题型示例》，《中国考试》2018 年第 9 期，第 16 - 21 页。

表达逻辑学专业术语所表达的意思"。我们还可以补充说："尽量使用能够清晰表达逻辑学专业术语意思的自然语言，来取代有可能造成歧义和误解的自然语言"。

如果从模型建构的角度来理解逻辑学家的研究工作，那可以说，他们选择对其中某些基本用法建模，而忽略了其他的用法。尽管有哲学家主张，其他的用法都应该归到语用，但从原则上说，并没有任何东西能阻止我们去发现背后的逻辑。比如，我从学生那里了解到这样一个有趣的例子："如果下雨，那么也不会下大雨。"如果我们对这个条件句做假言易位推理，就会得到很奇怪的逆否命题："如果下大雨，那么也不会下雨。"从经典逻辑的角度，当然很好解释，因为"如果下雨，那么也不会下大雨"这个前提是错的。但如果我们放开思路，允许更多的理解，就会发现这里的"如果……那么"其实是一种非标准的用法，更好的说法是"哪怕下雨，也不会下大雨"。这样的让步条件句很有可能为真，但其逆否命题却并不成立。为这类让步条件句建构适当的模型，以便发现其中的逻辑推理规律，将会是非常有趣的工作。

结　语

《做哲学》是威廉姆森的第二本哲学通识读物。① 市面上能见

---

① 他的第一本哲学通识读物是 *Tetralogue：I'm Right，You're Wrong*（Oxford，2015）（中译版：《对与错的真相：四人对话录》，徐召清译，上海：上海人民出版社，2017 年）。

到的哲学通识读物不少，但由专业哲学家所写的却并不多，由专业哲学家所写的关于"如何做哲学"的书就更是少见。况且，这是一本写得很好读的哲学入门书；书中偶尔穿插一些作者自己的经历，读起来也倍感亲切。

只不过需要特别注意的是，威廉姆森并没有平铺直叙地介绍现今的哲学家们都在怎样做哲学，而是对"哲学是什么"和"怎么才能把哲学做好"给出了独特的思考，表明了自己的立场。正如他自己所说，他只是从"分析哲学"的视角来讨论怎么做哲学。而且，哪怕是在分析哲学家的阵营内部，也会有许多哲学家憎恶他所描绘的这幅如何做哲学的图景。比如，那些更早期的分析哲学家的追随者，尤其是后期维特根斯坦的信徒，就不一定会赞同威廉姆森所给出的解决哲学问题的目标。又比如，更晚近的分析哲学家们，尤其是那些鼓吹实验哲学的年轻学者，就不一定会认可威廉姆森对思想实验的辩护。再比如，即便有威廉姆森为模型建构的方法论所做的辩护，也不一定能打消主流哲学家们对形式哲学方法论的疑虑。对中国哲学界的情形而言，我们还有丰富得多的哲学版图：中国哲学、马克思主义哲学、现象学、伦理学和宗教哲学等。这些领域的专家学者们很可能都有独特的哲学目标和哲学方法。我们不仅希望他们也能够为普通读者写作，出版更多优秀的哲学普及读物，告诉读者他们所做的"哲学是什么"以及"应该如何做哲学"，而且希望他们能够写出严肃的学术论文，论证自己的哲学目标和哲学方法比威廉姆森的更好。

编后记

对我而言，主编这本书的工作，大概就像 2020 年那场肆虐全球的新型冠状病毒肺炎疫情一样突如其来。在 2019 年，我即将结束在牛津大学的访学时，就听陈波老师提起，他将再次邀请威廉姆森教授访问北京大学。那时我还很遗憾自己没有机会听到这些系列讲演。再后来，因为突发的疫情，整个系列讲演都调整为线上举办。陈老师不仅邀请我担任其中一讲的与谈人，让我提供了部分与谈人和提问人的邀请名单，而且还让我、刘靖贤和王洪光一起来负责整个讲稿的编译工作。后来因为刘靖贤忙于其他工作，王洪光又要准备博士后出站报告，于是主编的任务就落到了我一个人头上。我发现，威廉姆森教授的讲演内容异常丰富，而且除少量 PPT 外并没有成文的英文讲稿，所以绝大部分的编译工作需要直接以听译为基础来完成。这无疑是一件极其耗费时间精力也极具挑战性的事情。为了更好地完成编译工作，我又邀请了赵震和彭杉杉加入。感谢大家的辛勤付出，也感谢中国人民大学出版社吴冰华女士的编辑工作。希望最终的成果没有辜负陈老师的信任，也希望所有阅读此书的读者都能有所收获！

以下对编译工作的分工情况做一点简要说明：

徐召清负责序一、开幕词、第一讲、第二讲、第八讲、闭幕词和全书统稿；

刘靖贤负责第三讲、第四讲；

王洪光负责第五讲、第六讲、第九讲；

赵震负责第七讲；

彭杉杉负责第十讲。

为了更好地帮助读者了解整个系列讲演的实况以及相关的学术背景，我编入了与该系列讲演有关的两份附录：一份是王洪光为本系列讲演所撰写的综述；另一份是我为威廉姆森教授讨论相同主题的《做哲学》一书所撰写的书评。

绝大部分与谈人和提问人都提供了自己的评论和提问部分的中文译稿，这对我们的编译工作帮助极大。非常感谢！少数与谈人将自己的评论扩充成了一篇完整的论文，我在统稿过程中保留了全部的新内容，只是为保持全书对话风格的一贯性，对其体例做了统一的调整，一些关键术语的翻译也尽量做了统一。在第一讲和第二讲的编译过程中，我的学生陈演、欧阳文飞、谈知辰、全宇昕、吴天壤等人协助完成了大量的前期整理和初译工作。本书的编译工作也得到了四川大学创新火花重点项目（2018hhs-50）的支持。特此致谢！

　　当然，威廉姆森本人才是这本书最大的贡献者。他不仅通过讲演给了我们很多的启发和思考，而且还通过电子邮件回复了我不少关于此系列讲演、翻译的具体问题以及其他学术研究方面的问题。我从他那里学到了很多东西。他是一位让人敬佩的良师益友！

徐召清

2021 年 4 月 3 日

于成都新桂村

图书在版编目（CIP）数据

哲学的方法：蒂莫西·威廉姆森北大讲演录／（英）
蒂莫西·威廉姆森著；徐召清等编译 . -- 北京：中国
人民大学出版社，2023.8
ISBN 978-7-300-31840-0

Ⅰ.①哲… Ⅱ.①蒂… ②徐… Ⅲ.①哲学-文集
Ⅳ.①B-53

中国国家版本馆 CIP 数据核字（2023）第 121080 号

哲学的方法
——蒂莫西·威廉姆森北大讲演录

［英］蒂莫西·威廉姆森（Timothy Williamson）/著
徐召清　刘靖贤　王洪光　赵　震　彭杉杉/编译
陈　波/审校
Zhexue de Fangfa

出版发行	中国人民大学出版社			
社　　址	北京中关村大街 31 号		**邮政编码**	100080
电　　话	010 - 62511242（总编室）		010 - 62511770（质管部）	
	010 - 82501766（邮购部）		010 - 62514148（门市部）	
	010 - 62515195（发行公司）		010 - 62515275（盗版举报）	
网　　址	http://www.crup.com.cn			
经　　销	新华书店			
印　　刷	北京联兴盛业印刷股份有限公司			
开　　本	890 mm×1240 mm　1/32		**版　　次**	2023 年 8 月第 1 版
印　　张	13.125 插页 4		**印　　次**	2023 年 8 月第 1 次印刷
字　　数	274 000		**定　　价**	89.00 元